北京外国语大学211工程建设学术成果系列

认知语言学反思性批评

王馥芳　著

此书为"上海市浦江人才计划（c类）"最终成果，特向该计划表示感谢！

外语教学与研究出版社
北京

图书在版编目（CIP）数据

认知语言学反思性批评 / 王馥芳著. — 北京：外语教学与研究出版社，2014.10（2015.6 重印）
(北京外国语大学 211 工程建设学术成果系列)
ISBN 978-7-5135-5140-3

I. ①认… II. ①王… III. ①认知科学－语言学－研究 IV. ①H0-05

中国版本图书馆 CIP 数据核字 (2014) 第 240268 号

出版人	蔡剑峰
责任编辑	刘为华　陈　旭
封面设计	高　蕾　韩　雪
出版发行	外语教学与研究出版社
社　址	北京市西三环北路 19 号（100089）
网　址	http://www.fltrp.com
印　刷	北京九州迅驰传媒文化有限公司
开　本	650×980　1/16
印　张	22
版　次	2014 年 10 月第 1 版　2015 年 6 月第 2 次印刷
书　号	ISBN 978-7-5135-5140-3
定　价	45.00 元

购书咨询：(010)88819929　电子邮箱：club@fltrp.com
外研书店：http://www.fltrpstore.com
凡印刷、装订质量问题，请联系我社印制部
联系电话：(010)61207896　电子邮箱：zhijian@fltrp.com
凡侵权、盗版书籍线索，请联系我社法律事务部
举报电话：(010)88817519　电子邮箱：banquan@fltrp.com
法律顾问：立方律师事务所　刘旭东律师
　　　　　中咨律师事务所　殷　斌律师
物料号：251400101

目 录

绪论

1 主要内容简介 ··· 1
2 选题的理论考虑：认知语言学的快速发展 ············ 3
3 选题的迫切性 ··· 5
4 研究范围界定 ··· 7
5 基本研究方法 ··· 8
 5.1 批判终结论与批判建构论 ···························· 8
 5.2 内外部批评法 ··· 10
 5.3 反思性整体批评法 ····································· 11
6 理论目的 ··· 12
7 理论创新之处 ··· 14
8 基本框架 ··· 14

第一章　认知语言学发展概述 ······························· 19

1 引言 ··· 19
2 认知语言学兴起的理论动因 ····························· 19
 2.1 术语界定：理论动因 ································· 19
 2.2 认知语言学兴起的理论背景 ······················· 20
 2.3 认知语言学兴起的直接理论动因 ················ 22
3 认知语言学近四十年发展概述 ························· 23
 3.1 认知语言学的诞生 ···································· 23
 3.2 认知语言学的理论侧重点和研究兴趣 ·········· 25
 3.3 认知语言学近四十年发展概述 ··················· 26
4 讨论 ··· 38

I

第二章　认知语言学之独特语言观 ········· 40
1　引言 ········· 40
2　认知语言学之语言观的哲学渊源 ········· 41
   2.1　海德格尔的"语言（道）说"思想 ········· 41
   2.2　"语言（道）说"思想对学界的影响 ········· 43
3　认知语言学语言观缘起 ········· 47
   3.1　语言研究认知转向：第一代认知科学 ········· 47
   3.2　第一代和第二代认知科学的本质区别 ········· 49
   3.3　形式主义和功能主义的对立 ········· 51
   3.4　认知语言学语言观 ········· 53
4　三种主要语言观的概念隐喻分析 ········· 54
   4.1　语言研究的隐喻性路径 ········· 55
   4.2　分析工具：概念隐喻理论 ········· 56
   4.3　"语言"作为隐喻概念 ········· 57
   4.4　客观主义语言观的概念隐喻分析 ········· 58
   4.5　生成语言学语言观的概念隐喻分析 ········· 59
   4.6　认知语言学语言观的概念隐喻分析 ········· 60
5　认知语言学之语言观反思性批评 ········· 62
   5.1　三种语言观的理论实质：对立和共通 ········· 62
   5.2　语言本质"独断论"的哲学根源 ········· 63
   5.3　认知语言学语言观的哲学思考 ········· 64
6　结论 ········· 66

第三章　认知语言学之理论地位 ········· 67
1　引言 ········· 67
2　语言学界对三种研究范式的理论关系探讨 ········· 68
3　M理论 ········· 69
   3.1　M理论简介 ········· 69
   3.2　构成"理论一族"的前提条件 ········· 70
4　三种语言学范式的多向度差异 ········· 71

  4.1 研究视角差异 71
  4.2 研究方法和研究向度差异 73
  4.3 研究结论差异 74
 5 三种语言学范式研究发现相互交叠之处 76
  5.1 共同指向语言系统性 76
  5.2 共同指向语言的理智性 76
  5.3 共同指向语言的动因性 77
  5.4 共同指向语言的象似性 77
  5.5 共同指向语言研究路径的隐喻性 78
 6 结语：三种语言学范式的"理论一族"关系 78

第四章　认知语言学之独特贡献 81
 1 引言 81
 2 认知语言学基本原理及其理论依据 82
  2.1 认知语言学基本原理 82
  2.2 基本原理的理论依据 84
 3 认知语言学对认知研究的独特理论贡献 84
  3.1 对意义认知研究的独特理论贡献 85
  3.2 对概念系统研究的独特理论贡献 89
 4 认知语言学对语言研究的独特理论贡献 96
  4.1 开创"整体性垂直"语言研究法 96
  4.2 认知语言学方法论创新 97
 5 结论 101

第五章　认知语言学外部批评、回应和反思 102
 1 引言 102
 2 内外部批评法 102
  2.1 内外部批评法简介 102
  2.2 两种尖锐的外部批评手段 104
 3 不同学派的反认知语言学本质及认知语言学基本立场 106
  3.1 行为主义和结构主义的反认知语言学本质 106

3.2　客观主义、生成语言学的反认知语言学本质 ·················· 107
　　3.3　认知语言学对反认知语言学学派的基本立场 ·················· 108
4　外部批评、理论回应和反思 ·· 109
　　4.1　对"语言和认知同一性"的外部批评 ··························· 109
　　4.2　对隐喻思维的外部批评 ··· 111
　　4.3　对语言结构心理表征动因的外部批评 ·························· 114
　　4.4　对认知语言学创新性外部批评 ···································· 114
　　4.5　对认知语言学不可验证性的外部批评 ·························· 115
　　4.6　对外部批评的相关理论回应 ······································· 117
　　4.7　对外部批评的理论反思 ··· 119
5　结语 ··· 121

第六章　认知语言学内部批评、回应和反思 ································ 122
1　引言 ··· 122
2　认知视角的局限性 ··· 122
　　2.1　多种理论动因的存在 ·· 122
　　2.2　认知视角相对于文化视角的狭窄性 ····························· 124
　　2.3　认知视角对文化动因关注不够 ··································· 126
　　2.4　认知图式对语法解释的局限性 ··································· 127
3　认知语言学方法论的局限性 ··· 128
　　3.1　研究路径的"循环论证"嫌疑 ···································· 128
　　3.2　意义心理过程论所面临的挑战 ··································· 130
　　3.3　一统性解释所面临的理论挑战 ··································· 132
　　3.4　对内省法的质疑 ·· 136
　　3.5　"认知第一性、语言第二性"所面临的挑战 ·················· 138
4　西方强势语言概念系统对弱势语言概念系统的"强势改写" ········ 140
5　讨论：认知语言学者该如何对待理论批评？ ···························· 142

第七章　认知语言学哲学基础反思性批评 ···································· 146
1　引言 ··· 146
2　认知语言学的哲学动因 ··· 146

IV

- 2.1 理性主义和经验主义的对立 ······ 147
- 2.2 经验主义面临的经验界限问题 ······ 148
- 2.3 抽象形而上学和具体形而上学 ······ 149
- 2.4 "体验革命"的兴起 ······ 151
- 2.5 "体验革命"的核心思想及其发展 ······ 154

3 认知语言学哲学基础——体验现实主义 ······ 155
- 3.1 体验现实主义：哲学上的第三条道路 ······ 155
- 3.2 体验现实主义的核心思想 ······ 158
- 3.3 体验现实主义的理论精髓 ······ 159
- 3.4 体验现实主义的哲学本质 ······ 160

4 对体验现实主义的外部批评和理论回应 ······ 161
- 4.1 Rakova（2002）对体验现实主义的外部批评 ······ 161
- 4.2 Johnson & Lakoff（2002）对 Rakova（2002）的理论回应 ······ 165
- 4.3 认知学者对 Rakova（2002）的理论回应 ······ 170

5 争议中的体验现实主义 ······ 171
- 5.1 支持体验现实主义的各种证据 ······ 171
- 5.2 反对体验现实主义的各种证据 ······ 172

6 体验现实主义所面临的理论挑战 ······ 173
- 6.1 "经验"和"意义"的区分面临挑战 ······ 173
- 6.2 体验现实主义的"主观主义"倾向 ······ 176
- 6.3 体验现实主义的物理主义倾向 ······ 177
- 6.4 体验现实主义的"世俗性" ······ 178
- 6.5 "体验"所内含的"人本中心主义"思想 ······ 179

7 体验现实主义反思性建构批评 ······ 181
- 7.1 体验现实主义哲学思想继承问题再反思 ······ 181
- 7.2 体验现实主义哲学贡献再反思 ······ 182
- 7.3 体验现实主义的发展：模型依赖现实主义趋势 ······ 184

8 讨论 ······ 185

第八章　认知语义学反思性批评 ... 186

1　引言 ... 186
2　主要的意义研究理论 ... 187
 2.1　最朴素的意义理论——意义对应论 ... 187
 2.2　Frege 的意义观 ... 188
 2.3　一些重要的意义理论 ... 189
 2.4　语义学兴起 ... 190
3　认知语义学兴起 ... 192
 3.1　认知语义学哲学基础：意义体验论 ... 192
 3.2　认知语义学兴起的理论动因 ... 193
 3.3　认知语义学兴起 ... 196
 3.4　认知语义学的"理论颠覆性" ... 197
 3.5　认知语义学的指导性原则 ... 199
 3.6　认知语义学之语义观 ... 200
 3.7　认知语义学研究重心 ... 202
 3.8　各种意义认知分析工具 ... 203
4　认知语义学主要理论贡献 ... 205
 4.1　对语词本质的重新阐释 ... 205
 4.2　把"构式"引入语法研究 ... 206
 4.3　开创意义"立体化"和"动态化"研究先河 ... 207
 4.4　开创词汇概念范畴化研究 ... 209
5　认知语义学反思性批评 ... 211
 5.1　术语问题 ... 211
 5.2　对各种意义分析工具的反思性批评 ... 217
 5.3　认知语义学面临的几个理论问题 ... 218
6　结语 ... 219

第九章　意象图式理论反思性批评 ... 220

1　引言 ... 220
2　意象图式理论的提出 ... 220

2.1　意象图式理论的理论基础 ·· 220
　2.2　意象图式理论的提出 ·· 222
　2.3　意象图式的本质 ·· 225
　2.4　意象图式理论的独特理论贡献 ·· 227
3　图式化词义表征法的理论局限性 ·· 228
　3.1　图式化词义表征法的优势 ·· 229
　3.2　图式化词义表征法的"直观"陷阱 ·· 229
　3.3　图式化词义表征法的词义描述精度问题 ·································· 232
　3.4　图式化词义表征法对抽象概念的表征乏力 ······························· 236
4　讨论 ·· 240

第十章　认知隐喻学反思性批评·· 241

1　引言 ·· 241
2　认知隐喻学的兴起 ··· 242
　2.1　隐喻研究的纯语言传统 ·· 242
　2.2　隐喻认知研究的发轫 ·· 242
　2.3　Reddy 的"管道隐喻" ·· 243
　2.4　概念隐喻理论的兴起 ·· 245
　2.5　认知隐喻学的最大理论贡献 ·· 246
3　认知隐喻学的发展 ··· 247
　3.1　认知心理模式对隐喻研究的影响 ··· 247
　3.2　Grady 的基本隐喻理论 ·· 248
　3.3　MetaNet 的创建 ·· 249
　3.4　认知隐喻学应用研究 ·· 251
4　认知隐喻学反思性批评 ··· 254
　4.1　指认—推理模式质疑 ·· 254
　4.2　Haser 对概念隐喻理论的解构性批评 ···································· 256
　4.3　"跨域概念映射"的局限性 ·· 257
　4.4　隐喻机制普遍性假设所面临的理论挑战 ································· 258
　4.5　学界对概念隐喻理论合法性的质疑 ······································ 261
5　讨论 ·· 262

第十一章　当代认知语言学发展新动态 264

1　引言 264
2　国内认知语言学发展新动态 264
- 2.1　国内认知语言学研究历史简介 264
- 2.2　国内认知语言学研究特色 266
- 2.3　国内认知语言学研究趋势 270

3　当代认知语言学发展新动态 272
- 3.1　夯实哲学基础 272
- 3.2　夯实理论基础 273
- 3.3　追求理论简明性 276
- 3.4　触发哲学革命 277
- 3.5　语法神经理论趋势 279
- 3.6　量子神经计算语言研究趋势 282
- 3.7　应用认知语言学趋势 284

4　认知语言学应正视的几个理论问题 286
- 4.1　进一步平衡语言维度和认知维度之间的研究 286
- 4.2　正视形式和意义之间的任意性 289
- 4.3　正视语言的客体性 290

5　讨论 292

参考文献 295

后记 334

作者简介 336

图示目录

图 1　语言产品、语言理解和意义构建之间的循环圈关系
图 2　几位重要的语言学家对三个关键术语的理解差异（Clausner & Croft，1999：4）
图 3　动词 throw 的词义图解（Langacker，2009：8）
图 4　表达式 smart woman 的语义结构图解（Langacker，2009：10）
图 5　动词 *like* 的词义图解（Langacker，2009：9）
图 6　动词 *please* 的词义图解（Langacker，2009：9）
图 7　Like 图式义所例示的四种具体语义
图 8　Please 图式义所例示的四种具体语义
图 9　形容词 smart 的词义图解（Langacker，2009：8）
图 10　对形容词 *samrt* 的词义图解表征的修正（基于 Langacker，2009：8）

绪论

1 主要内容简介

本书旨在对认知语言学范式的理论和实践进行较为全面而深入的反思性整体批评。反思性整体批评属于"批判建构论"范畴,其目的在于通过理论反思和再反思实现对批评对象的认知和再认知,并最终促进其理论的发展和完善。我们的研究结论是:认知语言学研究尽管在诸多方面存在问题或者面临挑战,它仍然不失为一种科学有效的认知和语言研究方法。本书的理论目的在于:通过对认知语言学范式的理论和实践进行反思性整体批评,指出该范式所面临的诸多理论问题和挑战,为其未来如何克服理论局限,绕开理论困境,找到新的理论突破方向和路径提供理论借鉴和参考,进而为认知语言学未来的螺旋形理论上升和发展作出一点理论贡献。

我们的基本研究思路和路径是:认知语言学理论批评基础奠基 => 认知语言学理论批评支点确立 => 认知语言学内、外部整体批评 => 认知语言学理论反思性建构批评 => 认知语言学研究实践反思性建构批评 => 认知语言学发展新动态。循着这一研究思路,我们的论述主要从以下六个方面展开:

首先,我们把理论批评基础奠定在认知语言学范式独特的历史发展、突出的理论优势和富有成效的理论贡献上。在简要论述认知语言学近四十年的历史发展、国内外研究现状和特点的基础上,我们运用概念隐喻分析工具深入剖析认知语言学之独特语言观的理论实质、主要理论价值和理论局限性。在此基础上,我们阐述了认知语言学对认知和语言研究所作出的独特理论贡献。

其次,我们把理论批评"支点"落在认知语言学与其他语言研究范式所构成的"语言学理论一族"关系上。基于霍金和蒙洛迪诺(2011)

所提出的万物终极候选理论——M理论，我们把认知语言学和其他语言学范式之间的理论关系定性为"语言学理论一族"关系：一种更为包容和更有建设性的理论"对立协同"发展关系。

再次，我们实现了对认知语言学范式的内、外部反思性整体批评。基于学界对内、外部批评法的区分，我们论述了学界对认知语言学范式所作的主要外部批评（解构性批评）和内部批评（建构性批评）、认知语言学者所作出的相关理论回应以及我们的理论反思和再反思。

然后，我们主要通过对认知语言学基本原理的反思性整体批评实现对认知语言学理论的建构性理论批评。鉴于认知语言学本质上是体验现实主义的一个哲学课题，我们对认知语言学的哲学基础进行了深入的反思性建构批评。又鉴于认知语言学的研究基础是认知语义学，我们遂对认知语义学研究进行了深刻的理论反思和再反思。

接下来，鉴于意象图式词义表征法的重要理论价值和广泛适用性，以及概念隐喻理论极为强大的学术影响力，我们对认知语言学两个具有重大学术影响力的理论框架——意象图式理论和概念隐喻理论——进行了反思性建构批评。

最后，基于认知语言学反思性整体批评成果，我们对当代国内外认知语言学发展的新动态进行了理论阐释和思考。我们指出：作为一种强有力的理论分析工具，认知语言学不但在某种程度上对社会学科或者人文学科具有"典范作用"，而且正在对自然学科的发展产生影响。

任何理论框架发展到一定阶段，势必遭遇诸多理论发展瓶颈且面临各种理论挑战。作为一种有力的理论运思和思辨手段，"理论批评"被认为是理论范式不断发展和完善的必由之路。经过近四十年的快速发展，认知语言学这一较新的语言研究范式在理论和实践研究方面取得了令人瞩目的研究成果，其对认知和语言研究的独特理论贡献有目共睹。但是毋庸置疑，它也存在诸多理论问题且面临一些挑战。

目前，国内外学界对认知语言学的质疑和批评研究虽然不少，但这些成果多半未明确区分理论批评视角。且因大多数研究要么是一般性的泛泛批评，要么是针对某些特定理论或实践问题所进行的局部性理论批评或者思考，故目前国内外针对认知语言学所进行的质疑和批评研究多半零散，不成体系，缺乏基于较为全面的整合研究基础之上的体系性理论批评之作。到目前为止，不但我国尚未有认知语言学系统性理论批评专著问世，就是国外认知语言学界也没有类似的著作出版[1]。本书填补了国内外认知语言学界在这方面的理论空白。

2 选题的理论考虑：认知语言学的快速发展

我们之所以选择对认知语言学而不是对其他的语言研究范式进行反思性整体批评，主要原因在于：作为一个较新的语言研究范式，认知语言学近四十年来发展极为迅猛，其影响力日甚。认知语言学的影响力主要来自于其作为理论分析和阐释工具的强大解释力及其理论应用的广泛性。但是，对目前汗牛充栋的认知语言学研究成果，国内外学界尚缺乏系统性的理论批评和反思，我们的选题正好弥补了这一缺憾和不足。

认知语言学的兴起是二十世纪语言学领域的一件大事。作为一个有着广泛理论基础的语言学较新范式，认知语言学的兴起及其近四十年来的快速发展不仅给语言和认知研究提供了崭新的研究视角，而且让我们得以重新审视和看待诸多语言研究固有传统的理论贡献、理论适用性和理论局限性。目前，认知语言学的强大影响力主要体现为：

1）作为一种"新晋"的主流语言研究范式，认知语言学极强的解释力使得其在很大程度上丰富了当代人文社科研究。近年来，认知语言学研究取得了丰硕的成果，其语言学分支学科地位在国内外语言学研究领域得到确立。作为一种有力的理论分析和阐释工具，认知语言学研究成果被广泛应用于各种语言学传统分支学科如语音学、音系学、词汇学、语义学和语用学等领域。另外，学者们还把认知视角和功能视角结合起来，使得认知—功能视角下的语言研究卓有成效（参见程琪龙，2011）。

---

[1] Haser（2005）出版的《隐喻、借代和经验主义哲学：挑战认知义学》一书主要是对隐喻、借代和认知语义学背后的哲学基础进行解构主义批评。其批评的重点主要在于 Lakoff 和 Johnson 的著作。该书并未对认知语言学范式进行系统性理论批评。

此外，认知语言学的研究成果也被应用于社会文化研究领域。文化语言学研究者开始关注认知—文化图式对语言结构所施加的压力和影响。在文学研究方面，受到认知语言学的影响，学者们逐渐抛弃纯粹的文本解构和作者研究，转而开始关注读者和文本互动在意义重构中所起的决定性作用，即关注读者和文本的直接互动如何操纵作品意义，并导致意义重构。在历史文化研究方面，学者们开始强调一些关键的历史、文化概念如何参与构建我们的历史文化生活，并最终参与建构我们的历史文化。美国达慕斯大学教授艾兰在其2002年由上海人民出版社出版的中国哲学史著作《水之道与德之端》中，运用概念隐喻理论分析中国早期思想中的隐喻思维和隐喻应用。基于概念隐喻理论，她发现中国古代思想、古代哲学的抽象词汇中有一些想象的成分。通过分析管约这些想象成分的底层概念隐喻系统，艾兰发现中国古代思想史的局限性在很大程度上和中国古代文化中最根本的概念隐喻体系相关。

最后，认知语言学应用研究蓬勃发展。近四十年间，认知语言学家们所提出的独立理论框架不下十余种。目前，这些理论框架不但被广泛应用于语言学相关学科如外语教学、翻译、文学、词典学、语篇和话语分析等领域；而且被广泛应用于哲学、心理学、人类学、社会学和文化历史学等领域，甚至开始对自然科学产生影响。

2）认知语言学对相关学科的影响力日甚：认知语言学所倡导的"语义结构即概念结构"思想，不仅对人文社科研究，甚至开始对自然科学产生影响。在科学技术界，基于语言结构对人类思维结构的直接"映照"或"象似"，科学家和工程师们开始重新思考技术和人类之间的关系，开始强调科技对于人类本质的"构建性"和"定义性"，即强调技术跟语言一样，不仅仅是人类创造发明的工具，而是在很大程度上具有"思想本体性"特征。技术的"思想本体性"不但使得其可能参与人性的建构，而且人类很可能最终在很大程度上被"技术化"。有鉴于此，学界开始反思现代技术对人类的"摆置"（见海德格尔，孙周兴译，1999）。

一方面，鉴于认知语言学具有极强的解释力和广泛的理论适用性，学界急需对其近年所取得的主要研究成果进行较为全面的反思和再反思，以期科学评估其理论得失。另一方面，理论反思也有助于使国内学者对这一范式的理论解释力及其所面临的诸多理论挑战有个更为清晰的认知，进而更好地利用该范式为我们的语言和认知研究以及其他相关学科的研究服务。

3 选题的迫切性

认知语言学的快速发展一方面凸显了其理论优势，但另一方面也产生了不少理论问题。有鉴于此，我们有必要对认知语言学近四十年来在国内外的发展状况、所作出的理论贡献、基本原理的理据性以及所取得的主要研究成果进行较为全面的理论梳理、考察、反思和再反思，以期在更深刻地理解其理论优势和不足的基础上较为全面地把握认知语言学研究的理论得失。

作为一种有力的理论运思和思辨手段，"理论批评"被认为是理论范式不断发展和完善的必由之路。"理论批评"的目的主要在于：一方面，对批评对象本身的理论优劣进行公允的评估或者评判；另一方面，对针对批评对象所作出的各种既有批评或者评判作出"公断"或者"裁决"。当前，对认知语言学范式进行理论批评的紧迫性主要在于：

1）丰硕成果催生理论批评的紧迫性。认知语言学在过去的近四十年间快速发展，取得了令人瞩目的丰硕研究成果。对于海内外丰富的认知语言学研究成果，我们有必要对其进行深入的理论反思和再反思。

2）顺应当今认知语言学理论质疑和批评研究快速发展趋势。认知语言学发展到今天，虽然取得了丰硕的研究成果，但也面临着诸多理论问题和挑战，其未来的理论发展也面临着诸多的不确定性。近年来，学界对认知语言学的质疑和批评研究不少，而且渐成趋势。如 Haser（2005）主要从解构主义角度批判 Lakoff & Johnson（1980b；1999）所提出的概念隐喻理论及其著作中的认知语义学思想。另外，Dahl（1989）、Jackendoff（1991）、Jackendoff & Aaron（1991）、Jackendoff & Landau（1991）、Grady（1997；1998）、Sandra（1998）、Murphy（1996）、

Glucksberg（1999）、McGlone（2001）、Rakova（2002）、Gibbs（2000；2006a；2006b；2006c）、Haspelmath（2008）和 Kertész & Rákosi（2009）等学者也对认知语言学的理论局限性和不足有所探讨。此外，近年来我国学者亦开始对认知语言学进行质疑研究。袁毓林（1993；1994）、蒋绍愚（1999）、姚岚（2003）、王寅（2003）、石毓智（2004）、刘正光（2001）、姚振武（2007）、王馥芳（2008；2010）及方环海和高明乐（2010）等研究无疑也对认知语言学范式的理论思考作出了贡献。

3）认知语言学理论质疑和批评研究亟待进一步深化。目前，国内外针对认知语言学所进行的理论质疑和批评研究普遍存在两个问题：

一是，研究难以深入。目前，针对认知语言学所进行的各种理论质疑和批评研究多半未明确区分理论批评视角，导致相关研究多流于一般性探讨：要么是对认知语言学范式所面临的一些普遍性问题进行一般性理论探讨和批评；要么是对认知语言学各种理论框架所面临的一些特定理论问题进行一般性或者局部性理论思考。

二是，研究多半零散而不成体系，缺乏基于整合基础之上的系统之作。一方面，我们亟待对各种零散的理论质疑和批评研究进行整合；另一方面则亟待在整合的基础上实现认知语言学理论质疑和批评研究的体系化。

4）亟待对各种既有的认知语言学质疑和批评研究进行较为公允的"公断"或者"裁决"。认知语言学的影响力日甚，引起了海内外学界诸多理论关注和思考。针对学界对认知语言学所进行的各种重要的理论批评和反思，我们有必要运用"理论批评"这一强有力的理论"评判"和"裁决"工具，对之进行较为公允的理论评判，以实现对相关理论批评研究的"再批评"和"再反思"。

理论质疑和批评的主要目的在于：促使学界对认知语言学所面临的各种理论问题进行深度理论思考。并在既明确其理论优势，又看清其理论不足的基础上，最终为实现认知语言学的螺旋形理论上升而尽一份绵薄之力。

4　研究范围界定

认知语言学是个可能引起歧义的概念。广义的认知语言学指的是认知视角下的语言研究。其覆盖面极广，包括一切基于人类大脑和心智基础之上的语言研究：如 Chomsky（1957）的转换生成语言学派；20 世纪 70 年代末期兴起的、源自生成语言学派内部的生成语义学派；Jackendoff（1983；1990）的概念语义学；Sperber & Wilson（1986）的认知语用学；以及以 Lakoff 和 Johnson、Langacker、Talmy、Fauconnier，Fauconnier 和 Turner 及 Goldberg 等为代表的概念隐喻理论、认知语法、认知语义学、心理空间理论、概念整合理论和构式语法等。根据 Geeraerts（1995）的研究，甚至一些更为早期的语言研究，由于其在语言解释过程中诉诸了人类的认知能力，也可以被纳入广义的认知语言学范畴，如瑞士心理学家 Piaget（皮亚杰）的建构论、Austin（1962）的言语行为理论以及 Grice（1975）的经典语用学研究等等。

狭义的认知语言学指的是 Lakoff & Johnson（1999）所强调的"第二代认知科学"。该语言研究学派的代表人物主要有 Lakoff，Langacker，Talmy，Fauconnier 和 Goldberg 等。其学科本质是透过语言结构揭示概念系统的本质特征及其组织结构或者原则。Hoek（2000：134）认为，有几个重要的原则把认知语言学范式所涉的各种理论框架和方法联系起来：

1）概念（主观）语义学，即意义被等同于语言概念化。

2）百科而非词典语义学，即语词和更高层次的表达式被看成是联接开放知识网络的词目点（entry points）。要完整解释一个表达式的意义通常要考虑意象（视觉的和非视觉的）、隐喻联想、心理模型和对世界的一般性理解。因此，表达式的意义通常不是词典释义所能涵盖的。

3）结构范畴，即范畴组织围绕的是原型、家族相似性（family resemblances）以及范畴中各成员之间的主观关系。

4）合乎语法的程度性判断（gradient grammaticality judgments）。判断一个表达式是否合乎语法是一种范畴化行为：说话者判断某一话语是否在某种程度上是某一规约性语言结构的可接受性范例（exemplar）。

5）语言和其他认知能力之间的密切关系。认知语言学寻找语言现象在普遍认知中的类推性。认知语言学直接借用心理学关于人类范畴化本质及注意力和记忆力等研究成果。

6）句法的"非自治性"。句法被理解为声音（或符号）据以表达意义的规约性句型。

以上原则也可以看作是认知语言学背后的一些共同的基本理论假设或思想。

本书中的"认知语言学"，若无特指均是指狭义的认知语言学。简言之，狭义的认知语言学是指：一个以认知科学为出发点，主要建立在认知语义学基础之上的，着重研究语言、大脑和社会——物理经验之间密切关系的，具有多学科交融本质的较新语言和认知研究范式。独特的认知视角造就了该范式的人本性、多学科交融性、包容性、开放性和前沿性。

5　基本研究方法

本书所采取的基本研究方法是反思性整体批评法。

5.1　批判终结论与批判建构论

在本书中，我们把"理论批判"和"理论批评"看成两个可以互相换用的术语。在哲学上，"批判"是一个有着丰富理论内涵的术语："批判"始终是和理论"改革"或者"颠覆"意图联系在一起的。对很多早期的哲学家而言，"批判"的理论目标是意图通过运用"批判"这一理论运思手段实现对既有理论体系的"终结"。今天，"批判"这个术语的理论内涵已经发生了很大变化，其原有内涵中的"改革"和"颠覆"意图已经弱化了很多。

"批判"在德国古典唯心主义哲学家康德（见杨祖陶、邓晓芒编译，2008：40—41）那里，被隐喻为一个具有公断力或者裁决力的"终结性"法庭："但我所理解的纯粹理性批判，不是对某些书或体系的批判，而是对一般理性能力的批判，是就一切可以独立于任何经验而追求的知识来说的，因而是对一般形而上学的可能性和不可能性进行裁决，对它的根源、范围和界限加以规定"。仔细品读康德为其《纯粹理性批判》所写的第一版序和第二版序,我们发现,康德实质把"批判"看成是一股具有强大的理论毁灭性的"终结之力"(王馥芳,2012b:哲学版):

首先,"批判"在康德那里是一种具有极强改革意图的理论运思和构建手段。康德用"批判"意在凸显或者明示他自己所创立的形而上学体系和旧有或者既有体系的"尖锐对立",从而强调他和旧形而上学体系彻底决裂的决心。

其次,"批判"在康德那里是哲学科学化的必由路径。康德(见杨祖陶、邓晓芒编译,2008:66)把"批判"隐喻为一条"有最高必然性的纯粹理性科学的荆棘小路"。康德欲藉这条"荆棘小路"把形而上学研究引上"一条科学的可靠道路"(见杨祖陶、邓晓芒编译,2008:40—41)。康德推崇逻辑学、数学和物理学等自然科学所采取的科学验证方法,认为形而上学的最终出路在于:在模仿自然科学家采取科学验证方法的基础上,借助纯粹理性批判,以最终实现形而上学研究的科学化。

最后,对康德而言,"批判"的理论目的是"终结性"的,是对批判对象——纯粹理性——之根源、本质、范围和界限等理论问题进行终结性的确定或者定性。对康德来说,批判的理论目标是对旧有形而上学进行彻底的改革。这种改革同时也是对其他形而上学理论体系的终结。换句话说,康德意欲以其所提出的新的形而上学体系终结既往形而上学"这些无休止的战场"(见杨祖陶、邓晓芒编译,2008:38)。

"康德之后,'批判终结论'盛行一时。学界开始普遍把'理论批判'看成是一股能够带来新思想和新思考的'澄明之力'。这股'澄明之力'的本质是破坏性的。它要么通过揭示某一既有理论框架与其他相关理论框架或模式之间不可调和的矛盾,抑或通过揭示既有理论框架自身的内部矛盾来达到摧毁或者颠覆该框架的目的,使其丧失部分的、甚或是全部的效能或作用。理论批判所摧毁的,在很多时候是过去曾经备受推崇和珍爱,甚至曾被奉为'真理'的东西。"(王馥芳,2012b:哲学版)

"'批判终结论'的终极理论目标是,通过'铁血摧毁'在理论上踏出一条'唯一'的科学路径，或者确定一个终极'理论王者'，以成就某个'伟大'的理论框架或模式最终统一整个理论界的超级'霸业'。有鉴于此，早期的理论家们多把理论的'唯一性'作为其孜孜以求的理论目标。美国著名实用主义哲学的代表人物之一杜威（傅统先译，2012：2）在其名著《经验与自然》一书中明确指出，他在书中所提出的'经验的自然主义'方法论'给人们提供了一条能够使他们自由地接受现代科学的立场和结论的途径'，且他强调说：'这是唯一的途径'。"（ibid.）

在本书中，我们所理解的"批判"与康德及杜威所理解的有所不同。我们本质上不是把"批判"理解为一股绝对的理论摧毁或者"终结之力"。更多地，我们是从建构主义视角来理解"批判"。也就是说，我们主要把"理论批判"或者"理论批评"理解为理论构建、发展和完善的必由之路。我们不再强调"批判"这一术语原有内涵中的"改革"意图，我们所强调的是"批判"的"建构性"和"完善性"功能。如果说康德和杜威所持的是"批判终结论"，那么，我们所采取的则是"批判建构论"。

5.2 内外部批评法

目前学界大致把理论批评分成两类：内部批评和外部批评。内部批评是在承认批评对象的基本原理（如哲学基础、理论基础、基本理论假设、基本范畴、基本理论主张、基本研究方法）之正确性的前提下，对其所依据的资料、证据、论证方法、论据和主要结论等进行重新分析和论证，并通过发现问题、指出问题、反思问题和解决问题等方式对批评对象进行建设性理论思考。内部批评属于"批判建构论"范畴，其目的旨在通过理论反思和再反思实现对批评对象的理论完善。而外部批评是在质疑或者否认批评对象的基本原理之正确性的前提下，借助于一些外部理论标准或者外部理论工具（如对立的理论假说）来解构性地"瓦解"批评对象的合理性、合法性。外部批评属于"批判终结论"范畴，其目的旨在通过理论解构实现对批判对象的理论摧毁、颠覆和终结（王馥芳，2012b）。

"内部批评"实质相当于 Auntie 所言的"建构性（constructive）批评"（见 Fodor，1998：前言），其目的是对批评对象进行建设性理论思考。而"外部批评"则属于"解构性（deconstructive）批评"，目地是彻底否认批评对象的理论合理性、合法性。"外部批评法"有激进和保留之分。前者对批判对象的基本原理采取全盘攻击和否定的态度；而后者则对批判对象持有所保留的态度，即在尖锐批评和否定批评对象的某些核心观点的同时，对另一些核心观点持肯定或保留态度。

本书主要采取反思性整体批评法对认知语言学范式进行建构性整体批评。从"批判建构论"出发，我们对认知语言学进行反思性整体批评的初衷主要在于：在赞同认知语言学基本观点和原理的前提下，通过证据考察和分析、理性思辨、综合分析和评判，对认知语言学的基本原理和重要理论框架进行较为全面的理论考察、评判、反思和再反思。我们的理论批评性质是建构性的。我们意在通过挑认知语言学的"刺"，一方面引发学界对其理论优劣的深思，另一方面引发学界对一些争议性问题的理论论争或者深度探讨。如果说康德的"批判"是一股理论"终结之力"，着眼的是对批判对象的"终结性颠覆"。那么，本书所进行的"反思性整体批评"则更多地是一股理论"建构和完善之力"。我们着眼于在理论认同[1]的基础上对批评对象进行较为全面的建构性思考。

5.3 反思性整体批评法

本书采用一种新的理论批评法——反思性整体批评法——对认知语言学范式进行建构性整体批评。"反思性整体批评法"是内部批评视角下的整体性理论批评。我们采取此法的理论考虑主要有三：

首先，"反思"有助于理论建构和完善。"反思性批评"属于"批判建构论"范畴。只有采取反思性批评法，才能更好地达到建构性完善认知语言学范式的理论目的。

其次，"整体性批评法"最大限度地契合了认知语言学所采取的

1　内部批评的基本出发点是对批评对象之基本原理的理论认同。

"整体性"语言研究法。如果说乔姆斯基（Chomsky）(1957）的转换生成语法所采取的是语言研究"模块法"，那么，认知语言学所采取的则是"整体性"语言研究法。认知语言学承认音系、语义和句法在概念上有所不同，但他们并不承认它们的认知组织结构方式和原则有本质不同。认知语言学的理论目标是：在承认我们具有不同的语言知识体系（如音系、语义和句法知识体系）的前提下，找出其背后的、支配其组织结构的共同概念机制，或者说共同的认知组织原则。有鉴于认知语言学对语言研究采取整体性研究路径，我们的理论批评亦当着眼于对范式的整体性理论评判和把握。

最后，采取"反思性整体批评法"有助于我们较为全面而深入地把握批评对象的理论实质，实现理论批评的体系性。康德（见杨祖陶、邓晓芒编译，2008：66）强调，在进行学术"辩难"或者说学术批判时，应该把批评对象当成一个统一体来看待和把握，切不可揪住理论体系的个别问题不放。"任何一种哲学的阐述都有可能在个别地方被人揪住（因而它不能像数学那样防卫严密），然而，这个体系的结构作为一个统一体来看，却并没有丝毫危险。"

6　理论目的

本书主要采取"反思性整体批评法"对认知语言学范式进行全面的建构性理论批评和思考，以期达到如下六个理论目的：

1）重新考察和评判认知语言学在语言研究体系中的理论地位。认知语言学已经成为当今语言学界的主流研究范式之一，这是毋庸置疑的。但是，在此背景下，学界开始出现把认知语言学看成语言学终极（候选）理论的倾向，认为认知语言学是唯一正确的语言研究方法。鉴于这种语言研究"独断论"不利于语言学理论的多元发展，我们基于霍金和蒙洛迪诺（2011）所提出的万物终极候选理论——M理论，把认知语言学和其他语言学范式之间的理论关系定性为"语言学理论一族"关系：一种更为包容和更有建设性的理论"对立协同"发展关系。它彻底摈弃了基于"非对即错"二元对立基础之上的传统理论比较观，而代之以基于网络连接基础之上的"理论网络"观。"理论网络"概念强调的是各种理论模式之间的"对立协同性"以及它们对同一研究对象所作出的多元贡献。

2）进一步明晰认知语言学的学科本质。认知语言学是在借鉴相关学科（如哲学、心理学、认知心理学、人工智能、计算机科学、认知科学，甚至数学等自然科学）的理论成果基础上发展起来的理论范式。虽然康德（见杨祖陶、邓晓芒编译，2008：48）反对跨学科研究——"当人们让各门科学互相跨越其界限时，这些科学并没有获得增进，而是变得面目全非了"，但是在当今学界，跨学科研究成果斐然是不争的事实。作为一门具有跨学科本质的学科，我们一方面需要厘清认知语言学对各相关学科的理论借鉴；另一方面，也需要清楚地阐释认知语言学对相关学科的理论贡献。这两个问题的解决，一方面有助于朔本清源；另一方面，有助于深化认知语言学研究。

3）在较为全面地把握认知语言学近四十年来国内外的整体发展状况的基础上，比较全面地考察和评判该理论范式的理论优势和不足。

4）在较为全面地把握认知语言学范式理论优劣的基础上，较好地把握其未来发展的新动态。

5）通过理论批评，保持认知语言学持续的研究活力。康德（见杨祖陶、邓晓芒编译，2008：66—67）认为，只有本身具有持久性的理论，才真正经得起读者或者学者对理论的"辩难"，"如果一个理论本身具有持久性，那么最初给它带来很大威胁的那些反复辩难随着时间的推移只会有助于磨平它的粗糙之处，而如果有不抱偏见的、有见地的、真正平实的人士从事这一工作，甚至也可以使它短时期内臻于所要求的精致优美"。可见，真正有生命力的理论体系，是不惧怕理论批评的。而且从长久来看，理论批评有助于保持理论体系的持久活力。

6）推动认知语言学范式的螺旋形上升和发展。鉴于建构性理论批评是一股理论"完善之力"，本书旨在通过指出认知语言学的理论优势和不足，建设性地推动其未来的理论发展，实现范式本身的螺旋式理论上升。

7 理论创新之处

本书的理论创新主要有两点：

一是，在研究方法上，我们采用了一种新的理论批评法——反思性整体批评法——对认知语言学范式进行反思性整体批评。"反思性整体批评法"是内部批评视角下的整体性理论批评。

二是，在研究内容上，实现了对认知语言学范式的体系性整体批评，形成了认知语言学反思性整体批评专著。目前，不但我国尚未有认知语言学系统性批评的专著问世，而且国外认知语言学界也没有类似的著作出版。本书填补了国内外认知语言学界在这方面的理论空白。

8 基本框架

本书除"绪论"之外，另有十一个章节。

绪论主要探讨跟全书的撰写相关的一些重要理论问题。涵盖的内容包括：本书的主要内容简介、选题的理论考虑、选题的迫切性、研究范围界定、基本研究方法、理论目的、理论创新之处和基本框架。

第一章主要是对当代认知语言学近四十年来的历史发展、国内外研究现状和特点作一较为全面而深入的理论"扫描"。首先，我们探讨认知语言学兴起的理论动因。然后，我们对认知语言学近四十年来的历史发展、国内外研究现状和特点作了一个较为详细的理论概述。最后，我们指出当代认知语言学的发展大致经历了三个有明显特征的阶段：1）早期阶段：认知语言学各种理论框架相继提出和成型；2）发展阶段：研究深度和宽度同步发展；3）深化阶段：认知语言学分支学科地位确立。

第二章主要是运用概念隐喻分析工具深入剖析认知语言学之独特语言观的理论实质、主要理论价值和理论局限性。我们首先探讨了认知语言学之独特语言观的哲学渊源。其次，我们分析了认知语言学之独特语言观的理论动因和缘起。再次，我们对客观主义、生成语言学和认知语言学三种语言观进行了概念隐喻分析，揭示了三者的理论本质，并指出了三者的主要理论价值和局限性。再次，我们对认知语言学之独特语言观进行了反思性批评和哲学思考，指出并非只有认知语言学之语言观才是唯一正确的语言观。最后，我们指出认知语言学之语言观的理论局限性主要在于无法克服"经验的界限"问题。

第三章主要阐明和确立认知语言学在整个语言学理论体系中的理论地位。由于认知语言学的理论动因主要是源于对客观主义语言哲学理论和生成语言学的"理论反动"，因此我们有必要先通过明晰三个语言研究范式之间的理论关系来确立认知语言学在整个语言学理论体系中的理论地位。首先，我们探讨语言学界对三种语言研究范式之理论关系所持的四种较为普遍的观点：扬弃观、对错观、功过观和共通观。其次，我们介绍霍金和蒙洛迪诺（2011）所提出的万物终极候选理论——M理论，并提出了构成"理论一族"关系的四个对立—交叠前提条件。然后，我们指出三种语言学范式的多向度差异以及其研究发现之间的相互交叠之处。最后，基于三种语言学理论模式在研究上既对立又相互交叠或者共通的事实，我们把三者看作是同一语言学基本理论的一个方面，三者构成"语言学理论一族"关系。"语言学理论一族"关系的确定，为我们确立了认知语言学范式反思性整体批评的"支点"：认知语言学并非唯一正确的语言研究理论，更非语言学领域的"终极候选理论"，它只是语言基本理论的一个方面，不能描述和解释语言的方方面面，充其量只能较好地描述和解释一定范围内的语言现象。

第四章主要较为深入地论述认知语言学对认知和语言研究所作出的独特理论贡献。首先，我们指出认知语言学在认知研究方面所作出的独特理论贡献：1）意义的认知研究，尤其是对抽象概念生成机制的认知研究以及对于一词多义现象的认知研究；2）概念系统结构模式研究，主要通过语言结构模式的认知研究，揭示人类认知的基本组织因素以及概念系统的基本结构、多维本质、工作机制和组织原则等。其次，我们指出认知语言学在语言研究方面所作出的独特理论贡献：1）语言研究的方法论创新；2）认知语义学研究。由于我们辟了专门一个章节（第八章：认知语义学反思性批评）来探讨认知语义学研究，因此，本章主要探讨认知语言学在方法论方面的两个创新：1）开创了"整体性垂直"语言研究法；2）开创了"体验现实主义"这一"新经验主义"研究法。

第五章主要通过探讨学界对认知语言学之理论假设和方法论所进行的外部批评（或者说解构性批评）和认知语言学者所作出的相关理论回应，提出我们的理论反思和思考。首先，我们区分内、外部批评法并介绍两种尖锐的外部批评手段。其次，我们阐述行为主义、客观主义、生成语言学三个学派的反认知语言学本质。再次，我们探讨学界对认知语言学的三个主要理论假设——语言和认知同一性、隐喻思维、语言结构的心理表征动因，以及两个方法论问题——认知语言学的创新性和认知语言学的不可验证性——所进行的外部批评。然后，我们阐述认知语言学者对各种外部批评所作的相关理论回应。最后，我们对相关的外部批评进行了理论反思和深入思考。由于本书对认知语言学的批评主要是建构性的，因此，探讨认知语言学外部批评并非本书的重心所在，其目的主要在于为以下各章的内部批评（建构性批评）作好理论铺垫。

第六章主要通过探讨学界对认知语言学所作的内部批评（或者建构性批评）和认知语言学者所作的相关理论回应，提出我们的理论反思和再反思。首先，我们指出认知视角的局限性：未充分考虑多种理论动因的存在、相对于文化视角的狭窄性、对文化动因关注不够、认知图式对语法解释的局限性。其次，我们指出认知语言学方法论的局限性，包括研究路径的"循环论证"嫌疑，以及意义过程论、一统性解释、内省法、"认知第一性、语言第二性"的基本立场所面临的理论挑战。然后，我们强调认知语言学的研究成果在运用时具有一定的风险性：西方强势概念系统对弱势语言的概念系统的强加容易导致"强势语言系统"对"弱势语言系统"的"改写"。在本章的结尾，我们探讨认知语言学者该如何对待理论批评。

第七章主要对认知语言学的哲学基础进行反思性建构批评。首先，我们揭示了认知语言学产生的哲学动因，所探讨的问题包括：理性主义和经验主义的对立、经验主义面临的经验界限问题、抽象形而上学和具体形而上学的理论区别、"体验革命"的兴起以及"体验革命"的核心思想及其发展。其次，我们探讨了体验现实主义的创新本质、核心思想、理论精髓和哲学本质。再次，我们考察了学界对体验现实主义的外部批评以及 Johnson & Lakoff（2002）及其他认知学者所作出的相关理论回应。紧接着，我们探讨了针对体验现实主义的相关争议。接下来，我们探讨了体验现实主义所面临的主要理论挑战："经验"和"意义"之间的界限并非泾渭分明，基本方法论存在主观主义、物理主义、世俗性以及"人本中心主义"倾向。最后，我们对体验现实主义进行了反思性建构批评。我们对体验现实主义的哲学思想继承问题以及其对哲学的贡献问题进行了理论反思和再反思。在此基础上，我们指出：体验现实主义最终可能朝着"模型依赖现实主义"的方向发展。

第八章主要是对认知语义学进行反思性建构批评。我们首先对学界的主要意义研究如意义对应论、Frege（1892）的意义观、Frege（1892）之后的各种意义理论和语义学的兴起作了简述。然后，我们探讨诸多有关认知语义学兴起的理论问题：认知语义学的哲学基础、意义体验论、认知语义学兴起的理论动因、认知语义学的兴起、认知语义学的"理论颠覆性"、认知语义学的指导性原则、认知语义学的语义观和各种意义认知分析工具。除此，我们还探讨了认知语义学的主要理论贡献：对语词本质的重新定义、对语法研究的独特贡献、对意义的再阐释和揭示概念结构的复杂性。最后，我们对认知语义学进行了建构性批评。我们指出其在术语方面存在基本核心术语的理论内涵泛化问题，"概念—域"和"概念—意象图式"两组概念的区分乏力问题；此外，认知语义学的诸多意义分析工具也面临一些问题；最后，认知语义学对一些理论问题的回答无能为力。

第九章主要对认知语言学范式中的一个重要的理论框架——意象图式理论——进行建构性反思批评，以更好地反观认知语言学所面临的问题和挑战。我们首先探讨了有关意象图式理论兴起的几个理论问题。在指出意象图式的理论基础是罗素对"意象"概念之论述的基础上，我们探讨了意象图式理论的提出、本质以及其独特的理论贡献。本章的重点是在承认图式化词义表征法的理论优势的前提下，指出其三个理论局限性:"直观"陷阱、词义描述精度问题及其对抽象概念的表征乏力。最后,鉴于意象图式理论是认知语言学范式中的一个重要理论框架,意象图式理论在词义描述方面所面临的问题实质也是认知语言学在词义研究方面所面临的普遍问题。

第十章主要采用内部批评法对认知隐喻学理论,尤其是 Lakoff & Johnson(1980b;1999)所提出的概念隐喻理论进行反思性或者说建构性批评,以此反观认知语言学范式所面临的理论问题和挑战。首先,我们论述了认知隐喻学理论的兴起,探讨涉及以下几个问题:隐喻研究的纯语言传统、隐喻认知研究的发轫、概念隐喻理论的兴起、认知隐喻学理论的最大理论贡献。其次,我们阐述了认知隐喻学理论的发展:认知心理模式对隐喻研究的影响、Grady 的基本隐喻理论、MetaNet 的创建、认知隐喻学理论应用研究。再次,我们对认知隐喻学理论进行了反思性批评,指出其所面临的五个理论挑战:指认—推理模式质疑、Haser 对概念隐喻理论的解构性批评、"跨域概念映射"的局限性、隐喻机制普遍性假设所面临的理论挑战以及学界对概念隐喻理论合法性的质疑。然后,我们指出,概念隐喻理论发展和挑战并存的现状在很大程度上代表了认知语言学近四十年来的整体发展状况。最后,我们指出:概念隐喻理论所面临的主要理论问题实质反映了认知语言学范式所遭遇的主要理论挑战。

第十一章主要探讨国内外认知语言学发展的新动态。首先,基于对国内认知语言学研究历史、研究特色和研究趋势的理论探讨,我们论述了国内认知语言学发展新动态。其次,我们论述了当代认知语言学发展的六个新动态:夯实哲学基础、夯实理论基础、追求理论简明性、促发哲学革命、语法神经理论趋势和量子神经计算语言研究趋势。最后,我们指出:作为一种强有力的理论分析工具,认知语言学不但在某种程度上对社会学科或者人文学科具有"典范作用",而且可能对自然学科的发展产生影响。

第一章　认知语言学发展概述

1　引言

认知语言学是一个较新的语言和认知研究范式。其发轫之初是语言学界的"灰姑娘"。1989 年春天在德国 Duisburg 召开的"第一次国际认知语言学研讨会"（International Cognitive Linguistics Conference，简称 ICLC）给了这个"灰姑娘"一试水晶鞋的机会。这次研讨会标志着"认知语言学作为一个有着广泛基础的（broadly grounded）、自觉的（self-conscious）学术运动的诞生（Langacker, 1990: ix）"。会上成立了"国际认知语言学学会"（International Cognitive Linguistics Association，简称 ICLA），倡议出版《认知语言学》期刊。1990 年，第一期《认知语言学》正式出版发行。随后一系列认知语言学研究兴起。认知语言学作为语言学的一个新范式逐渐得到学术界的认可和接受。

本章主要对当代认知语言学近四十年来的发展历史和概况作一较为全面而详细的理论"扫描"。我们首先探讨认知语言学兴起的理论动因；然后，我们对认知语言学近四十年来的发展作一个较为深入的理论概述。当代认知语言学的发展大致经历了三个有明显特征的阶段：1）早期阶段：认知语言学各种理论框架的提出和成型阶段；2）发展阶段：研究深度和宽度同步发展阶段；3）深化阶段：认知语言学学科地位确立阶段。

2　认知语言学兴起的理论动因

2.1　术语界定：理论动因

"动因"是一个古老的哲学问题。古罗马诗人 Virgil（维吉尔）在《写给 Lucretius（卢克莱修）（注：古罗马诗人兼哲学家）的颂歌》中如是说："幸福是能知晓万物之动因（causes）。"（转引自 Gould, 1983:

79）众所周知，因果性不是一件简单的事情。亚里士多德曾说过："只有知晓事物之动因，我们方认为我们拥有关于那一事物的知识"（ibid.）。亚里士多德对动因性（causality）这一概念作了详尽的分析。他认为有四类截然不同的动因促使了每一事件的发生：物质因（the material cause）、动力因（the efficient cause）、形式因（formal causes，注：主要指事件的蓝图）和目的因（final causes，注：主要指事件的目的性）。以建房子为例，物质因是指建房所需要的物质材料如钢筋、水泥和砖瓦等；动力因相当于我们今天所说的动因，主要指从事实际建房工作如打地基、砌砖、封顶等活动的精神动力；形式因主要指房子的建筑设计图；而目的因主要指房子设计、建造的宜居目的。今天，学人对动因（causes）的理解较之亚里士多德更为偏狭，一般仅把"动力因"纳入"动因"范畴（Gould，1983），而物质因、形式因及目的因则多被看成属于完成某一事件所必须经历的一系列进程。现代科学意义上的"动因"实质就是亚里士多德所言的"动力因"。

如果把认知语言学范式的兴起看成是一个新的精神事件的诞生，那么，我们说它一定具有理论动因。作为一个重要的精神事件，认知语言学的诞生势必涉及一系列的理论开创工作：一是，理论前期工作，如对既有语言研究理论的不满、相关反证或者反例的收集和理论新述求的提出等；二是，理论奠基工作，如新证据的系统性收集、整理和抽象等，理论新假设的提出、基本概念的重新界定、理论新主张的提出；三是，理论新体系的构建和理论发展工作，如新的理论基础的确立和夯实，新证据的进一步收集，理论新模式的构建、验证和应用等；四是，理论反思性批评工作，如对理论新模式所面临的问题进行反思和再反思，在发现和指出问题的基础上寻找解决问题的对策，以实现新模式的自我完善和修正等。弄清这一系列理论开创性工作产生的精神渊源，实质就是揭示精神事件兴起的理论动因。

2.2 认知语言学兴起的理论背景

意义始终是认知语言学的核心议题。认知语言学的一个指导性理论假设是：意义来源于语言使用，是基于人类经验基础之上的一种语言概念化活动。因此，在认知语言学看来，语义学和语用学没有原则性的区别，它们同属于语义域（semantic pole）。认知语言学发展到今天，已经成为一个以意义认知研究为基础的广泛的学术运动。当今的认知语言学是建立在认知语义学基础之上的一门研究语言、大脑和社会—物理经验之间密切关系的、具有多学科交融本质的较新学科。

认知语言学兴起的理论背景是，学者们对当时的意义研究现状普遍不满。认知语言学兴起之前，意义研究要么被完全排斥在语言学研究之外，要么完全是"平面化"研究。所谓意义"平面化"研究主要指：所有简单地在意义和某种具有相对确定性的终端（意义结果）之间划上等号的研究。主要的"平面化"意义研究有六种：

1）意义客观论，即认为意义本质上是客观的。如把意义视为客观世界中的客观事物或者范畴、客观事物之间的客观关系、世界的客观本质、语词的客观所指等；或者把意义视为客观证实性（verification）或者可证性原则、意义的"真值"条件、充分必要条件或某种"天然"的前提条件等客观本质、特征或者属性。

2）意义对应论，即简单地把意义对应为指称、指称关系、句子表达、句子的真值、命题、断言或者陈述等。

3）意义替代论，即把意义主要看成是语词之间的相互替换。

4）意义语言系统内指论，即把意义看成是语言系统直接内指的结果，如把意义等同为因语词内指概念差异所产生的价值。

5）意义语言系统外指论，即把意义看成是语言系统直接外指的结果，如把意义等同为功能、使用、外部关系、互动关系等。

6）意义观念论，即把意义看成是某种内在的心理构体，如某种天然地与语词相联系的内在意念、概念、观念或想法、解释、语义本质特征、意象、联想等。

意义"平面化"研究的主要弊端在于：1）忽视了意义的层级性、复杂性和不确定性；2）忽视了意义的即时性、过程性、构建性和动态流变性。

2.3 认知语言学兴起的直接理论动因

导致认知语言学兴起的直接理论动因主要有二:

1）生成语义学的兴起撼动了生成语法的形式研究基础。认知语言学的早期理论基础是生成语义学。"语言理论中意义的作用"是一个经典命题，不同语言学流派对这一命题的解答各有不同。生成语法中，语言是一个"自治"（autonomous）系统，不受其他认知过程的影响，且意义对形式的作用微乎其微，即语义不影响语言形式。生成语义学家则对此持完全相反的意见，认为意义无所不在，且意义促发（motivate）所有的语言结构，即语义和语言形式密不可分，语义影响语言形式。Bernárdez（1999）认为，生成语法对意义的排斥导致了认知语言学的产生。在我们看来，除了生成语言学排斥意义研究之外，其在方法论上的缺陷也是导致生成语义学家背离生成语法传统的理论动因：

其一，标准的生成理论在句法和词库（lexicon）两个层面实施"非一统性"方法论：句法是严格按照短语规则的转换来处理和生成的，但"词库本身却不是按生成方式处理的，而是被看作一套没有秩序的词目。对这种情况的不满产生了企图建立所谓生成语义学的各种尝试"（Greenberg, 1983: 29）。

其二，Lakoff（2007）等生成语义学者观察到语言除了"规律性"现象之外，还存在大量的"不规律性"（irregularity）现象。而这些"不规律性"现象正是生成规则所无法解释的，它们属于被生成语法所排斥的"意义"范畴。

其三，生成语法不但对核心语法之外的语言现象解释乏力，且它把语言使用排除在研究范围之外。

2）来自跨学科研究，特别是来自认知心理学和完形心理学等认知科学的新证据和新成果，促使生成语义学家们深刻反思和批判客观主义、生成语法和形式逻辑学的理论基础（特别是其哲学基础），从而促使他们转向意义的经验主义研究路径。Newmeyer（1998: 14）认为，认知语言学"代表生成语义学的升级，它摒弃了具有生成驱动特征的形式主义，且对认知心理学的某些新成果敏感"[1]。就学科属性而言，认知语言学是跨学科性质的："虽然其起源本质上部分地是哲学的，认知语言学一直深受兴起于20世纪60和70年代的其他认知科学理论及其发现的影响，特别是认知心理学。"

一般认为，认知语言学的最初阶段可以追溯到20世纪70年代中期[2]。关于认知语言学兴起的理论动因，其理论奠基人之一的George Lakoff教授在接受John Brockman采访时把它归因于对跨学科研究新成果的借鉴和吸收：

> 1975年，我接触到各种认知科学的一些基本研究成果，这些成果共同指向一种心理体验理论（an embodied theory of mind）——色觉的神经生理学研究、原型和基本范畴、Talmy对空间关系概念的研究、Fillmore的框架语义学。这些成果让我明白，生成语言学和形式逻辑学研究整体是没有希望的。我开始和Len Talmy、Ron Langacker及Gilles Fauconnier一道，创立一种新的语言学理论——一种和认知科学及神经科学相融的学科，它被称为认知语言学，目前，这一学科的研究方兴未艾[3]。"

3 认知语言学近四十年发展概述

3.1 认知语言学的诞生

认知语言学，顾名思义是研究人类大脑认知（cognition）如何和语言密切相关的科学。具体而言，主要是通过对语言证据的系统性收集和研究来探究人类大脑概念系统的本质及其组织结构特征。Langacker（2000：19）强调认知语言学两个重要的概念点是："语言表达方式不能

---

[1] 参见Evans（2006），网址为：http://www.port.ac.uk/departments/academic/psychology/staff/downloads/filetodownload,68131,en.pdf，2012-8-2）。

[2] 具体而言，我们认为认知语言学兴起于1975年（见本章3.1节）。

[3] 参见http://www.edge.org/3rd_culture/lakoff/lakoff_p2.html（2007-9-27）。

被简化为真实情景（truth conditions）；感官的、心理的、甚至运动的概念化在自然语言中起着至关重要的作用。"关于认知语言学的缘起，语言学界普遍认为是在20世纪70年代，有的说是中期，有的说是末期。但认知语言学的创始人之一George Lakoff（2007）则明确说是源于1975年。我们赞同Lakoff的说法，把1975年看成是认知语言学的诞生之年。依据主要有三：

1）据Lakoff（2007：25）所言，他1975年听了一系列的讲座，其中有三个讲座尤为重要：人类学家Paul Kay的颜色实验研究、Eleanor Rosch的基本层次范畴研究和Leonard Talmy的空间关系跨语言研究。这些讲座"完全改变了他以往相信的一切"。据此，我们可以把1975年看成是Lakoff和生成语义学彻底决裂的一年。

2）同年，Lakoff & Thompson（1975a；1975b）两文问世。在这两篇文章中，Lakoff & Thompson为了强调文中所提出的语法观与他们之前所持的生成语义观迥异，遂易名为"认知语法"（Cognitive Grammar）。"认知语法"[1]的诞生，标志着一种以"认知"为理论出发点的、新的语言学理论的诞生。

3）Evans，Bergen & Zinken（2006）[2]在《认知语言学运动：概述》一文中说："认知语言学最早起源于20世纪70年代。"为了印证此话并非无根据之妄说，他们在此言之后添加了一个小括号。括号里援引了三条重要文献作为论证依据，并供读者检索和参考：Fillmore（1975），Lakoff & Thompson（1975），Rosch（1975）。巧合的是，这三条文献的出版年份都是1975年。由此，我们可以推断，认知语言学诞生的确切时间是1975年。

认知语言学本质上是一场学术运动。当我们把一项活动定义为一项"运动"的时候，我们主要是说这项活动的参与人数众多，且活动的

---

1 今天，"认知语法"已经成了一个专名，特指Langacker（1987）所创立的认知语言学理论框架之一。

2 http://www.port.ac.uk/departments/academic/psychology/staff/downloads/filetodownload,68131,en.pdf（2012-8-2）。

目的性强、影响面广。作为一场学术运动，认知语言学具有以下特征：1）创始人有多个；2）没有统一的语言研究原则，但是具有统一的语言研究视角——认知视角；3）具有明确的研究内容——通过意义的认知研究揭示概念系统的本质结构；4）具有明确的理论目标——在反对客观主义和理性主义的基础上，提出新的哲学思想，即体验现实主义。

3.2 认知语言学的理论侧重点和研究兴趣

作为一个广泛的学术运动，认知语言学范式中各种理论框架虽然"不是，也还没有统一于某一明确界定的理论中的某一条共同规则"（Geeraters，2006：3），但它们本质上是相融的。它们统一于一个共同的理论兴趣，即致力于解释语言和认知能力之间的密切关系。

学术界普遍把认知语言学看成是一个举多人之力发展起来的理论范式。确切地说，认知语言学是一个统一于认知视角下的、包括多种具有较强区别性特征的理论框架、模式和研究项目在内的"理论聚合体"（Geeraerts，2006：2）。该范式理论框架众多，其中有影响力的框架达到十余个之多。它们大致统一于四类主要的理论侧重点和研究兴趣：

1）语言结构的心理现实性描述。Langacker（1987；1991a；1991b）的认知语法把语言系统的心理表征作为其理论描述目标，致力寻求直接和认知过程相联系的语言结构的心理现实性描述。Talmy（1978；1988a）的意象图式（Imaging Schemata）理论致力于感知运动经验的心理现实性描述。Fillmore（1976；1982）的框架语义学理论（Frame Semantics）则致力于词义的心理现实性描述。

2）概念结构本质及其相关心理操作研究。基于对系统性语言证据的考察和分析，Lakoff & Johnson（1980b）的概念隐喻理论以及Lakoff（1987）的认知借代理论把隐喻和借代作为研究概念结构的认知工具，有效揭示了人类概念系统的隐喻和借代（或者转喻）本质。Fauconnier（1985；1997）的心理空间理论及Fauconnier & Turner（1998；2002）后来一道发展起来的概念整合理论（Conceptual Blending）则对概念结构的心理操作机制和步骤进行了令人信服的理论阐述。

3）范畴化研究。基于 Berlin & Kay（1969）的焦点颜色实验和 Rosch（1975）的研究，Lakoff（1987）的理想认知模型主要通过基本层次范畴来探讨人类的范畴化经验。他认为我们的日常概念系统大部分是基于基本层次范畴，且原型是等级性、辐射性和隐喻性的。

4）语言习得认知研究。Fillmore et al.（1988）及 Goldberg（1995）一道发展而来的构式语法是对语言习得的认知研究。构式语法的基本理论主张是："在说话者心理中，所有的语法知识都有一个统一的表征，其表征形式是构式。"（Croft & Cruse，2004：255）Croft（2001）的激进构式语法是对发展心理学家 Tomasello（1999；2000a）提出的、关于儿童语言习得的"动词岛假设"（verb island hypothesis）的支持和应用。由 MacWhinney（1988）和 Elman（1989）发展而来的语言处理联结模式（connectionist model）则把研究焦点定位于运用联结网络来研究模块学习，特别是语言习得。

3.3 认知语言学近四十年发展概述

若从 1975 年算起，认知语言学至今经历了近四十年的发展。基于对认知语言学兴起的理论背景、兴起的直接理论动因及其历史发展沿革的梳理，更基于认知语言学范式中各种理论框架的集中提出、纵深发展及其语言学分支地位的确立，我们大致把认知语言学近四十年来的发展分成三个阶段：

1）早期阶段（1975 年至 20 世纪 80 年代末期）：认知语言学各种理论框架的提出和成型阶段。

2）发展阶段（20 世纪 90 年代初期至 2000 年左右）：研究深度和宽度同步发展阶段。

3）语言学分支学科地位确立阶段（2000 年左右至今）：认知语言学成为主流语言研究范式。

下面我们简要对这三个阶段的研究热点和特点作一较为深入的理论概述。

3.3.1　早期阶段：各种理论框架相继提出和成型

认知语言学的发轫最早可以追溯到 1975 年。最早期的认知语言学研究主要包括：

1）Lakoff & Thompson（1975a；1975b）对其所提出的"认知语法"的介绍。

2）Fillmore（1975）的框架语义学研究。Fillmore 在其 1975 年发表的一篇题为《与意义清单（checklist）理论不同的一种理论》的文章中，对传统的以穷尽语义特征为理论目的的"意义清单"理论提出了挑战，并提出了著名的框架语义学理论。

3）Rosch（1975）对语义范畴的认知表征研究。

4）Talmy（1978）运用图形—背景理论对英语复句的研究。"Talmy 早在 20 世纪 70 年代就把完型心理学中的图形—背景区分引入认知语言学，研究复合句中两个事件之间的关系。一般来讲，从句表达的是发生较早或表示原因的事件，倾向于被看作背景，主句表达的则是发生较晚或表示结果的事件，倾向于被视为图形。"（Talmy，1978：625；转引自张克定，2011：98）

认知语言学诞生之初，并未受到美国主流语言学界的欢迎。"在初期，基于这一框架的论文摘要经常遭到拒绝，项目申请书通常被搁在一边，我们的系列书籍也被牛津大学出版社拒之门外。甚至到（20 世纪）90 年代初期，认知语言学家仍然被认为不入流，原因是他们的研究'争议太大'了。80 年代初期的认知语言学研究主要是用一些有力的概念来分析直觉语言资料。"（Janda，2000）[1] Taylor（2007：10）印证了 Janda 的说法："认知语言学有一种，至少在发轫之初，有一种争议成分。它是一种对某事的反对。"

认知语言学发轫之初并非始于某个单一的理论来源，也没有所谓的精神领袖，它是很多学者共同努力的结果。这些学者在提出、检验和整合某些来源于经验观察的、有跨语言和跨学科证据的核心概念的过程中

---

[1] http://www.indiana.edu/~slavconf/SLING2K/pospapers/janda.pdf (2007–11–24)。

逐渐就语言和概念结构的依存关系达成某种共识，共同推动这一学科的成型和发展。这些共识代表了认知语言者的共同理论兴趣：致力于解释语言和认知能力之间的密切关系。

最早期的认知语言学研究中，以 Lakoff & Thompson（1975a；1975b）的"认知语法"最具代表性。除了其语言观与生成语法完全对立之外，Lakoff & Thompson（1975a；1975b）的"认知语法"具有以下四点创新：

1）强调听者（listener）视角在语言研究中的至关重要性。生成语法只关注理想社区的理想说话者的内省语言知识，完全把听者对话语的理解排除在研究之外。

2）第一次把"实时"概念引入语法理论。这是把听者视角引入语法研究的必然结果。由于只关注语言符号的形式操作，生成语法在本质上是一种"静态"语法，而认知语言学却因关涉到意义的听者构建而在本质上是"动态"的。

3）强调预设在语言形式之意义生成过程中的作用，这也是引入听者视角的必然结果。这一点和生成语法的公式化句子处理方式截然不同。

4）提出语言并行处理（parallel processing）思想，即语言处理和其他认知过程同时进行。这一点和生成语法的语言线性处理思想完全对立。

这四点创新使"认知语法"在创立之初就带有强烈的经验和人文色彩。今天，认知语言学的经验和人文思想也越来越多地受到学界关注。

认知语言学范式中有深远影响力的研究成果集中出现在20世纪80年代，特别是80年代末期。80年代末期各种认知语言学理论框架相继提出。它们统一于一个共同的理论基础：语言是认知不可分割的一部分。认知反映文化、心理、交际和功能因素的互动。且语言和认知的关系只能在经验基础之上的语言概念化和心理处理（mental processing）语境中得到理解。

其中有影响力的重要理论框架主要有：Fillmore（1975；1976；1982）的框架语义学理论（Frame Semantics）及其后来与其他人（Fillmore et al., 1988）一道发展而来的构式语法（Construction Grammar）、Talmy（1978；1988a）的意象图式（Imaging Schemata）理论、Lakoff & Johnson（1980b）的

概念隐喻理论以及 Lakoff（1987）的认知借代理论和理想认知模型（Idealized Cognitive Model，简称 ICM）、Langacker（1987；1990；1991a；1991b）的认知语法理论、Fauconnier（1985；1997）的心理空间理论、Fauconnier & Turner（1998；2002）在心理空间理论基础之上发展起来的概念整合理论（Conceptual Blending Theory）以及由 Elman（1989）和 MacWhinney（1988）发展而来的语言处理联结模式（connectionist model）。该模式的研究焦点在于运用联结网络来研究模块学习（modeling learning），特别是语言习得。这些理论框架的描写机制虽然貌似大相径庭，但本质上都是研究语言结构和概念结构的互动或者说"象似"关系。

在上述认知语言学理论框架中，尤以 Lakoff & Johnson 和 Langacker 的理论影响最为深远，吸引了众多的追随者："在这个十年中（注：指 20 世纪 80 年代），波兰、比利时、德国的研究者开始从认知角度来探索语言问题，他们明显参考了 Lakoff 和 Langacker 的著作。"[1]（Kemmer，2007）概念隐喻理论的核心思想是：概念系统本质上是隐喻的，且抽象概念的生成机制是隐喻映射。Langacker（1991a；1991b；2009）的认知语法的核心思想是：1）语法在本质上是象征的（symbolic）；2）构式[2]（而不是规则）是语法主要的描述客体，且语法描述依据的不是各种特定的、不可再分的句法原基（syntactic primitive），而是各种象征结构（symbolic structure）。认知语法诉诸各种结构图式（constructional schema）——图式化的象征聚合体（schematic symbolic assembly）——来描述更为简单的表达式如何复合地构成更为复杂的表达式。

在 Fauconnier（1985；1997）的心理空间理论基础上发展而来的概念整合理论也与 Lakoff & Johnson（1980b）的概念隐喻理论和 Langacker（1987）的认知语法之间存在着有机的联系。事实上，概念整合理论被看成是概念隐喻理论的进一步发展。概念整合理论认为认知操作和语言使用涉及到心理空间的建构和操作。而心理空间的构建源自人类的感知

1　http://www.cognitivelinguistics.org/cl.shtml（2007-11-20）。
2　Langacker（1991a；1991b）的"构式"概念不仅仅是一个语言概念，它直达概念层面。

经验，并通过各种想象映射过程（mapping processes）如隐喻、借代和整合得到延伸。心理空间理论为研究语言的不透明性（opacity）、预设（presupposition）、反事实（counterfactual）及时态和语态提供了一个一般性的动态框架。隐喻、借代和整合被认为是概念整合过程中最为重要的三个映射过程，它们对语言分析都至关重要。

认知语言学在20世纪80年代所取得的令人瞩目的成就使得学界逐渐开始重视其初见端倪的语言学分支学科地位。

3.3.2 发展阶段：研究深度和宽度同步发展

20世纪90年代以后，认知语言学进入一个新的发展阶段。其语言学独立分支学科地位开始得到学术界广泛承认，并在全球范围内吸引了众多的理论追随者。这些研究者的学术努力不但在很大程度上发展和深化了上述提到的重要理论框架，而且拓宽了认知语言学的研究领域。

在研究深度方面，我们以概念隐喻理论的纵深发展为例予以阐释。1980年，Lakoff和Johnson出版《我们赖以生存的隐喻》一书，提出"语法在本质上是概念的"这一认知语言学的基本假设。由于Lakoff & Johnson（1980b：3）把隐喻看成是一种跨域操作的人类思维能力，"我们赖以思考和行动的一般概念系统本质上是隐喻的"，即隐喻不仅仅是一种修辞手段，而是一种特殊的、影响我们行动和思维的心理和神经映射机制。他们首次揭示了语言现象和隐喻认知能力之间的密切关系，由此诞生了认知语言学范式中最早的理论框架之一：概念隐喻理论。Gibbs（2006a）认为这是隐喻研究的一个重要革命。对隐喻认知理论的创立和发展贡献最大的是Lakoff & Johnson（1980b；1999），Lakoff（1987），Sweetser（1990），Johnson（1987），Gibbs（1994）和Lakoff & Nuñez（2000）。概念隐喻理论提出以来，追随者无数。其研究也已从早期系统性语言证据的收集、整理、概括、抽象和推理发展到：隐喻理解机制的多维研究、隐喻理解和产出认知过程的多维研究以及如火如荼的应用研究。

英国伯明翰大学的John Barnden（见Barnden & Lee，2002）试图从人工智能的角度来研究概念隐喻的理解机制。他相信，我们所碰到的大部分隐喻所依赖的是各种已知的映射（mappings），而那些超出已知映射范围之外的方方面面则通常能在不创造新映射的情况下得到解决。在那种情况下，我们可以通过推理把那些方面和各种已知的映射联结起来。他开发并试行了一个能做这种类型推理的、被称作 ATT-Meta 的计算机程序。他也对人工智能如何处理借代感兴趣。另外，他创建了一个有关心理状态和过程的隐喻语言资料库[1]。

George Lakoff 教授在研究神经网络如何与概念隐喻映射机制相联系方面付出了很多努力，关于这个话题的更多信息可登录 http://www.icsi.berkeley.edu/NIL。Lakoff 在接受 Brockman 采访时谈到包括概念隐喻理论在内的认知语言学的下一个突破方向将是"语法神经理论"：

> Narayanan 近来的神经模式研究已经向我们揭示大脑结构可以怎样计算出体概念、概念隐喻、心理空间、整合空间和人类概念系统中的其他基本概念能力。下一个突破，我认为将是语法神经理论（a neural theory of grammar）[2]。

Boers & Littlemore（2000）对隐喻和借代的理解和产出这一认知过程的心理操作感兴趣。他们特别关注这一过程中的域激活、映射、语义弹性（semantic flexibility）、相关流利度（associative fluency）、类推推理和意象形成。他们尤为感兴趣的是这些过程在多大程度上受到语言的制约，抑或它们在多大程度上具有更普遍的认知特性。Agerri et al（2007）论述了隐喻阐释中的缺省推理规则。在其他一些研究中，他们还讨论了映射的形式化，并试图用计算方法来研究隐喻阐释，甚至试图从神经映射附体（adjuncts）角度去寻找隐喻阐释的缺省规则。Bortfeld & McGlone（2001：75）对隐喻处理进行了基于相对主义的论述："不同的隐喻阐释模式作用于不同的话语语境中……在一些语境中，人们可能喜欢对比喻性表达方式作归因（attributional）阐释，而在另一些语境中则喜欢作类推阐释。"

---

1 具体信息可登录 http://www.cs.bham.ac.uk/~jab/ATT-Meta/Databank/。
2 http://www.edge.org/3rd_culture/lakoff/lakoff_p2.html（2007-9-27）。

Langacker（1987）和 Talmy（2000）进一步发展了概念隐喻理论的基本思想。而 Lakoff（1987）和 Johnson（1987）则更进一步，他们在"语法本质上是概念的"这一基本假设的基础上，提出认知语言学的另一个基本假设：体验心智假设。该假设的核心思想是：概念表征（conceptual representation）是人类身体本质与其所处的社会—物理世界相互作用的结果。Lakoff & Johnson（1999）后来进一步把"体验心智"的思想上升到哲学层面，并据此提出"体验现实主义"（embodied realism）这一体验哲学思想。如今，"体验现实主义"已成为认知语言学的直接哲学基础。

在研究的宽度方面，1994 年 3 月 22—25 日，德国 Duisburg 的 Gerhard Mercator 大学召开了以"语言和空间"为议题的第五届认知语言学研讨会。"空间"的概念化研究遂成为 20 世纪 90 年代中后期认知语言学的热点研究论题之一。认知语言学的核心思想是"意义是概念化"，而概念化的"空间"基础是所有概念化的核心，因此，也是认知语言学这一致力于在语言内部和语言当中探索概念化的基本空间基础的语言学新范式的核心所在（Pütz & Dirven, 1996：xi）。因"空间认知""似乎是进化得最早的体系性跨情态（cross-modal）认知领域"（Levinson，2008：47），因此，"空间认知"遂成为早期认知语言学研究语言和认知关系的最好出发点和突破口。当初，Langacker 甚至有意把他的语法新理论命名为"空间语法"（Space Grammar），后来，为了和其他认知语言学研究者保持术语上的一致，他才取"认知语法"（Cognitive Grammar）之名。认知语言学者对"空间"的概念化研究特别关注以下四个方面的问题（Pütz & Dirven, 1996：xii）：

1）语言中的空间问题，即主要研究"空间"如何反映在词汇和语法结构之中。

2）空间作为文化产物（artifact）问题，即主要研究不同文化对空间域的不同视 / 识解（construal）方式。

3）空间作为联结其他概念域的桥梁问题，即主要研究空间隐喻及其作为主要思维原则的作用。

4）空间作为一种思维组织原则问题，即主要研究概念化自身的基本空间化方式。

在空间的概念化研究中，视/识解是一个极其重要的概念。Langacker（2000：26—27）指出："视/识解就是我们用不同方式感知和描述同一情景的能力。"视/识解关系指的是语言使用者与其以某种可能方式所概念化的情景（situation）之间的关系，"说话者（或听话者）和其所概念化或描述的情景之间的一种关系，涉及焦点调整和意象"（Langcker，1987：487—488）。视/识解关系的存在意味着"说话者在组织及组构，即'视/识解'他/她的世界中发挥着积极的能动作用"（转引自 Pütz & Dirven，1996：xii）。视/识解事实上是一种重要的概念化方式之一。

除了语言和空间研究，这一时期的研究论题之广还可以从《认知语言学》期刊上登载的诸多论文得到验证。对这一时期认知语言学的研究宽度，Geeraerts（1995：111—112）作了如下总结：

> 因认知语言学把语言看作是内嵌于人类所有认知能力当中的，故认知语言学特别感兴趣的话题包括：自然语言范畴化的结构特点（比如原型性［prototypicality］、系统性多义词［systematic polysemy］、认知模型、心理意象和隐喻）；语言组织的功能原则（比如象似性和自然性）；句法和语义的概念界面（认知语法和构式语法的研究论题）；语言使用的经验和语用背景；语言和思维之间的关系，包括相对主义（relativism）和概念普遍性。

从以上总结中不难看出认知语言学和功能语言学、语言描写、心理语言学、语用学及话语研究之间的密切关系。

再者，这一时期也出现了一些新的认知语言学理论框架。Croft（2001）首先提出了"激进构式语法"（radical construction grammar）理论。该理论是对发展心理学家 Tomasello（1999；2000a）提出的、关于儿童语言习得的"动词岛假设"（verb island hypothesis）的支持和应用。"激进构式语法"认为，句法这种东西根本不存在，我们所知道的句法其实是语法构式（grammatical constructions）之语义结构的次现象

（epiphenomenon）。这一令人震惊的理论和Tomasello（1999；2000a）的发现相吻合，即儿童的句法发展模式是：单个语言项目的机械记忆通过概括这些单个项目形成规则。也就是说，儿童不是先习得句法结构，然后再把动词放进句法结构之中。相反，儿童习得的是单个的动词，每个动词和一个构式（construction）相联系，且一个熟知动词的构式信息不会被移植到一个新动词之中。

3.3.3 深化阶段：认知语言学分支学科地位确立

进入2000年后，20世纪90年代中后期认知语言学的热点研究论题之一"空间的概念化研究"得到进一步深化。2006年，Levinson和Wilkins合作出版了《空间语法——认知多样性探索》一书。该书从类型学角度出发，探讨了空间构建与语言和文化之间的关系。其后，Levinson（2008）出版的《语言与认知中的空间——认知多样性探索》一书，通过对多种语言和文化认知现象的探索，探讨了语言和空间认知之间的关系。空间认知研究的进一步深化以及认知语言学范式中重要理论框架的纵深发展有效地确立了认知语言学的语言学分支学科地位。认知语言学学科地位的有效确立主要表现在以下四个方面：

1）从认知语言学自身的发展来看，该范式中各种主要理论框架的进一步纵深发展奠定了其语言学分支学科地位。以概念隐喻理论的发展为例，概念隐喻理论的应用领域极其广泛。它不但被广泛应用于语言学的各个分支领域，而且被广泛应用于哲学、心理学、人类学、社会学、文学和跨语言研究（Lakoff & Johnson，1999）等领域。在语言学领域，研究者把概念隐喻理论应用于各种话语（如教育、教学、政治和口语等话语类型）的研究之中。如Lakoff（2004；2006；2008b）在把概念隐喻理论应用到美国政治话语的批评、分析、阐释、解构以及"框架化"（framing）方面作了大量重要的、开拓性的工作。Semino & Masci（1996）考察了意大利政治话语中隐喻的使用情况。他通过考察1994年担任意大利总理的西尔维奥·贝卢斯科尼在话语中反复使用的一些来自足球、战争和圣经领域的隐喻，发现隐喻是贝卢斯科尼政治话语的重要一部分。他采用了不同的隐喻来改变意大利人对政治的看法，并借此为自己及其新政党打造一个正面的大众形象。Baranov & Zinken（2003）重点研究政治话语中的互文性（intertextual）和关联性（correlational）隐喻，探讨隐喻在意识形态中所起的想象作用。

Musolff（2000；2004）在把隐喻应用于分析欧洲，尤其是英国和德国的政治话语方面付出了很大努力。他（2000）考察了20世纪90年代英国和德国媒体篇章中100篇左右的文章样本中所使用的隐喻，发现在这些样本中房屋（house）和构造（construction）意象被用以描述欧洲政策事宜。Musolff 的分析显示：房屋和构造意象的使用在国家层面的各种辩论中有所不同，且隐喻概念随着政策的改变而改变。此外，他发现以概念隐喻框架化为基础的政治辩论通常并未覆盖整个源域，而只是聚焦于源域中的一些隐喻场景：这些场景中的隐喻预设在一些场合下被极度关注，且其含义有争议和可（再）探讨。

概念隐喻理论也被应用于文化和学习语境，"既然隐喻经常在文化内部（inter-cultural）的学习语境中碰到，研究它们可能可以揭示对待交际和学习的不同文化取向的方方面面。通过提高学习者的关键概念、模式和事件意识，隐喻可能也会对教学起积极作用。同样，提高教师的自我隐喻意识也有助于他们对自己的经验进行反思，并有助其职业化发展"（Cortazzi & Jin，1999：150）。

概念隐喻理论的应用视角更趋多维化。学者们正尝试从不同的研究视角，如从语料库驱动、交叉学科分析、文化和连接模型（connection model）等角度来考察隐喻的使用情况，从而使隐喻应用呈现多维视角研究趋势。诸多学者开始关注基于语料库视角的隐喻语言研究（见 Barnden & Lee，2002）。Charteris（2004）考察了隐喻在话语中所起的修辞和思维作用，并基于语料库方法论提出了一个他称之为批评性隐喻分析（Critical Metaphor Analysis，简称 CMA）的话语模式以分析真实资料中的隐喻。Baranov & Zinken（2003）则对公共话语中的隐喻进行了语料库驱动（corpus-driven）研究。他们对俄罗斯和德国的改革话语中的隐喻进行了一项比较研究。在那个研究项目中，他们为两种语言各收集了约8000个隐喻语境，据此建立了一个隐喻资料库，并对两种语言中源域的使用情况进行了定量和定性分析。Cameron & Deignan（2003）采取基于语料库的研究方法，通过整合大语料库和小语料库来考察多种场景中口语话语所使用的隐喻语言。他们着重研究口语话语中的隐喻使用信号。口语中诸如 just（只是），sort of（某类；某种）和 like（像……）这类常与语言隐喻同现的语词或者短语通常就是隐喻使用的信号。短暂停顿（pausing）也极有可能是隐喻使用的信号。因使用隐喻信号的主要目的是"调整一个隐喻"以便为听者如何阐释隐喻提供暗示（比如提示作者警惕阐释中可能出现的问题，并暗示哪种阐释是意图性的），故他们将之称为"调整装置"（tuning devices）。

Schaeffner（1997）从交叉学科分析的角度来探讨隐喻。Zinken，Hellsten & Nerlich（2003）探讨了概念隐喻的文化动因以及文化属性。而 Musolff（2001）则从文化的角度来讨论跨国度和文化间（intercultural）的隐喻使用：他专门探讨了欧洲家庭中关于父母、孩子、爱、婚姻和离婚的跨语言隐喻，并发现一些隐喻通过显性和隐性预设（presupposition）来传达态度和意识形态。Dobozy，Campbell & Cameron（2011）论述了"连接主义"作为一个新兴学习理论的有效性。Glucksberg & Keysar（1990）从认知心理学的角度来研究隐喻理解。另有诸多学者尝试从哲学视角审视隐喻（Johnson，1991）。

英国里兹大学的 Lynne Cameron 目前正在从人工智能的角度开发一个能在口语谈话中运用隐喻的计算机程序。这一程序的开发将有助于了解隐喻使用中的一些有趣模式。2007 年 5 月 10 日至 12 日在湖南大学举行的"第五届全国认知语言学研讨会"上，加利福尼亚大学的 Raymond W. Gibbs, Jr. 教授作了题为"隐喻战争：认知科学中的概念隐喻（Metaphor Wars：Conceptual Metaphor in Cognitive Science）"的演讲，从多学科视角对"概念隐喻"理论的诸多方法论问题进行了探讨，并提供了一种隐喻研究新方法以澄清长期以来关于概念隐喻的某些争议。在此次研讨会的讲习班上，Gibbs 教授则通过丰富的实例，详细阐述了他们的研究小组历时 7 年建立起来的一种隐喻辨认程序（Metaphor Identification Process，简称 MIP），认为这是分析隐喻、指导隐喻教学和深化隐喻研究的一种可靠程序。

2）从学科融合的角度来看，认知功能法[1]（cognitive-functional approach）的提出、广泛运用以及其强大的解释力意味着认知语言学的主流语言学研究范式地位得到确认。认知功能法是在把语言本质上看成是一种功能性的、输入驱动现象的前提下，探讨认知如何和语言密切相关的研究方法。1998年，Tomasello编辑出版了一本题为《语言的新心理学：语言结构的认知和功能法》的论文集。在该书的序言中，Tomasello专门探讨如何从认知功能法视角来研究语言结构的重要和有效性。Roehr（2008）从认知功能法的角度阐释了语言和元语言范畴的范畴结构差异及其相应的处理机制差异如何影响二语习得中隐性语言知识和显性元语言知识的表征方式，并进而影响二语习得者对这两种知识的使用方式。

3）从学科应用研究的角度来看，认知语言学在全球如火如荼的应用研究也表明认知语言学的语言学分支学科地位得到确立。在第六届国际认知语言学研讨会上，Suzanne Kemmer[2]列举了诸多可以用认知概念和方法来研究的领域，其中重要的包括：社会语言学变体（sociolinguistic variation）、双语现象（bilingualism）、语言接触、二语习得和语言学习、文学、翻译、词典学和社会心理学等。

4）从研究者的研究兴趣、数量和地区分布来看，大量区域性认知语言学协会的成立是认知语言学学科地位得到确立的重要标志之一：

> 一些和国际认知语言学协会（ICLA）保持着学术联系的区域性认知语言学协会（Cognitive Linguistic Association，简称CLA）开始出现。西班牙、芬兰、波兰、俄罗斯和德国相继成立CLA；北美成立了斯拉夫（Slavic）CLA。目前，法国、日本、比利时、英国和北美的CLA正在成立之中。《认知语言学

---

1 在认知语言学发展初期，学界一般把认知语言学看成是功能法中的一种。但是，随着认知语言学全球性学科地位的逐渐确立，学界一般把认知语言学、形式语言学及功能语言学看成是并驾齐驱的"三驾马车"。

2 http://www.cognitivelinguistics.org/cl.shtml（2007-11-20）。

年度评论》这一评论性期刊正在出版发行。Adele Goldberg 接任了《认知语言学》的编辑，正继续致力于增强杂志在语言学界的声誉和重要性。认知语言学会议继续在很多国家召开，其数量之多难以一一列举。2005 年 7 月，国际认知语言学研讨会第一次在亚洲国家韩国的首尔召开。亚洲现在是一个重要的认知语言学研究基地。ICLA 希望在不久的将来，另一个亚洲国家中国将举办一届 ICLC。ICLA 继续致力于把认知语言学发展为一门全球性学科，并加强该学科和相关学科的联系如心理学、人类学、社会学，当然还有认知科学[1]（Kemmer，2007）。

2006 年 5 月，在第四届全国认知语言学研讨会上，中国认知语言学会正式成立。标志着认知语言学的语言学分支学科地位正式得到中国语言学界的普遍承认。2011 年 7 月，中国认知语言学会在西安外国语大学成功举办第 12 届国际认知语言学研讨会，实现了 Kemmer（2007）所谈到的 ICLA 希望中国承办一届 ICLC 的夙愿。

4 讨论

通过探讨认知语言学近四十年来的发展历史、阶段和概况，我们看到，相比较于其他的语言学理论范式，认知语言学是一个有着独特研究特点的较新理论范式，其独特性主要表现在以下七个方面：

1）就对哲学研究的贡献而言，认知语言学提出了哲学研究的第三条道路——体验现实主义，在很大程度上完成了从分析哲学向体验哲学的转向。

2）在理论侧重点上，从"语言第一性"转向"语言第二性、认知第一性"。

3）在语言观上，以"直接象似观"（语言结构和概念结构之间的直接象似）代替"模块自治观"。

4）在方法论上，开创了"整体性垂直研究法"。

1　http://www.cognitivelinguistics.org/cl.shtml（2007-11-20）。

5）在研究着眼点上，从语言形式研究转向意义的认知研究。

6）在研究内容上，从对语言知识的研究转向对使用中的语言的研究。

7）在人本性方面，顺应当今的人文思潮，重视探索语言背后的人性本质和人文精神。

认知语言学方法论的"独特性"导致了其语言观的独特性。

第二章 认知语言学之独特语言观

1 引言

从最广义的角度而言,"语言是信息传递的媒介"(Fischer, 1999: 11)。这一广义的语言定义使得语言几乎无所不包:各种信号,各种书写符号,肢体语言(表情、手势、体态等),各种形式语言(如数学、逻辑或者计算机程序语言),甚至各种自然景观和人工产品(如服饰、各种日常用具、各种装饰品和手工艺品等)等等都可以纳入语言范畴。我们这里所探讨的是从最严格意义上来说的"语言",它只限于指"人类有声语言"。

因语言观所反映的是对语言本质的看法,故语言观是语言研究的前提和基础。语言观不同势必导致语言研究方法各异。正因为认知语言学所持的语言观与其他一些语言学流派大相径庭,从而导致认知语言学独特的语言研究路径。鉴于语言作为一个"客体"(entity)具有"多维性"或者说"多面性",因此,不同的语言研究视角势必导致不同语言观的产生。如客观主义、生成语言学和认知语言学之间的对立,本质上就是客观、纯形式与认知视角的分立。

本章主要是运用概念隐喻分析工具深入剖析认知语言学之独特语言观的理论实质、主要理论价值和理论局限性。我们首先探讨认知语言学之独特语言观的哲学渊源。其次,我们分析认知语言学之独特语言观的理论动因和缘起。再次,我们对客观主义、生成语言学和认知语言学三种语言观进行概念隐喻分析,试图揭示三者的理论本质,并指出三者的理论价值和局限性。再次,我们对认知语言学之独特语言观进行反思性批评和哲学思考,指出并非只有认知语言学之语言观才是唯一正确的语言观。最后,我们指出认知语言学之语言观的理论局限性主要在于无法克服"经验的界限"问题。由于语言观是任何一个语言研究模式的理论出发点，因此，对认知语言学之语言观的反思性建构批评有助于深化我们对认知语言学范式的整体理解和认知。

2　认知语言学之语言观的哲学渊源

认知语言学之语言观的哲学渊源可直接上溯到"语言思想本体论"的产生和发展。德国存在主义哲学家海德格尔（孙周兴译，1999）所提出的"语言（道）说"思想为"语言思想本体论"的成型奠定了哲学基础。此后，基于海德格尔、伽达默尔和维特根斯坦的后期思想进一步发展了"语言思想本体论"。

2.1　海德格尔的"语言（道）说"思想

海德格尔在早期就开始关注语言研究，他在其早期名著《存在与时间》[1]（陈嘉映译，2006）中指出，话语在本质上是一种特殊的世界存在方式。后期，他在法国发表的《关于人道主义的书信》（1947）中更是提出著名的存在主义哲学论断："语言是存在之家"，即语言是存在的本真居所，语言经验反映存在的最内在和最本质结构。海氏认为哲学家只有透过语言研究才能把握存在的本质和内在结构。由此，导致西方哲学在20世纪经历了一次重大的研究转向——语言学转向。该转向使得英美哲学和欧陆哲学都把其研究重心聚焦在语言研究上。海德格尔提出的"语言（道）说"思想极大地推动了语言学转向研究。"语言（道）说"是海德格尔在其1959年出版的《在通向语言的途中》[2]这本书中的第一篇"语言"中所提出的观点：

人只是由于他应合于语言才说。

语言说。

语言之说在所说中为我们而说（海德格尔，孙周兴译，1999：22）。

1　该书最早于1927年出版。
2　该书的中译本1999年由商务印书馆推出，译者是孙周兴。

作为一种语言观,"语言(道)说"的独特之处在于,它凸显了语言隐含的"思想本体性"。海德格尔虽然承认语言具有表达功能和工具性质,但他认为那不是语言的本质。他在《关于人道主义的书信》中进一步指出,从语言的功能和工具性质出发研究语言,得不到"合乎语言本质"的思考。正是考虑到从语言的客体性出发难以获得有关语言的本质思考,海氏遂独辟蹊径地从语言的思想主体性出发考察语言。语言的思想主体性本质上表现为语言对说话者难以觉察却又无所不在的思想操纵和役使:

> 不错,从发生学的角度而言,语言是人类的产品。但是,正如孩子是母亲们所生,母亲日后不但会面临"儿大不由娘"的尴尬。而且,儿大之后,往往还要面临受制于儿的事实。同理,语言说出之后,语言的阐释往往处于"失控状态"。不仅如此,很多时候,我们还面临词不达意的尴尬。"理足词穷"(表示虽然理在,但苦于无词来表达)之际,我们往往受制于语言。有时不得不捡"滑"到嘴边的话说,而这些送上门来的词语,未必是得当的说法。此际,人在很大程度上被语言所左右,成为语言的"应合者",甚至是"受控者"。这个时候,不是人说什么,而是语言"自说"。换种说法,不是我说话,而是话说我。(王馥芳,2012a:第五版)

"海德格尔的'语言(道)说'思想大胆地向有着二千五百年传统的、我们对此深信不疑的经典语言观发出挑战:语言的本质不是表达,也不是某种现实和非现实的东西的表象和再现,亦不是人类的一种活动。通过进一步把语言区分为日常语言和纯粹的、诗歌的语言,海氏阐明了以纯粹的、诗歌的语言[1]为代表的本真语言的存在主义哲学本质。他

---

[1] 海德格尔(孙周兴译,1999:20)把"纯粹的、诗歌的语言"和"日常言谈"区分开来。"纯粹的、诗歌的语言从来不只是日常语言的一个高级样式(即 Melos)。毋宁说,日常言谈倒是一种被遗忘了的、因而被用滥了的诗歌,从那里几乎不再发出某种召唤。"海德格尔认为,日常言谈只是充当交流和表达的工具,它没有任何"召唤力"。而"纯粹的、诗歌的语言"的作用则不仅仅在于表达或者表征,它具有"召唤力",代表着人类"最高之思"。

认为'纯粹的、诗歌的语言'是'孤寂之说'，而'孤寂'是一切人类言说的源头，是'诗'与'思'的至高之地。"(王馥芳，2013b：第五版)经过哲学深思，我们认为"语言（道）说"思想本质上是把语言（尤其是纯粹的、诗歌的语言）等同为人类的"最高之思"[1]。这种"最高之思"代表的是"人类精神渊源的最深处，是未被任何世俗污秽玷污的人类'古老的早先'。它是庇护人类精神之圣洁的'神圣之光'，代表着人类最纯洁本质之开端"(王馥芳，2012d：第六版)。

在海德格尔（孙周兴译，1999：10）看来，代表着人类"最高之思"的"纯粹的、诗歌的语言"正是语言的本质所在。"纯粹的、诗歌的语言"，其本质不仅仅在于简单地给事物分贴标签以"命名"，而是一种"召唤"。这种"召唤""运用词语，（把事物）召唤入词语之中"。换句话说，语言的本质在于召唤事物进入词语所给定的"在场"。由于"召唤"是一种思想主体性行为，海氏因此赋予语言以思想主体行事能力。由此，海氏的语言（道）说思想为"语言思想本体论"的兴起奠定了哲学基础。

2.2 "语言（道）说"思想对学界的影响

20世纪之前，"语言交际/表达工具论"盛行。"语言交际/表达工具论"本质上是"语言工具论"的一个次范畴。"语言工具论"本质上把语言看成是人类思维的副产品或者附庸。换句话说，它把语言看成是"他者"（otherness）的载体，或是"他者"行事的工具或者"媒介"。"他者"的理解是广义的，泛指一切和语言本身无关之物。"他者"概念可以囊括生活、世界、意义、思维和社会等宏大概念，也可以指各种具体的功能如交际、表达、描述、陈述、理解和内省等等。斯图尔特·霍尔把语言看成是思维和意义的主要载体，实质持的是"语言工具论"：语言是具有特权的媒介，我们通过语言'理解'事物，生产和交流意

---

[1] 借用海德格尔（孙周兴译，1999）的术语，人类的"最高之思"是处于"矛之尖端"的至高位置。

义。我们只有通过共同进入语言才能共享意义。所以语言对于意义与思维是极为重要的，它总是被看作思维和意义的主要载体（参见王馥芳，2012a）。

海德格尔的"语言（道）说"思想提出之后，学界开始试图跳出"语言工具论"的窠臼而从"语言思想本体论"的角度去重新思考语言的本质。海德格尔的"语言（道）说"思想为20世纪哲学界的"语言思想本体论"转向运动添上了浓厚的一笔。学界多把"语言思想本体论"思想的萌芽归功于洪堡特（1836，参见姚小平译，2008；姚小平，2011）和瑞士语言学家索绪尔（1959，参见姚小平，2011）的语言哲学思想。

在我们看来，索绪尔对"语言思想本体论"的主要贡献在于他通过对"语言"和"言语"的区分，首次揭示了"语言"对"言语"的主体支配性：

> 索绪尔把事实层面的"语言"命名为"言语"，而把理性抽象层面的"语言"称为"语言"。前者指日常交际中所产出的、带有个体语言特征的语言事实；而后者指由各种语言因素组成的相互关联且相互制约的语言价值或者关系系统。两者的区分体现在诸多层面上……从主—客体对立层面来看，"语言"在很大程度上对"言语"具有"支配性"。"语言"制约和规定着"言语"的发展，而"言语"只能在某种程度上反映"语言"。"语言"对"言语"施加限制，并为其设定框架。简言之，"语言"对"言语"具有"定义性"作用，而"言语"对"语言"只有反映性作用。基于"语言"和"言语"在上述各个层面上的不同，我们可以对它们之间的关系作出一般性的断言："语言"在很大程度上对"言语"有"主体性"。（王馥芳，2013f：第6版）

可以这么说，哲学界在20世纪之后实现了从"语言工具论"到"语言思想本体论"的语言论转向，索绪尔的理论奠基作用功不可没。

如果说索绪尔首次揭示了语言的"思想主体性"，那么，海德格尔则首次把语言的本质直接定义为语言的"思想主体性"。海德格尔（孙周兴译，1996：314）公开反对"语言工具论"，主张把语言的本质理解为语言对世界的"召唤"和"澄明"："语言之本质并不只是在于成为理解的工具。这一规定性全然没有触着语言的真正本质，这一规定无非是语言之本质所导出的一个结果而已。语言不只是人所拥有的许多工具中的一种工具；唯有语言才提供出一种置身于存在者之敞开状态中间的可能性。唯有语言之处，才有世界。"（转引自王馥芳，2013c：第5版）

海德格尔不但把"语言思想主体性"定义为语言的本质，而且警告说，若不加注意，语言的思想主体性可能会把整个人类带向偏离其本性并致使其'堕落'的危险境地。我们同意海氏的观点，认为"语言的思想主体性，还可能给人类套上'程式化'的思维枷锁。虽然人类始终为语言的变化提供了一切可能性，但很多'程式化'的思想会在这种可能性中沉淀下来，变成某种思维桎梏。而这种思维桎梏一旦作为一种'缺省值'成为人类概念系统或者说社会文化的支柱。那么，人在很大程度上实质就沦为了'语言奴隶'"（ibid.）。

罗素（贾可春译，2009：129）的语言哲学思想明显受到海德格尔的影响，他把"思想"主要看作是内在言语的组成之物，从而在很大程度上在思想和语言之间画上了等号："所谓的'思想'主要（尽管我认为并非全部）就是由内在言语组成的。""20世纪哲学发现了语言的思想本体性，实际上是发现了或者说建构了一个哲学的'语言'概念，这样，'语言'就和'物质'、'意识'、'主观'、'客观'等一样成为一个哲学基本概念或关键词，从而改变了哲学研究的内部结构。"（高玉，2007）[1]这种内部结构的改变体现在哲学研究上就是从抽象形而上学转向具体形而上学。

20世纪之后，在"语言思想本体论"的推动下，语言不再被认为"是对内在心灵运动的有声表达，是人的活动，是一种形象的和概念性的再现"（海德格尔，孙周兴译，1999：3），而被看成是一个具有思想

1　http://acmilanzhu.blog.163.com/blog/static/1066435612008610280917/（2012-7-31）。

主体性的"本体"。换句话说，语言背后再无他物，语言自身就是"思想本体"。由此，哲学界实现了从"语言工具论"到"语言思想本体论"的语言论转向。"语言思想本体论"的提出，不但对语言研究产生了很大影响，而且对文学研究和文学创作、历史文化、哲学，甚至自然科学都产生了深远的影响。

在语言学界，自20世纪70年代中后期开始，一些语言学家开始摒弃统治了美国语言学界长达二十余年之久的、由Chomsky（1957）创立的生成语言学，转而从认知视角研究语言和认知之间的密切关系，并创立了一个新的语言学流派——认知语言学。如今，经过近四十年的发展，认知语言学已经成为一个主流语言研究范式，且业已成为一门全球性学科。

在文学研究方面，受到"语言思想本体论"的影响，学者们从纯粹的文本解构或者作家研究转向了文本的建构性研究，即更强调文本之于社会秩序、社会生活、甚至人类本质和人性的建构性。在文学创作方面，语言不再被当成一种纯粹的表达手段，而是文学世界建构的一部分，甚至是人类自我建构的一部分。

在历史文化研究方面，学者们开始强调关键概念对历史文化的建构作用。柯史莱克提出的概念史研究方法最早在19世纪60年代的德国成形。"概念史"研究的核心是考察关键概念的"思想本体性"如何对历史文化产生影响。具体而言，研究的是历史上特别是社会文化转型时期，一些关键的政治、文化概念的生成、语义嬗变的路径、概念在各种重要文本中的运用，以及它们再怎样通过语言实践而成为历史文化的一部分，从而成就历史和文化本身。基于海德格尔的"语言（道）说"，"概念史"研究就是试图揭示"概念如何成就历史和文化"。

在科学技术界，基于语言的"思想本体性"，传统的"科技工具论"被颠覆。科学家们和工程师们开始重新思考技术和人之间的关系。他们开始强调科技对于人类本质的"定义性"或者"构建性"，即强调技术跟语言一样，不仅仅是人类发明创造的工具。技术在本质上是人类生活的一部分，而且很可能参与人类本质的再造。凯文·凯利在其2006年出版的《失控：机器、社会体系与经济世界的新生物学》一书中创造了一个新名词：technium。根据作者的阐释，我们把它试译为"科技系统社区"。该系统不但包括一些特定的科技和技术（如计算机技术及各项新发明等），还包括技术系统社区文化、艺术和社会机构。并且，该系统以类似于人类社会的方式在不断进化。由此，"科技系统社区"被认为拥有自主进化能力、且能孕育出自己的倾向性、组织性和活力，并具有与生物界、人类以及人类环境互动的能力。凯利隐喻性地把"科技系统社区"看成是一个类人的生命系统，并强调这个类似于人类社会之生命系统的科技系统在很大程度上具有"思想本体性"，从而很可能对人类的生命系统实施某种基于技术之上的思想操纵。由此，凯利呼吁重新评价和更谨慎地对待技术（参见王馥芳，2012a）。

3 认知语言学语言观缘起

20世纪70年代中期，在语言学界普遍笃信生成语言学之语言观——语言即自治的符号操作——这一理论背景下，认知语言学基于大相径庭的"另类"语言观——语言即概念化能力——而开创了语言研究的另一条蹊径。

3.1 语言研究认知转向：第一代认知科学

Taylor（2007：5）认为，在现代西方语言研究史中，三种语言观对语言研究的影响重大：

1）语言是一种行为。

2）语言是柏拉图意义上的客体（Platonic object）。

3）语言是一种心理（认知）现象。

第一种语言观是以布龙菲尔德为代表的北美结构主义语言学派的研究出发点，其理论基础是行为主义（behaviorism）；第二种语言观是形式主义语言学派的研究出发点，其理论基础是逻辑实证主义和数理逻辑；而第三种语言观则是生成语言学和认知语言学的理论出发点，其理论基础是心灵主义（mentalism）。

从时间上来说，美国结构主义语言学派开端于20世纪30年代的北美，其影响一直持续到50年代生成语言学兴起之前。1957年生成语言学兴起之后，美国结构主义语言学派的影响逐渐式微。此后，生成语言学统治北美语言学界长达20余年。1975年认知语言学兴起，结束了生成语言学在语言学领域的绝对统治地位。形式主义语言学派的发轫最早可以追溯到19世纪末期Frege（1892）提出的"意义由指称（reference）和意义（sense）组成"的思想。此后，基于Frege（1892）的思想，语言学家们提出各种形式语义理论：如Tarski的真值条件语义学和20世纪70年代初由美国著名的语言学和逻辑学家理查德·蒙太古（Riohard Montague）创立的、主要运用形式句法和语义的逻辑方法系统地研究自然语言中的句法和语义问题的蒙太古语法。

从西方语言史的发展来看，实现语言研究认知转向的是Chomsky（1957）。生成主义的兴起被认为是实现了语言描写向语言解释的转向，也标志着语言研究开始实现"心智研究"的认知转向："这是乔姆斯基的伟大成就，他确立了这样一个观点：语言是一种认知现象。"（Taylor，2007：8）因此，"从某种意义上来说，乔姆斯基是一个认知语言学家"（ibid.）。乔姆斯基（1957）的研究属于Lakoff & Johnson（1999）所言的第一代认知科学范畴。第一代认知科学所理解的"心智"具有独特的理论内涵：

1）基于天赋论（nativism）、理性主义以及心理学上的心智主义（mentalism），"心智"被看成是一种先验的、刻有人类生物遗传密码的原初（initial）心理结构。

2）基于客观主义，"心智"这种原初心理结构又被进一步具象化为一个先天的、自治的"语言机制"。

第一代认知科学所理解的"心智"实质上相当于康德意义上的"先验理性"，即人类的先天认识能力。

虽然认知语言学也认为"自然语言是人类心智的产物"，但是认知语言学对心智的理解和第一代认知科学所理解的"心智"迥异。如果说第一代认知科学所理解的"心智"是"纯粹心智"——一种和人类思想主体性全然无关的、无条件的、先天的或者说先验的理性，那么，认知语言学所理解的"心智"则是"体验心智"。Lakoff & Johnson（1999）认为，认知无意识、体验心智和隐喻思维是区分第一代与第二代认知科学的分水岭。

3.2 第一代和第二代认知科学的本质区别

虽然第一代认知科学的代表生成语言学和第二代认知科学的代表认知语言学都是从"语言是一种认知现象"这一共识出发来研究语言，但是，我们"有很多不同的方法来发展这一前提"（Taylor，2007：8）。在我们看来，导致第一代和第二代认知科学分野的主要原因在于两者的研究视角迥异。

"本体"和"现象"视角的分立可能导致截然不同的语言研究方法。康德在其1770年的教授就职论文"论感觉界和理智界的形式和原则"中，把事物本身区分为现象和物自体（即本体，ontology），前者是"感性"这一低级认识能力的认识对象，而后者是"理性"这一高级认识能力的认识对象。从哲学上而言，"本体"指存在主体（subject of existence），而"现象"指由存在主体所引发的一些相关的外在表象。本体和现象的区分，导致语言研究中"本体"和"现象"视角的分立。本体和现象分立视角下的语言研究在很大程度上是冲突和对立的。

Saussure（1959：27a）在其现代语言学的奠基之作——《普通语言学教程》——一书中论述了三种主要的语言观。第一种属于本体视角下的语言研究，而后两种则属于现象视角下的语言研究：

1）语言抽象机体论。把语言看成一个没有环境支撑的、自行生长的且没有根基的有机体。

2）语言个体论。由于我们有一个发声的机制，我们可以从语言中看到一种自然的（如喊叫）功能。

3）语言社会论。强调语言的社会规约作用。

"语言抽象机体论"实质是一种"语言抽象本体论"，它把语言看成是一个不受任何环境影响的、具有抽象本体性的、自在的、封闭性的符号系统，且这个符号系统依靠语词内指概念差异所产生的价值而获得意义。正统（orthodox）历史语言学家传统上所持的实质就是一种"语言抽象机体论"，他们确信每一个语词都跟"一个人或者一颗树一样，具有一种独立的生活"（Trench，1888：223—224；转引自Milroy，1992：22）。Max Müller（见Milroy，1992：22）把语言中的创新不是归功于语言使用者，而是归功于"语言自身的奇妙能力"。"语言抽象机体论"直到20世纪早期仍在语言学界占统治性主导地位。《牛津英语词典》[1]（*Oxford English Dictionary*，以下简称OED）的出版见证了"语言抽象机体论"在当时是如何深入人心。OED是历史词典，它尝试标明每个英语语词首次使用及最后消亡的确切年份，以便按历史顺序记录下每个英语语词的个体发展史，即其产生、发展和消亡的历史。OED的编纂对20世纪上半叶的英语词典编纂影响至钜。这也从侧面说明"语言抽象机体论"在语言学界的影响力至少持续到了20世纪上半叶。

"语言个体论"和"语言社会论"实质是一种"语言功能现象论"，前者把语言看成是人类"发声机制"的一种自然的（如喊叫）功能，而后者主要把语言看成是一种社会规约功能。索绪尔的《普通语言学教程》出版至今虽已逾百年，但现代语言学的基本方法论仍然没有实质性的改变。当今的语言研究仍然是在"本体"和"现象"的分立视角下进行的。

值得注意的是，"本体"和"现象"并非两个一统性（monolithic）的概念。两者作为概念范畴，实质是两个范式概念。前者可进一步范畴化为各种不同的"本体"，如生理/生物本体、心理本体、神经本体、社会本体、文化本体和认知本体等，而后者也可进一步范畴化为各种不同的现象，如生理/生物现象、心理现象、神经现象、社会现象、文化现象和认知现象等。

第一代认知科学和第二代认知科学的本质区别在于：它们虽然同从"认知"视角出发研究语言，但两者对"认知"的理解存在巨大差异。前者把"认知"理解为一种内含生物遗传密码的先天结构，而后者则把

---

[1] 其首版于1928年出齐。

"认知"理解为一种具有人类认知局限性的功能性心理或者概念结构。事实上，生成语言学和认知语言学都属于"语言本体论"范畴。所不同的是，前者把语言看成是一个自在的、具有自动生成句子能力的、同时内含着生物遗传密码的"机械装置性本体"；而后者则把语言看成是一个受到人类身体局限的、具有意义构建能力的、同时有着人类认知局限性的"体验认知本体"。"机械装置性本体"的主要功能是对符号的自治操作进行形式化规则解释；而"体验认知本体"的主要功能是对意义构建的心理操作进行认知解释。

Taylor（2007：5）指出："各种语言事实上都是由其他东西结构而成的，是由它们所意谓的东西结构而成的，比如，是由它们的功能结构而成的。"从"机械装置性本体"出发，生成语言学所理解的语言是一个由符号组成的自治的形式规则系统。而从"体验认知主体"出发，认知语言学所理解的语言则是一个由各种外部功能或者因素（主要是心理或者认知因素，也包括各种社会文化因素）结构而成的、同时具有认知局限性的概念结构系统。

3.3 形式主义和功能主义的对立

基于语言研究的本体和现象视角分立，产生了形式主义（formalism）和功能主义（functionalism）两个对立的语言研究流派[1]。前者把语言看成是一个自足的符号规则系统，而后者把语言看成是一个"他者"的表征系统。虽然学界不少语言学家认为认知语言学属于功能主义范畴。但

---

[1] 有学者认为在形式主义和功能主义之间还存在第三种语言观，即一种既非完全形式，又非完全功能的语言观。这就是所谓的结构功能主义（structural functionalism）。根据 Butler（2008）的研究，"结构功能主义"这一标签的使用可以追溯到 Van Valin (1993：2；转引自 Butler, 2008：2) 的著作，他在阐述他自己提出的角色和指称语法（Role and Reference Grammar，简称 RRG）时说："把 RRG 和标准意义上的形式主义区分开来的是这样的观点，语法结构的理解和解释只能求助于其语义和交际功能。句法不是自治的。基于定义一个结构系统的抽象的横组合和纵聚合关系，RRF 不但关注以严格的形式术语界定的共现和组合关系，而且也关注语义和语用层面上的共现和组合关系。因此，更准确地说，RRG 是一种结构功能主义理论，而不是一个纯粹的形式主义或者功能主义理论。" Butler（2003：60—62）认为最有代表性的结构—功能语法理论是：Dikkian 的功能语法、角色和指称语法和系统功能语法。

是，从语言研究的本体和现象分立视角来看，认知语言学属于"语言本体论"范畴，而功能语言学属于"语言现象论"范畴。认知语言学和功能主义对语言和"功能"之间关系的理解截然不同。

认知语言学本质上不是把语言看成一种认知功能，而是把语言当作认知本身的一部分，因此，认知语言学所理解的"认知"不是一种"功能"现象，而是一个"体验认知"本体；而功能语言学本质上是把语言看成一种"功能"现象。因此，从语言研究的本体和现象视角分立来看，认知语言学本质上不属于功能主义范畴。虽然生成语言学和认知语言学同属于"语言本体论"范畴，但因为它们对"语言本体"的理解截然不同，导致其研究路径大相迥异。鉴于认知语言学和以生成语言学为代表的形式主义以及功能主义之间存在本质性差异，我们把认知语言学看成是形式主义和功能主义之外的第三条语言研究道路。

形式主义和认知语言学本质上属于"语言本体论"范畴，而功能主义本质上是一种"语言工具论"。谈到功能主义语法时，Dik（1997：3，转引自 Butler，2008：3）如此说："在这一范式中，某人试图揭示语言的工具性，这一工具性是相对于在社会互动中我们用语言做事和成事而言的"。功能主义本质上把语言看成是人类表达或者交际的工具，且把管约语言实际使用的交际原则或者交际策略看成是语法的结构动因。

语言表达/交际工具论[1]由来已久。哈特曼和斯托克（1981：188）认为"语言是人类交际最重要的工具"。"语言不仅是用作交际工具，而且也是个人表达思想的手段。"（哈特曼和斯托克，1981：189）美国人类语言学家 Sapir（1921：7）在其著作《语言：言语研究简介》中对语言所下的定义是："一种通过使用自觉产出的、以交流想法、情感和欲望为目的的、纯人类的、且非本能的方法。"Sapir 本质上是把语言看成交际工具。

框架语义学的提出者 Fillmore（1982：112）也把语言看成是完成某

---

[1] 我们区分狭义的语言工具论和广义的语言工具论两个术语。前者主要指把语言当作表达、交际、或者实施言语行为的工具，而后者把语言看成是完成任何一种功能的工具或者手段。语言表达/交际工具论属于狭义的语言工具论范畴。

种特定活动的工具:"说话者在某个语篇中产出词和结构,以此作为完成某个特定活动的工具,即主要是引发某种特定的理解;听者的任务是弄明这些工具所欲完成的活动,即引发那个理解。"

生成语言学本质上不属于狭义的语言工具论范畴。但基于语言形式结构和生物遗传结构之间的象似性,生成语言学把语言结构看成是揭示生物遗传密码的工具,因此,从这个角度而言,生成语言学属于广义的语言工具论范畴。同理,认知语言学本质上也不属于狭义的语言工具论范畴。但基于语言结构和概念系结构之间的象似性,认知语言学把语言结构看成是揭示认知秘密的工具,因此,从这个角度而言,认知语言学也属于广义的语言工具论范畴。

3.4 认知语言学语言观

"哲学家认为语言是解释人类经验的工具"(哈特曼、斯托克,1981:189),而认知语言学则认为语言是人类经验的一部分。认知语言学之语言观强调"语言是认知不可分割的一面,而认知反映了社会、文化、心理、交际和功能因素之间的互动,且它只能在习得(acquisition)的现实观、认知发展和心理处理这一语境下得到理解"(Taylor,2007:3)。

认知语言学认为,语言远不止是一种简单的思想表达和交际工具,它是人类的基本概念工具,是一种重要的认知手段。认知语言学家们声称,语言除了可以"交流"和"言语成事"之外,更可以通过对物质世界的"解剖"、或者说切分(dissect)和再切分来实现对整个世界的概念构建和再构建。语言在很大程度上参与、影响、甚至建构我们的人生。一言以蔽之,在认知语言学看来,语言是"解剖"或者"切分"世界的概念工具。

认知语言学认为,我们不但通过感知、运动、视觉、听觉等人类基本能力来建构我们的生活和了解物质世界;我们更通过解析或者说剖析词义、厘清既有概念范畴的内涵、不断构建新的概念范畴等概念手段,来实现对我们所置身的世界的"解剖"和"再解剖"、切分和再切分,从而不断深化我们对生活和世界的认知和再认知。语言的基本单位是字或词，认知语言学把每一个字或词看成是一个个既互相独立、又相互联系的概念范畴。这些概念范畴的作用不仅仅是对我们所处的环境、我们的生活、我们的所思所想以及我们所置身的物质世界的简单描述，它们更是对我们的生活经验和世界经验的重构。

近年，随着超级微观物理学的极大发展，科学家们在分子、原子这些物质的最基本的单元之外，发现了比分子、原子小得多，甚至连现有的最高倍的电子显微镜都观察不到的基本粒子，如强子、轻子和传播子。强子、轻子和传播子这些基本粒子的发现，不但使得人类对物质世界的超级毫微切分再往前迈出了一大步，而且深化了我们对物质世界超级微观结构的进一步认识。可以说，人类对世界的认知越透彻、越深刻，意味着对微观世界的切分更毫微，同时意味着人类的语言范畴和概念范畴也越丰富。反过来，日益丰富的语言范畴和概念，构成了我们更深入认知世界的前提和基础。

4　三种主要语言观的概念隐喻分析

鉴于认知语言学主要是以客观主义和生成语言学为理论标靶发展而来的。因此，对认知语言学、客观主义和生成语言学各自所持语言观作一理论比较，有助于我们更为深入地了解认知语言学所持语言观之理论本质。我们拟采用概念隐喻理论作为分析和探讨三种语言观的理论工具。之所以采用概念隐喻理论作为比较分析的工具，主要的理论考虑有二：

1）语言现象的二律背反决定了语言研究的路径注定是隐喻性的（参看本书第三章第 5.5 节）。语言研究的隐喻路径导致各种语言观的表述多半是隐喻性的。在认知语言学范式中，研究隐喻性语言表达的最好方式就是概念隐喻理论。

2）概念隐喻作为管约隐喻性语言表达的、高度抽象的思维或者概念结构，不但可以帮助我们更好地洞悉隐喻表达背后的概念结构组织方式，而且也使得三种语言观之间的理论比较可以跳出语言层面而上升到概念系统层面。

4.1 语言研究的隐喻性路径

概念隐喻的"二律背反"——概念隐喻既揭示又遮蔽概念的本质——决定了语言现象的"二律背反":语言现象既揭示又遮蔽语言本质。而语言现象的"二律背反"(主要是语言对其本质的内在遮蔽性)决定了我们不能直接通过语言本身的研究而直达对语言本质的思考[1]。如此一来,语言研究的路径注定是隐喻性的。

所谓"隐喻",说白一点,其实就是用一类事物来理解另一类事物,或者用一个概念来理解另一个概念。语言本体、现象研究视角的分立,确立了两种基本的语言研究隐喻路径:一是,把语言隐喻为一个"自足"或者"非自足"本体;二是,把语言隐喻为"他者"的载体。鉴于语言本质上是一种"独一"的人类能力或者功能,语言学家们试图通过把语言隐喻为各种能力或各种功能来研究语言自身。

柏拉图传统下的客观主义语言学试图通过把语言隐喻为"镜像能力"来研究语言的客观逻辑结构;北美结构主义语言学试图把语言隐喻为"刺激—反应能力"来研究语言的结构规则;生成语言学试图通过把语言隐喻为"生物遗传能力"来研究语言的短语结构规则;功能语言学试图通过把语言隐喻为"功能承载能力"来研究语言的各种功能原则;而认知语言学则试图通过把语言隐喻为"认知能力"来研究人类概念系统的各种组织结构原则。

语言学家之所以采取不同的隐喻路径来研究语言,原因在于语言本质的多样性:"语言显然不只有一个本质……语言具有工具性、具有思想本体性,还具有'诗性'。[2]"除此,我们还认为语言具有系统性、理智性、动因性、象似性、二律背反性和规则性(详细论述见本书第三章)等。语言本质的多样性使得语言学者无法在不诉诸多种隐喻性研究路径的情况下较好地把握语言的本质。

---

1 虽然海德格尔宣称他意图从语言本身出发来研究语言。但事实上,他更多地是从"存在"来研究语言。因此,严格意义上来说,海氏的语言研究路径也是隐喻性的。

2 参见高玉,http://www.xschina.org/show.php?id=12612(2010-10-9)。

4.2 分析工具：概念隐喻理论

概念隐喻理论是认知语言学范式中一个较早提出的、影响最为广泛的理论框架。1980 年，Lakoff 和 Johnson 合作出版《我们赖以生存的隐喻》一书。和传统的隐喻理论将语言看成一种纯语言现象不同，他们把隐喻看成是一种认知现象："我们赖以思考和行动的一般概念系统根本上来说是隐喻性的。"（Lakoff & Johnson，1980b：3）他们进一步推断："如果我们的概念系统在很大程度上是隐喻性的这一论断是对的，那么，我们的思考方式，我们所经历的和我们每天所做的在很大程度上都是隐喻性的。"（ibid.）由此，他们创立了著名的概念隐喻理论。该理论提出以来，追随者无数。经过了三十余年的发展，概念隐喻理论如今已成为一个广为接受的、极具代表性的认知语言学理论框架。

在理论层面上，概念隐喻理论的主要贡献在于揭示了概念系统的隐喻性或者说想象性本质。它也是一种概念化操作机制，被用于解释抽象概念的生成以及多义词的词义演化和扩展路径。在实践层面，该理论应用面极广，被广泛应用于解决外语教学中遇到的听、说、读、写、译等问题；也被用于文学意象分析；还被用来分析和解构各种语篇特征，如各种政治语篇、甚至是科技语篇；此外，该理论还被用来揭示一些自然科学学科如数学的隐喻本质。

概念隐喻理论不但认为我们的一般概念系统本质上是隐喻的，而且认为组成概念系统的、人类用以思维的概念本身在本质上也是隐喻的，且这些隐喻性概念具有结构（structure）我们日常活动的能力。比如，ARGUMENT IS WAR（争论/辩论是战争）这一概念隐喻不但揭示了抽象概念 argument（争论/辩论）的生成和理解路径，即我们主要是从基本的具体概念 war（战争）出发来理解 argument 这一抽象概念的，而且，它在很大程度上主导着我们对于 argument 这一行为的普遍抵触和不友好态度：由于 war 通常是和流血、冲突、灾难和牺牲联系在一起的，因此，argument 本质上也像 war 一样，是一种不愉快的，甚至可能导致流血冲突和灾难的行为。基于此，诸多文化对 argument 持抵触和不友好态度，特别是在"和为贵"的中国传统文化中,动辄与人争论或者辩论是人际交往之大忌。相对而言,西方文化对 argument 持更为鼓励和宽容的态度。

同样,TIME IS MONEY(时间是金钱)、TIME IS A LIMITED RESOURCE(时间是有限资源)和 TIME IS A VALUABLE COMMODITY(时间是一种有价商品)不但揭示了抽象概念 time(时间)的生成和理解路径,即我们主要是从 money(金钱)、limited resource(有限资源)和 valuable commodity(有价商品)这些基本的具体概念出发来理解 time 这一抽象概念的,而且,它在很大程度上主导着我们对于 time 的行为和态度:由于金钱、有限资源和有价商品是和紧缺性优质资源联系在一起的,因此,time 本质上也是一种紧缺性优质资源。基于此,诸多文化认为 time 是可以"待价而沽"的。特别是美国人,"时间就是金钱"的意识极为强烈。"时间有偿"业已成为美国文化的一个显著特征。"时间有偿"的观念现在也日益被我国文化所接受。

4.3 "语言"作为隐喻概念

概念隐喻理论的核心概念是"概念隐喻"或"隐喻概念"。Lakoff & Johnson(1980b)通过举例的方式例示了这两个概念的含义,但未给出明确的定义。他们把"概念隐喻"和"隐喻概念"看成两个可以相互替换的概念。据 Lakoff & Johnson(1980b: 5)对隐喻的定义"隐喻的本质是用另一类事物来理解和经历某一类事物",我们把隐喻概念的本质理解为是用另一个更为具体的概念来理解和经历某一个更为抽象的概念。隐喻概念的生成涉及到两个经验域——源域和靶域——之间体系性的部分映射,即我们通常用一个更为具体的经验域来理解一个更为抽象的经验域。靶域和源域之间存在本体对应(ontological correspondence),即靶域中概念的特征属性系统地(但非完全地)对应于源域中事物的特征属性。

"语言"作为隐喻概念由来已久。"语言"传统上被隐喻为"符号"、"工具"、"媒介"、"能力"等。"本体对应"使得我们得以把"符号"、"工具"、"媒介"或"能力"领域的一些事物特征系统地映射到语言领域。认知语言学兴起之后,语言被隐喻为思维本身。

4.4 客观主义语言观的概念隐喻分析

4.4.1 客观主义语言观

客观主义沿袭两千多年前柏拉图和亚里士多德的观点,认为"意义自在于世界,语词的意义是世界自在之物的本质,大脑可以直接理解世界"(Lakoff,2007:2)。换句话说,客观主义认为"语言作为独立于说话者的客体而存在"(Taylor,2007:6)。客观主义实质上是一种"正确的、上帝视角下的世界观——是一种有关对错理解的唯一正确的方式"(Lakoff,1987:9)。客观主义的理论基石是逻辑实证主义和数理逻辑。

客观主义语言观的核心论点是:语义和世界直接对应,语义直接由客观世界的"真"或"假"来检验,而客观世界相对于大脑、心理或者身体而言是"自在的",不受它们影响的。一句话,客观主义语言观实质是把语言范畴看成是世界事物的"镜像"(mirror),或者说语言是现实的直接表征。

客观主义语言观本质上属于"意义指称论"范畴,两者都强调语言形式和其所指称的世界事物之间存在直接对应关系:"语词指称物,句子指称情景和事件。指称论把词语与其所指事物之间的关系视为意义。罗素是'指称论'集大成者,提出了著名的'意义即指称'理论。"(王寅,2001:33)

4.4.2 客观主义语言观的概念隐喻分析

基于概念隐喻理论,我们可以把客观主义语言观背后的概念隐喻概括抽象为:语言是镜子(LANGUAGE IS A MIRROR)这一基本概念隐喻。概念映射机制使得"镜子"这一源域中的特征属性系统地映射到"语言"这一靶域之中。概念映射的心理操作手段是本体对应(ontological correspondences)。我们可以把"语言是镜子"这一基本隐喻所涉的一系列"本体对应"分析如下:

"语言是镜子"所涉的本体对应

语言系统对应镜子

语言本质对应镜子的镜像工具本质

语言特性对应镜子的客观"临摹"特性
语言功能对应镜子的"镜像"反映功能
语言使用目的对应镜子的客观世界反映目的

根据 Lakoff & Johnson（1980b），概念隐喻是由复杂隐喻构成的，而复杂隐喻又是由基本隐喻（primary metaphor）构成。复杂隐喻和基本隐喻之间往往构成层级关系，低一层次的隐喻映射总是继承高一层级的映射。

判断一个隐喻到底是基本隐喻还是概念隐喻主要看其源域概念是一个上位概念还是一个基本层次（basic-level）概念。由于"镜子"是一个基本层次概念，其上位概念是"人造工具"，而"人造工具"的上位概念是"工具"。因此，"语言是镜子"是一个基本隐喻，其复杂隐喻是"语言是人造工具"，而概念隐喻是"语言是工具"。基于概念隐喻分析，客观主义语言观实质是一种广义的"语言工具论"。

4.5 生成语言学语言观的概念隐喻分析

4.5.1 生成语言学语言观

Lakoff（2007：3）明确把 Chomsky（1957）所创立的生成语言学看成是一个隐喻："1957年他写了一本名为《句法结构》的书，在该书中他把一个隐喻引入了语言学研究，一个非常强有力的隐喻。他说句子是一串符号。"

生成语言学把语言看成是一种心理现象，认为语言存在于说话者的大脑（brain）或者心理（mind）之中。生成语言学所言的"语法"是关于语言认知表征的理论假设。生成语言学的"语法"着力于解决以下三个问题（Taylor，2007：8）：

1）语言知识的心理表征如何？
2）语言如何习得？
3）语言如何使用？

为了有效回答上述三个问题，生成语言学家提出如下理论假设：

1）语言是一种先天的人类能力。

2）语法是一个自治的模块或系统，它和非语言认知能力无关。

3）语言形式独立于意义，且不受意义影响。

综合以上三点，我们可以把生成语言学的语言观概括为：语言是语言形式的"自治"或"自足"操作（指短语结构规则的转换、生成）。由于 Chomsky 把句子看成是一串符号，因此，可以把生成语言学的语言观概括为：语言是语言符号的"自治"操作。

4.5.2 生成语言学语言观的概念隐喻分析

基于概念隐喻理论，我们可以把生成语言学语言观背后的概念隐喻概括抽象为：语言是自治符号操作（LANGUAGE IS AUTONOMOUS SYMBOL MANIPULATION）这一基本隐喻，我们把其所涉的一系列"本体对应"分析如下：

"语言是自治符号操作"所涉的本体对应

语言系统对应符号自治操作系统

语言本质对应符号自治操作的机械装置本质

语言特性对应符号自治操作的形式规则特性

语言功能对应符号自治操作的转换生成功能

语言使用目的对应符号自治操作的句子自动生成目的

由于"符号自治操作"是一个下位概念，其上位概念是"形式规则能力"，而"规则能力"的上位概念是"能力"。因此，"语言是自治符号操作"也是一个基本隐喻，其复杂隐喻是"语言是形式规则能力"，概念隐喻是"语言是能力"。基于概念隐喻分析，生成语言学实质是一种"能力科学观"。又由于"能力"属于认知范畴，因此，它实质也是一种"认知科学观"，属于 Lakoff & Johnson（1999：75）所言的"第一代认知科学"（详见本章第 3.2 节的探讨）。

4.6 认知语言学语言观的概念隐喻分析

4.6.1 认知语言学语言观

关于认知语言学的理论要点，Langacker（2000：19）强调，"认知语言学有两个重要的概念点：语言表达式不能被简化为真值条件（truth conditions）；感官的、心理的、甚至运动的概念化在自然语言中起着至关重要的作用"。仔细探究，第一点实质是针对客观主义的"真值条件语义论"[1]而言的。而第二点实质针对的是生成语言学的核心理论主张——语言是一种自治的认知能力。Croft & Cruse（2004：1）认为，认知语言学的语言观主要基于以下三个理论假设：

1）语言不是一种自治的认知能力；
2）语法是概念化；
3）语言知识源于语言使用。

其中，第一和第三个理论假设直接针对 Chomsky（1957）的转换生成语法，而第二个理论假设所瞄准的是客观主义语义论。

综合以上三点，我们可以把认知语言学的语言观概括为：语言是一种基于语言使用的人类最基本的认知能力。准确地说，语言是一种概念化能力。

4.6.2 认知语言学语言观的概念隐喻分析

基于概念隐喻理论，我们可以把认知语言学语言观背后的概念隐喻概括抽象为：语言是概念化能力（LANGUAGE IS CONCEPTUALIZATION CAPABILITY）这一基本概念隐喻，我们把其所涉的一系列"本体对应"分析如下：

"语言是概念化能力"所涉的本体对应

语言系统对应认知能力系统

语言本质对应认知能力系统的体验认知本质

语言特性对应认知能力系统的概念化特性

语言功能对应认知能力系统的概念结构/建构能力

语言使用目的对应认知能力系统的人类概念系统结构/建构目的

---

[1] 波兰逻辑学家 Tarski 在 20 世纪 30 年代提出的，其理论核心是用使句子成真的一组条件来解释意义。

由于概念化能力是一个基本层次概念，其上位概念是认知能力，而认知能力的上位概念是能力。因此，"语言是概念化能力"是一个基本隐喻，其复杂隐喻是"语言是认知能力"，其概念隐喻是"语言是能力"。从本质上说，认知语言学和生成语言学一样，也是一种"认知科学观"。但认知语言学属于 Lakoff & Johnson（1999：75）所言的"第二代认知科学"（详见本章第 3.2 节的探讨）。

5　认知语言学之语言观反思性批评

5.1　三种语言观的理论实质：对立和共通

基于对三种语言观的概念隐喻分析，特别是基于对三种语言观背后的三个基本隐喻的本体对应分析，我们看到三种语言观本质上有对立之处。其对立之处主要表现在以下五个方面：

1）对语言系统的本质看法迥异。客观主义把语言系统看成是世界的镜像工具；生成语言学把语言系统看成是一个符号自治操作系统；而认知语言学则认为语言系统是一个认知能力系统。

2）对语言的本质看法迥异。客观主义把语言本质上看成是一个镜像工具本体；生成语言学把语言本质上看成是一个机械装置性本体；而认知语言学则认为语言本质上是一个体验认知主体。

3）对语言特性看法迥异。客观主义认为语言特性是客观"临摹性"；生成语言学认为语言特性是形式规则性；而认知语言学认为语言特性是概念化。

4）对语言功能看法迥异。客观主义认为语言具有"镜像"反映功能；生成语言学认为语言具有转换生成功能；而认知语言学认为语言具有概念结构/建构能力。

5）对语言使用目的看法迥异。客观主义认为语言使用的目的在于客观地反映世界结构；生成语言学认为语言使用的目的在于自动地生成正确的句子；而认知语言学则认为语言使用的目的在于实现对人类概念系统的结构/建构。

对立之外，三种语言观也有五点共通之处：

1）三种语言观本质上都属于广义的"语言工具论"范畴。客观主义把语言看成是客观地反映世界结构的工具；生成语言学把语言看成是拟构"生物遗传机制"的认知工具；而认知语言学则把语言看成是揭示概念系统结构的认知工具。

2）三种语言观本质上都属于广义的"语言能力观"范畴。客观主义把语言看成是一种客观反映能力；生成语言学把语言看成是一种句子自动生成能力；而认知语言学则把语言看成是一种概念化能力。

3）三种语言观本质上都属于广义的"语言本体论"范畴。客观主义把语言看成是一个镜像工具本体；生成语言学把语言看成是一个机械装置性本体；而认知语言学把语言看成是一个体验认知主体。

4）三种语言观都强调内省这一认知机制在语言研究中的作用。客观主义主要通过内省来发现语言结构和世界结构之间的直接关联性；生成语言学主要依靠内省来构拟核心语法，并据此构拟出语言的形式规则系统，而认知语言学则主要依靠内省"来了解语言的体系性结构以及这些结构可能对人类思维结构产生的暗示性作用"（Gibbs，2006b：135）。

5）生成语言学和认知语言学在理论目标上存在一定的共通之处："二者都是以解释语言与认知之间的关系为目标（cognitive commitment）。Chomsky 也说语法是一个与其他知识与观念系统相互作用的认知结构，语法作为形式系统不要求句法与认知相分离。"（Newmeyer，1999：15；转引自刘正光，2010：169）

基于霍金和蒙洛迪诺（2011）的 M 理论，我们认为认知语言学并非如 Lakoff & Johnson（1999）及 Lakoff（2007）所声称的那样是唯一正确的语言研究范式，更非语言学领域的"终极理论"或者"终极候选理论"。我们把三者之间的理论关系定性为"语言学理论一族"或"语言学理论网络"关系（详见本书第三章的论述）。

5.2 语言本质"独断论"的哲学根源

Lakoff & Johnson（1999）和 Lakoff（2007）坚称客观主义和生成语

言学都是错误的,而只有认知语言学才是正确的。为什么他们在对待语言方法论问题上会采取这种非对即错的极端观点呢?从哲学层面分析,这与他们可能持语言本质"独断论"有关。

"语言"传统上被看成是一个"元概念":"20世纪之前,'语言'在哲学中是一个'元概念'。所谓'元概念',即最小概念或者最基本概念,其特征是在哲学意义上具有不可分性。[1]"从语言"元概念"的"不可分性"出发,语言研究者多持语言本质"独断论"观点,即认为语言本质只能是唯一的,非此即彼。基于语言本质"独断论",正确的语言观、语言研究路径或语言方法论只能是独一的,非此即彼。

本质"独断论"可以上溯到柏拉图和前苏格拉底的学者们,他们把"本质"看成是事物独一性的标志,实质是一种本质"独断论":"亚里士多德认为每一事物都具有一种使其之所以是那类事物的本质,且那个本质是其自然行为的因源(causal source)。"(Lakoff & Johnson,1999:373)经典范畴化理论把范畴的"本质"看成"是为使某物成为某个范畴的一个成员而需具备的一个必要和充分条件特征单子"(Lakoff,2007:197)。由于每个范畴的"必要和充分条件特征单子"是独一的,因此,经典范畴化理论所持的实质也是本质"独断论"。

基于本质"独断论",语言本质"独断论"者倾向于从独一性的角度来定义语言本质。基于语言认知能力"独断论",有些认知语言学者认为只有认知语言学才是唯一正确的语言研究范式。

5.3 认知语言学语言观的哲学思考

Lakoff & Johnson(1999:469)认为,"现代语言学是哲学浸淫(philosophically saturated)的科学"。因此,我们在反思认知语言学之语言观的理论得失时,不能不触及其哲学基础。如果说"乔姆斯基语言学是一个笛卡尔—形式主义(Cartesian-formalist)哲学混合体中的一个哲学项目"(Lakoff & Johnson,1999:470),那么认知语言学则是体验现实

---

1 参见高玉:http://www.xschina.org/show.php?id=12612(2010-10-9)。

主义的一个哲学课题。因体验现实主义主要是源于"先验哲学和认知科学中的经验发现之间的冲突"（Lakoff & Johnson，1999：469），Lakoff & Johnson（1999：469）进而把认知语言学与客观主义、生成语言学之间的对立看成是"经验语言学家和某些自觉或不自觉地采纳先验（a priori）哲学假设的语言学理论家"之间的冲突。

从哲学层面来说，认知语言学之语言观的哲学基础实质是体验现实主义所持的体验性经验观。基于体验性经验观，语言被看成是人类身体和环境之体验性经验的符号编码。有鉴于此，认知语言学之语言观的理论发展在很大程度上取决于：1）我们能在多大程度上解决"经验无意识"的神经机制问题。换句话说，我们能在多大程度上发现"经验无意识"向"经验有意识"转化的神经机制。2）我们能在多大程度上克服经验、体验以及"体验性经验"的"界限"并拓展其可及范围。

德国古典唯心主义哲学的创始人康德早在 18 世纪 60 年代就指出了"经验的界限"问题："[康德]从理性主义的'独断论的迷梦'中惊醒过来，开始批判理性主义的认识论和独断论，企图通过从经验获得的概念来与现实及其规律建立联系（1760—1766）……但他在这条道路上几乎每前进一步，都要遇到与此相矛盾的因素，即经验的界限问题。"（杨祖陶、邓晓芒编译，2008：7—8）此后，"康德因此而发出了将经验作为哲学的根本的呼吁。但是这里又出现了经验的界限。由此可知，康德最终并未走上经验主义的哲学道路的原因在于，他清楚地看到了经验对于理性阐释的局限性。进入 21 世纪后，现代科学技术的极大发展似乎在某种程度上拓展了经验的可及范围：

> 我们可以把科学仪器看成是对这些基本层次能力如感知、意象、干预（intervene）能力的延展，望远镜、显微镜、照相机和各种精密探测仪器延展了我们的感知、意象、干预等基本层次能力。这些仪器极大地延展了我们的心理范畴对重要的世界切分（division）的适配（fit）能力……当我们的基本层次能力因科学仪器而得到延展，我们对真实世界中各种切分

（divisions）的有效选择能力将会得到提高。基本层次范畴是我们最稳定知识的来源，技术发展延展了我们的范畴化能力，使得我们的稳定知识得到拓展。（Lakoff & Johnson, 1999: 29）

但是，技术的发展只是在某种程度上拓展了经验的界限，并不能完全解决经验的界限问题。鉴于经验的界限问题是一个无法克服的哲学问题，因此，从哲学层面来说，基于"体验性经验"基础之上的认知语言学之语言观本质上是有理论局限性的。

6　结论

通过以上探讨，我们看到认知语言学之语言观虽然是一种广为接受的，且有独特理论创见的语言观，但它并非语言学界唯一正确的语言观，也非一种没有任何理论局限性的语言观。鉴于认知语言学的体验性经验基础，认知语言学之语言观未来的发展在很大程度取决于：

1）我们能在多大程度上解决"经验无意识"的神经机制问题。换句话说，我们能在多大程度上发现"经验无意识"向"经验有意识"转化的神经机制。

2）我们能在多大程度上克服经验、体验以及"体验性经验"的"界限"并拓展其可及范围。

事实上，作为一种基于体验性经验基础之上的语言观，"经验的界限"问题是认知语言学之语言观所面临的最大挑战。鉴于经验的界限问题是一个无法克服的哲学问题，因此，从哲学层面来说，认知语言学之语言观本质上是有理论局限性的。由于语言观是任何一个语言研究模式的理论出发点，因此，对认知语言学之语言观的阐释、评述和反思有助于深化我们对认知语言学范式的整体理解和认知。最为重要的是，对认知语言学之语言观的深入探讨，不但有助于我们深刻理解认知语言学与其他语言研究范式之间的理论关系，而且有助于我们较好把握认知语言学对认知和语言研究所作出的独特理论贡献。

第三章 认知语言学之理论地位

1 引言

由于认知语言学的理论动因主要是源于对客观主义和生成语言学的"理论反动",因此,我们有必要先通过明晰三个语言学理论范式之间的理论关系来确立认知语言学在整个语言学理论体系中的理论地位,并以此确立认知语言学反思性整体批评的"支点"。"支点"在物理学中是指杠杆发生作用时起固定支撑作用的一个点。"理论支点"是指支撑整个理论批评体系的基点。只有确保"理论支点"的合理性,才能保证理论批评的公允。此外,由于客观主义和生成语言学代表着深厚的语言研究传统,因此,探讨认知语言学和语言学固有传统之间的关系,不但有助于我们从语言学既有传统这一更广阔的理论背景下来理解认知语言学的理论精髓以及其所面临的问题和挑战,而且有助于我们重新审视和看待诸多语言研究固有传统的理论贡献、理论适用性和理论局限性。

本章主要基于霍金和蒙洛迪诺(2011)在其哲学著作《大设计》一书中提出的一个解释宇宙本原的万物终极候选理论——M理论,来重新考察和评判认知语言学、客观主义和生成语言学之间的理论关系。首先,我们探讨了语言学界对三种语言研究范式之理论关系所持的四种较为普遍的观点:扬弃观、对错观、功过观和共通观。其次,我们介绍了霍金和蒙洛迪诺(2011)所提出的万物终极候选理论——M理论,并提出了构成"理论一族"关系的四个对立—交叠前提条件。然后,我们指出了三种语言学范式的多向度差异以及其研究发现之间的相互交叠之处。最后,基于三种语言学理论模式在研究上既对立又相互交叠或者共通的事实,我们把三者看作是同一语言学基本理论的一个方面,三者构成"语言学理论一族"关系。每一个范式都在语言的某一范围内具有较强的解释力:认知语言学揭示了理智和意义的体验认知特性;客观主义强调了理智和意义的纯客观特性；而生成语言学着重的是理智和意义的形式规则特性。

"语言学理论一族"关系的确定，为我们确立了认知语言学范式反思性整体批评的"支点"：认知语言学并非唯一正确的语言研究理论，更非语言学领域的"终极候选理论"。它只是语言基本理论的一个方面，不能描述和解释语言的方方面面，充其量只能较好地描述和解释一定范围内的语言现象。

2 语言学界对三种研究范式的理论关系探讨

传统上，理论比较和理论批评研究一般均以比较为基础，以评判优劣高下为目的。语言学界在考察客观主义[1]、生成语言学和认知语言学三种主要的理论语言学研究范式之间的理论关系时，多持四种基于比较而得出的观点：

1）扬弃观。熊学亮教授（2001：12）认为："经验主义并非对传统客观主义的彻底抛弃，而是扬弃。"他（2002：34）进一步指出：认知语言学"是对传统的客观主义语言哲学理论的一种扬弃"。

2）对错观。Lakoff & Johnson（1999）坚称客观主义和生成语言学都是错误的。他们（1999：158）反对客观主义："所有有关人类思维和语言的客观主义学说如果不是彻头彻尾地错误，则都是有问题的。"Lakoff（2007：29）甚至宣称客观主义是完全错误的："2500年来我们一直相信的意义理论（注：指客观主义语义论）不起作用，本质上不起作用，关于什么是真理（truth）的理论，即真理理论是错误的。"对于生成语言学，Lakoff（2007：19）素来认为它是无意义的符号化操作，并说早在20世纪70年代中期就已彻底抛弃了它："到1974年，我彻底地放弃了它"。

3）功过观。石毓智（2004：21）认为，"认知语言学跟传统结构主义语言学、特别是形式主义语言学相比，有八个方面的优点，同时也存

---

[1] 一般而言，"客观主义"（objectivism）指的是源于柏拉图和亚里士多德的"世界自在论"哲学思想。我们把"客观主义"理解为一种基于客观主义哲学基础之上的语言研究范式（见Lakoff，1987）。

在着七个方面的局限性"。Newmeyer（1999）也认为，生成语言学和认知语言学的一些基本假设本身就存在争议，因而需谨慎对待两种理论。

4）共通观。Jackendoff（1983；1990；2010）是"共通观"的坚定实践者。他（2010：前言）致力于从认知的角度来"改进、指出[生成语言学]诸多理论目标之间的细微差别并丰富这些目标"。同时，他声称其所提出的理论新框架（如他2002年在《语言的基础：大脑、意义、语法和演变》一书中提出的"三部分平行构架理论"）虽然从某种意义上"把生成语法翻了个底朝天"（Jackendoff，2010：xxxvi），但他保留了其所认为的生成语法的真正精髓。他（ibid.）还指出，"构式语法本质上是生成语法的非转换研究"。Newmeyer（1999）和刘正光（2010：169）认为，生成语言学和认知语言学之间"并不是水火不相容。实际上，它们之间的分歧被放大了，被误解了。它们在一些关键问题上还是具有一些共通之处"。张玮（2008）也认为生成语言学与认知语言学具有"互补性"。

上述四种观点中，到底哪一种比较客观、中肯地反映出了认知语言学、客观主义和生成语言学之间的关系呢？基于霍金和蒙洛迪诺（2011）在其哲学著作《大设计》中提出的M理论，我们认为上述四种观点无一能全面地阐释三种理论范式之间的理论关系。我们的观点是：虽然三种理论范式的研究视角、研究方法和研究向度以及研究结论等截然不同，但他们的研究对象相同，而且研究发现之间具有诸多交叠。因此，三者可被看作是同一语言学基本理论的一个方面。三者构成"语言学理论一族"关系。三种理论既相互对立又互有交叠。在交叠处它们用不同方式解释或者阐明语言的普遍性特征。

3 M理论

3.1 M理论简介

霍金和蒙洛迪诺（2011：5—6）在其出版的哲学著作《大设计》一书中提出了一个解释宇宙本原的万物终极候选理论——M理论："如果

确实存在一个万物终极理论的话,我们现在就已拥有了一个称作 M 理论的候选者……M 理论不是通常意义上的一种理论。它是整个一族不同的理论,其中的每一种只在物理场景的某一范围很好地描述观测。它有点像地图。众所周知,人们用一张单独的地图不能展现地球的整个表面。通常应用于世界地图的麦卡脱投影使遥远的北方和南方的面积显得越来越大,而且不覆盖北南两极。为了如实地绘制整个地球的地图,人们必须利用一组地图,每一张地图覆盖有限的范围。这些地图相互交叠,在交叠处,他们展现相同的风景。M 理论与之相似。M 理论族中的不同理论可显得非常不同,但它们都可认为是同一基本理论的一个方面"。

所谓 M 理论,并非是一个单一的理论或者模型,而是一个理论网络:"考虑制约宇宙的定律,我们所能说的是:似乎不存在一个单独的数学模型或理论能够描述宇宙的方方面面……似乎存在一个称作 M 理论的理论网络。在 M 理论网络中,每个理论都能很好地描述一定范围的现象。只要在其范围交叠之处,网络中的不同理论一致,这样它们都能被称作同样理论的部分。但在这个网络中没有一个单独的理论可能描述宇宙的各个方面(霍金和蒙洛迪诺,2011:48)。"

M 理论中的 M 到底代表什么,科学界素有争议,未有定论。一般认为可以代表 *mystery*(神秘),*magic*(魔力),*membrane*(膜)或者 *matrix*(矩阵)。从"理论一族"的角度而言,我们倾向于认为 M 代表 *matrix*(矩阵)。M 理论实质是"反终结(候选)理论"的:它否认任何一个单一理论能成为其他理论的终结者。M 理论的提出,对我们理解各种语言学范式之间的理论关系提供了新的思路和思考方向。

3.2 构成"理论一族"的前提条件

根据我们的理解,不同的研究范式,若要构成"理论一族"或者"理论网络"关系,在满足研究对象同一性这一总前提下,还必须至少满足以下四个"对立—交叠"条件。前三个是对立条件,后一个是"交叠"或者说"共通"条件。

1)研究视角差异。由于对某一对象的多维视角考察或研究是达到对那个对象的全面认知的有效保证，因此，各理论模式构成"理论一族"关系的前提之一是，它们必须是从不同视角来对同一对象进行研究和探讨。

2）研究方法和研究向度差异。一般来说，理论模式的研究视角不同，其所采纳的研究方法和所取的研究向度也有相应的差异。所谓研究向度差异，指的是研究者对研究对象的不同侧面或者说不同维度上的问题的关注和聚焦。

3）研究结论差异。一般来说，研究视角、研究方法和研究向度不同，研究结论也有相应差异。传统上，对同一个对象得出不同的研究结论，所导致的多是理论模式之间的互相排斥和对立。M 理论让我们看到，恰是不同理论模式对同一研究对象所得出的不同结论，完善了我们对那个对象的全面理解和认知。

4）研究发现之间的相互交叠。由于研究的是同一对象，各理论模式之间不管研究视角、研究方法和研究向度如何迥异，势必在研究发现上存在某种交叠（尽管这种交叠在很大程度上是隐性的，需要研究者仔细洞察才能发现）。研究的交叠性保证了对同一研究对象的深度理解和认知。

认知语言学、客观主义和生成语言学既在研究视角、研究方法和研究向度及研究结论上存在差异，也在研究发现中存在诸多交叠之处，完全符合构成"理论一族"的前提条件。有鉴于此，我们把三者之间的理论关系定性为"理论一族"或"理论网络"关系。

4 三种语言学范式的多向度差异

认知语言学、客观主义和生成语言学存在诸多对立—交叠/共通之处。对立之处主要在于：研究视角、研究方法、研究向度以及研究结论差异。而交叠之处主要在于：研究发现之间的相互交叠。

4.1 研究视角差异

客观主义、生成语言学和认知语言学是三种研究视角迥异的理论范式：客观主义所持的是"纯客观"视角；生成语言学所持的是"纯形式"视角；而认知语言学所持的是"认知"视角。

客观主义语言观的核心论点是：语言是客观世界的"镜像"或者说直接表征。语义和客观世界直接对应，语义直接由客观世界的"真"或"假"来检验。而客观世界相对于大脑、心理或者身体而言是"自在的"，不受它们的影响："意义自在于世界，语词的意义是世界自在之物的本质，大脑可以直接理解世界"（Lakoff，2007：2）。一句话，客观主义持"语言镜像观"，或者说持"语言和现实世界同构"的观点。洪堡特（1836）和维特根斯坦（1922）都曾提出语言和客观世界同构的观点（见王寅，2009）。

"语言镜像观"所取的实质是"纯客观"视角。所谓"纯客观"视角，其本质是一种"上帝"视角或者说"全知"视角。因为只有"上帝"才能全知地、不偏不倚地、不带任何偏见地洞察并按照世界万物的原本状态或原样来表征世界。

生成语言学的语言观可以简单概括为三点：1）语言是一种先天的知识或能力；2）语法是一个自治的模块或系统，它和人类的其他认知系统无关；3）语言形式独立于意义，且不受意义影响。综合以上三点，可以把生成语言学的语言观概括为：语言是语言形式或语言符号的"自治"或"自足"操作（指转换、生成等句法规则的操作）。生成语言学的理论目标是通过研究语言来揭示"语言机制"的普遍语法规则，由此解决儿童的语言习得及人类语言的生物遗传属性问题。

生成语言学所持的"语法自治观"所取的实质是"纯形式"视角。"纯形式"视角实质是一种语言内部研究视角。因语言内部除了管约语言符号本身的形式规则之外，一无所有。故生成语言学取纯形式视角研究语言，关注的实质是语言符号的形式逻辑规则本质。

关于认知语言学的理论要点，Langacker（2000：19）强调两点："认知语言学有两个重要的概念点：语言表达方式不能被简化为真值条件；感官的、心理的、甚至运动的概念化在自然语言中起着至关重要的作用"。而关于认知语言学的基本思想，Croft & Cruse（2004：1）总结为三点：（1）语言不是一种自治的认知能力；（2）语法是概念化；（3）语言知识源于语言使用。综合 Langacker（2000）和 Croft & Cruse（2004）的思想，我们可以把认知语言学的语言观概括为：语言是一种基于语言使用的最基本的人类认知能力。准确地说，语言是一种概念化能力。

认知语言学所持的"意义是语言概念化"观点所取的实质是"认知"视角。所谓"认知"视角，实质是一种语言外部研究视角，探究的是语言结构对概念结构的主观构拟。

4.2 研究方法和研究向度差异

客观主义所采取的语言研究方法主要是运用数理、符号、演绎逻辑来揭示和研究世界结构。其研究向度主要是语义，且主要以客观世界的"真"或"假"来检验语义的"真、假"。客观主义把意义等同于命题或者是使命题成真的一组充分或者必要条件；它同时关注范畴化研究，即 Lakoff（1987）所言的"经典范畴化"问题。"经典范畴化"理论把范畴看成是一个范畴成员所共同拥有的特征集，并认为这些特征集彼此之间的界限泾渭分明。范畴化是意义的核心问题。客观主义把范畴看成是相互具有区别性的有限特征集合，实质是把意义等同为对客体或者事件的"镜像"复制。"镜像"复制和人类的认知活动无关，只和范畴所代表的客体或者事件所具有的客观本质相关。因此，客观主义的研究向度主要是探究语言背后的客观世界的本质特征和逻辑结构，并力图通过语言研究复制出客观世界的"纯客观副本"。

生成语言学主要借鉴逻辑学、离散数学和演绎推理等研究方法，开创了适合计算机自动生成句子的形式语言研究。其早期研究向度（Chomsky，1957）主要是句子生成的短语结构规则。20 世纪 80 年代初，乔姆斯基和其他一些生成语言学家提出了普遍语法理论，也被称为原则与参数理论。普遍语法原则是一组数量极为有限的广义限制性条件。由原则和参数管约的语言知识体系，实质就是生成语言学所致力探究的"语言机制"。生成语言学基本把意义研究完全排除在形式研究之外，而把句子生成看成是一系列符号化操作的结果。由于符号化操作能力被看成是一种不受经验制约的、天生的语言生成能力，因此，生成语言学的研究向度主要是研究制约这种语言生成能力的原则和参数，并力图通过对这些原则和参数的形式化"摹写"，构拟出"语言机制"的"纯形式副本"。

认知语言学主要利用普通心理学中的观察、内省等研究手段，并以认知心理学中的焦点调整（focal adjustment，如选择、视角、抽象）、一般认知能力（如注意、扫描、比较、区分、关联等）、前景—背景模式、注意意象系统（attentional imaging system）、图式、ICM（Idealized cognitive model，理想认知模式），以及格式塔心理学中的完形理论等为理论工具来研究人类的概念系统本质及其运作机制。其研究向度主要是语义，且主要以人类的一般认知能力，尤其是概念化能力来阐释语义。认知语言学也关注范畴化研究，并提出"原型范畴化"理论。该理论把范畴看成是一个开放的级阶概念：不但认为一个范畴的成员数目是开放性的，而且认为范畴成员之间的地位因各自原型性的高低而有所不同。范畴的原型特征并非范畴成员所共同拥有的特征，而只是基于范畴成员的一种"家族相似性"特征。范畴化是意义的核心问题。认知语言学把范畴看成是一个开放性的建构概念，实质是把意义等同为对客体或者事件的概念化过程。概念化过程和人类的概念系统及其他认知系统如视觉系统和感知—运动系统高度相关。因此，认知语言学的研究向度主要是探究制约语言概念化过程的人类概念系统的组织方式和认知原则，从而构拟出概念系统的"体验认知副本"。

4.3 研究结论差异

基于语言结构是世界结构的"镜像"或者说两者同构这一理论假设前提，客观主义的研究结论是：世界有着严密的形式逻辑结构。客观主义的研究结论和其哲学基础息息相关。客观主义是以柏拉图的客观主义学说为理论基础的。而柏拉图学说的根源则来自古希腊文明："一开始希腊人就认为宇宙安排好了一切，每个人、每件事物都有他固定的位置……这种认识使得他们认为一切都是天定、都是必然，都应该遵守秩序。"（罗素，文利编译，2010：62）基于此，柏拉图在其所著的《蒂迈欧篇》中通过蒂迈欧——一个毕达哥拉斯主义者——之口，提出了他的宇宙生成论。其简要思想是：世界是神造的，神是善的，它按照一定的比例来创造世间万物，所以万物是和谐美好的；神的善也使得世界充满善和秩序。神为了让自己创造出来的生物像原本那样永恒（世间的万物都是有生命的，不可能永恒不朽），决定制造一种镜像，这种镜像本身是永恒的，它还包含着世间万物（参见罗素，文利编译，2010）。由于客观主义认为世界是善的、和谐而有序的，因此，根据逻辑推断，世界结构必然是严密而符合逻辑的。

基于语言知识系统是一个天赋的、自治的"语言机制"这一理论假设前提，生成语言学的研究结论是：作为一个以句法原基（syntactic primitive）为操作基础的、能生成一门给定的语言中所有句子的、明晰的机械装置或过程，"语言机制"实质是一个普遍性的生物遗传机制。生成语言学的研究结论和其哲学基础息息相关。生成语言学的哲学基础是哲学上的理性主义和天赋论以及心理学上的心智主义。作为经验主义的对立，理性主义认为理性或者理智是超验的，和人类经验无关。所谓理性的"超验性"，可以诠释为理性的"天赋性"或者说生物遗传性。基于此，Chomsky（1957）认为人的"语言机制"是天赋的，确切地说是一个先验的"生物遗传机制"。该机制的运作具有高度的"自治性"，它和其他的认知系统如视觉系统、感知系统和运动控制系统等无关。由于生成语言学认为人类的"语言机制"是天赋和超验的，而且具有生物遗传性，因此，根据逻辑推论，它必然是一个具有普遍性的生物遗传机制。

基于语言结构是人类概念结构的直接"象似"这一理论假设前提，认知语言学的研究结论是：概念系统是经验的体验认知（embodied cognition）结构。认知语言学的研究结论也和其哲学基础息息相关。认知语言学的哲学基础可以追溯到哲学上的经验主义。作为理性主义的对立，经验主义认为，经验是理性的基础，经验和理性不可分。基于传统意义上的经验主义，再结合认知科学的各种新发现，尤其是认知心理学在颜色、原型和格式塔完形等方面所取得的研究新发现，Lakoff &

Johnson（1999）共同创立了体验哲学，提出了"体验现实主义"哲学观，并使之成为认知语言学的直接哲学基础。"体验现实主义"的基本思想是：理智和意义是植根于人类经验当中的，且是人类身体和其所处环境（或者所生存的世界）互动的结果。换句话说，理智和意义在本质上是体验性的。由于理智和意义是概念系统的主要功能，若理智和意义是体验性的，那么，根据逻辑推论，概念系统必然也是体验性的。

5 三种语言学范式研究发现相互交叠之处

我们在本书第二章的第5.1节中指出，客观主义、生成语言学和认知语言学在诸多研究差异之外，还存在五点共通之处：1）三者都属于广义的"语言工具论"范畴；2）三者本质上都属于广义的"语言能力观"范畴；3）三者本质上都属于广义的"语言本体论"范畴；4）三者都强调内省这一认知机制在语言研究中的作用；5）生成语言学和认知语言学在理论目标上存在一定的共通之处——二者都是以解释语言与认知之间的关系为目标。事实上，三种语言学范式之间的研究交叠之处远远超出我们的一般设想。除去上述五点之外，它们共同指向语言的系统性、理智性、象征性、动因性、象似性和隐喻性。

5.1 共同指向语言系统性

许国璋（2009：2）先生认为语言具有"三性"：系统性、可分离性（discreteness）和可学会性，并认为"以上三点之中，系统性是最根本的"。"系统性"不是一个一统性的整体概念。不同的语言学范式对语言"系统性"的诠释有所不同：客观主义把语言的系统性诠释为客观世界的"系统性数据表征库"；生成语言学把它诠释为语言知识的"形式规则体系"，而认知语言学则把它诠释为"概念系统的组织原则体系"。

5.2 共同指向语言的理智性

许国璋（2009：2）先生认为："语言学家发现语言的体系，是人对自身行为中的理智性的发现，也是对于理智性存在于语言行为中的肯定。"许先生认为语言的理智性主要表现在三个方面：1）它的语音系统有规可循；2）它的语法系统有规可循；3）它的语词是可以客观分类的。不同的语言学范式揭示语言理智性的不同方面：客观主义主要侧重于通过语词的客观分类来考察客观世界中各种客体的范畴化原则，并试图通过语言范畴的分类来"镜像化"世界的逻辑结构，其所彰显的是语言的逻辑结构能力。生成语言学试图通过揭示语言的普遍语法规则以达到对人类语言生物遗传机制的原则和参数刻画，其所彰显的是语言的形式规则能力。认知语言学则试图通过考察语言的体系性证据以揭示语言背后的人类概念系统的组织结构原则，其所彰显的是语言的概念组织或结构能力。

5.3　共同指向语言的动因性

所谓"动因"是指促使某种现象或者事件发生的本质因素。语言现象的二律背反（指语言现象既揭示语言本质又遮蔽语言本质）决定了语言学家不得不求助于各种语言相关因素或者非语言因素来解释语言结构的动因问题。客观主义把语言结构的产生归因为世界的逻辑结构；生成语言学把语言结构动因归结为人类天生的"语言机制"；而认知语言学则把语言结构动因归功于人类的概念结构。

5.4　共同指向语言的象似性

许国璋先生（1988）最早把 iconicity 译为"象似性"。学者们多从特定视角来理解和定义语言结构的"象似性"，如沈家煊（1993）从认知语言学视角出发，把语言结构的象似性定义为对人的概念结构的直接映照，而不仅仅是一般性地体现概念结构。严辰松（1997）从世界经验角度出发，认为它从某种程度上反映了人们所经验的世界结构。从一般视角出发，我们认为语言结构的"象似性"就是语言结构对某种非语言结构（如世界结构、生物遗传属性结构、经验结构或概念结构等）的直接映照或者同构。

客观主义认为语言结构是世界结构的纯客观"镜像"，并把语言看成是"世界的数据表征库":"它在工具的有用性和世界的实在性之间建立一种同构关系,罗素所说的语言和世界同构其深层含义就在这里"(季国清,2009:56)。客观主义把语言的有用性作为探究世界的出发点,试图通过语言结构来"复制"外在的客观世界结构以形成其"纯客观镜像"。客观主义实质就是把语言结构看成是客观世界结构的直接象似。

生成语言学把语言看成是人类的"生物遗传密码",是人类自身生物属性的外化或者说外在的形式代码。生成语言学家认为人类的生物遗传属性在语言的形式规则体系中编码,且人类天生的"语言机制"能在语言中找到其形式表达式或者形式规则代码。生成语言学把语言结构看成是"语言机制"的形式"摹写",其实质是把语言结构看成是"语言机制"的直接象似。韩景泉和刘爱英(2000)证明了生成语言学的"象似性",他们指出语言象似性特别是句法象似性可在生成语法中得到最大化的反映。认知语言学把语言看成是人类概念系统的外化,或者说外在的组织代码,实质持的是语言结构和概念结构象似或者同构观。

5.5 共同指向语言研究路径的隐喻性

语言现象的"二律背反"——语言既揭示又遮蔽语言本质——决定了语言研究的路径注定是隐喻性的:语言对其本质的内在遮蔽性决定了我们不能直接通过语言本身的研究而直达对语言本质的思考(参见第二章4.1节)。客观主义把"语言是世界的纯客观镜像"这一概念隐喻引入了语言研究。Lakoff(2007:3)明确把Chomsky(1957)所创立的生成语言学看成是一个隐喻:"1957年他写了一本名为《句法结构》的书,在该书中他把一个隐喻引入了语言学研究,一个非常强有力的隐喻。他说句子是一串符号。"如此,生成语言学把"句子生成是符号操作"这一概念隐喻引入语言研究。而认知语言学则把"语言结构是概念结构"这一结构性概念隐喻引入语言研究。

6 结语:三种语言学范式的"理论一族"关系

基于霍金和蒙洛迪诺(2011)所提出的M理论,我们重新考察了三种主要的理论语言学范式：客观主义、生成语言学和认知语言学之间的理论关系。鉴于三者既在研究视角、研究方法、研究向度和研究结论方面存在差异，又在研究发现之间存在相互交叠之处，故三者符合我们所提出的构成"理论一族"关系的四个"对立—交叠"前提条件，有鉴于此，我们把三者定性为"理论一族"关系。"理论一族"关系是一种更为包容和更有建设性的新型理论关系：它彻底摈弃了基于二元对立（即非对即错）基础之上的传统的理论优劣比较观，而代之以基于网络连接基础之上的"理论网络"观。"理论网络"概念所强调的是各种理论模式之间的"对立协同性"以及它们对同一研究对象所作出的多元贡献。作为一种新型的理论关系，"理论一族"关系给科学研究带来的启示是：

1）打破了单一理论可能成为"终极候选理论"的传统观念，而代之以"理论一族"或"理论网络"共同作用的理念。

2）拓展了传统的主要以比较优劣高下为主要目的理论比较或理论批判研究思路，使得研究者得以从"对立协同"的角度重新审视并评估一些理论范式之间的理论关系以及它们各自的理论贡献。

3）使得我们更为清楚地了解单一视角下的理论研究所具有的局限性，从而以更为谨慎的理论态度对待单一视角下的研究发现或研究成果。

4）鼓励对同一研究对象作多元、多侧面、多维度研究，并鼓励在各种相关研究之间建立网络联系并最终描绘出"网络地图"。

"语言学理论一族"的观点，与Jackendoff（2010：xxxvii）对待各种语言学理论的态度吻合：

> 我们不能接受这样一种令人遗憾但似乎在认知科学界盛行的策略：有人发现了一种新工具，就认为它是唯一需要的（工具），并就此划定学术地盘，大声宣称这种工具之于其他所有工具的绝对优越性。我自己的态度是：我们在共同奋斗。要了解语言我们需要许多不同的工具。我们应该试图非常确切地了解我们所拥有的每种工具的好处是什么，并且应该知道我们什么时候需要各种新的，也可能是尚未发现的工具。这不是提倡

一味地热烈而大惊小怪地拥抱市场上所出现的每一种新方法。而是，我们所呼吁的是用一种开放性思维对待无论来自何方的见解，一种在明显相互竞争的见解中看到冲突的意愿，一种为了更深入理解而公平竞争的共识。对我而言，那就是科学游戏的真谛所在。

认知语言学与客观主义和生成语言学之间的"理论一族"关系的确定，为我们确立了认知语言学反思性整体批评的理论"支点"：认知语言学并非唯一正确的语言学范式，更非语言学领域的"终极理论"或者"终极候选理论"。它只是语言学基本理论的一个方面，不能描述和解释语言的方方面面，充其量只能较好地描述和解释一定范围内的语言现象。认知语言学和其他竞争性语言学理论一道，共同为揭示语言本质作出理论贡献。

第四章　认知语言学之独特贡献

1　引言

认知语言学的理论目标是：旨在通过分析语言结构的体系化特征来推测和揭示影响和决定语言结构特征的心理认知机制，进而揭示人类概念系统的组织结构模式。认知语言学家相信，揭示人类概念系统的组织结构模式可以有效揭开人何以为人或者说人之所以为人的认知秘密。认知语言学的理论宗旨是考察人类的各种基本认知能力，如概括、推理、递归、抽象、注意、视角、焦点、意愿和意图、归纳和想象等如何影响我们对经验或者事件的语言概念化方式，从而导致我们对同一事件的视/识解方式可能存在极大差异。Haser（2005）从对隐喻和借代的批判着手，认为认知语言学的主要理论贡献在于：

1）重新把隐喻纳入语言研究主流。

2）在语义学领域，把语言意义和事物共享的、结构性的经验联系在一起。更概括地说，把语言结构特性和更为普遍的认知能力和策略联系在一起。

Lakoff（1990）则认为认知语言学的主要理论贡献在于语言的一般原则研究和认知研究两个方面。我们同意 Lakoff 的观点，认为认知语言学的独特理论贡献主要在于认知和语言研究两方面。在认知研究方面，其独特的理论贡献主要在于：

1）意义认知研究，尤其是对语言概念化、概念生成机制以及一词多义现象的认知研究。

2）概念系统研究，主要通过语言结构模式的认知研究，揭示人类认知的基本组织元素以及概念系统的基本组织结构、多维本质、心理操作机制和组织原则等。

在语言研究方面，我们认为认知语言学的独特理论贡献主要在于方法论的创新和认知语义学研究两个方面。由于我们将辟专门章节（第八章：认知语义学反思性批评）探讨认知语义学研究的优劣。因此，本章主要探讨认知语言学在方法论方面的独特理论贡献：

1）开创了"整体性垂直"语言研究法；

2）开创了"体验现实主义"这一"新经验主义"研究法。

本章主要探讨认知语言学在认知和语言研究两方面所作出的独特的理论贡献。在认知研究方面，其最大理论贡献主要在于：意义的认知研究和概念系统研究。在语言研究方面，其独特理论贡献主要在于方法论的创新和认知语义学研究。本章主要论述其在方法论方面的两大贡献：开创了"整体性垂直"语言研究法和"体验现实主义"这一"新经验主义"研究法。

2　认知语言学基本原理及其理论依据

2.1　认知语言学基本原理

作为一个有着独特研究方法和路径的较新语言研究范式，认知语言学为认知和语言研究所作出的理论贡献是多方面的。要全面评估一个理论范式的理论贡献，首先要明确其基本原理。认知语言学的基本原理包括：哲学基础、理论基础、基本理论假设、基本范畴、基本理论主张、基本研究方法和基本理论目标等。认知语言学的理论贡献体现在其基本原理的方方面面。

1）在哲学层面上，认知语言学开创了哲学研究的第三条道路——体验现实主义，并据此提出了体验哲学思想。

2）就理论基础而言，认知语言学借鉴和整合了大量来自认知科学，尤其是认知心理学和完形心理学的最新研究成果和发现，提出"语言是认知的一部分"这一基本理论假设。并进而提出"语言是认知的分支学科；语言是心智（mind）的分支学科"（Turner，2010：2）这一大胆创新的理论观点。

3）在基本理论假设方面，认知语言学基于"体验认知假说"

(embodied cognition hypothesis），提出了"意义经验论"观点。认为意义受制于人类的身体结构以及身体与其所处环境之间的互动。

4）在基本范畴方面，认知语言学家给语言学界贡献了两个基本范畴：一是"构式"；二是"概念原基"（conceptual primitive）或概念基本成分。"构式"既指某一特定语言中的基本语言单位（包括语素、语词、成语和短语结构等），也指对这些基本语言单位进行理论抽象之后所得到的图式结构。认知语法认为，每一个构式都是一个象征结构（symbolic structure）——规约化的形式—意义配对，且词库和语法完全可以被描述为象征结构的聚合体（assemblies）。而"概念原基"指的是基于"从物体的空间结构及其各种运动中创生出的概念结构"（Mandler，1992：567）而产生的、最为基本的概念或者这些最基本概念的最基本成分，它们是概念思维的基点或者说原点，起着帮助构建更为复杂的或者更为抽象的概念的作用。构式语法学家致力于在尽可能广泛的范围内描述和析取某一特定语言中的基本语言单位（即构式），以便提供一份范围尽可能广泛的"构式"清单（inventory），并致力于解释它们的结构、组合可能性和彼此之间的关系。Mandler（1992：567）指出，一些基于"从物体的空间结构及其各种运动中创生出的概念结构"而产生的基本概念如"有生命"（animacy）、"无生命"（inanimacy）、"施事性"（agency）和"封闭性"（containment）等，在语言中充当概念原基的作用。Talmy（2010）也试图通过找出构成空间系统的概念原基或者其基本概念成分的方法来揭示口语和手语在结构空间方面有何不同。

5）在基本理论主张方面，认知语言学家提出了"语义结构即概念结构"和"意义是概念化"的鲜明理论主张。

6）就基本研究方法而言，认知语言学开创了"整体性垂直研究法"。

7）就基本理论目标而言，认知语言学致力于透过语言研究来揭示人类的概念系统本质及其组织结构原则。希望通过语言研究反观人类自身的"类本质"，从而更为有效地解答"人之缘何为人"这个困惑我们已久的难题，并藉此回答"人是什么"这个哲学终极问题。

2.2 基本原理的理论依据

认知语言学利用"人类认知中已知的、既有的特征来解释语言现象"[1]（Evans，2006），这一基本原理具有生物学和认知经济性基础：

1）生物学基础。生物学研究显示，人类总是重复使用一些既有的结构以达到新目的："伟大的进化生物学家 Francois Jacob 把进化描绘为一个匠人（tinker）。匠人找到可用的东西并搭建它们。对它们稍作点改变，试图把它们组装在一起以做成新物件"（Turner，2010：3）。

2）认知经济性基础。王馥芳（2006：III）在总结前人研究的基础上，总结出一条深层认知原则——认知经济原则："人类认知常常与最大经济性相吻合。"她认为该原则下辖四条准则：拿来准则、"最大化"准则、组装准则和精简准则。其中"拿来准则"表述为："在同等条件下，人类总是拿现成之物为己所用。"（ibid.）"'最大化'准则"表述为："在同等条件下，人类总是尽可能物尽其用。"（ibid.）认知语言学拿既有的认知特征来解释语言现象，符合"拿来准则"和"'最大化'准则"的认知经济性要求。

简言之，认知语言学对理论语言学的最大贡献主要在于认知和语言研究两个方面。

3 认知语言学对认知研究的独特理论贡献

在认知研究方面，认知语言学的最大理论贡献主要在于：

1）意义认知研究，尤其是对语言概念化、概念生成机制以及一词多义现象的认知研究。

2）概念系统研究，主要通过语言结构模式的认知研究，揭示人类认知的基本组织元素以及概念系统的基本组织结构、多维本质、心理操作机制和组织原则等。

意义认知研究和概念系统研究两者之间并非并行关系，而是递进关

---

[1] http://www.port.ac.uk/departments/academic/psychology/staff/downloads/filetodownload,68131,en.pdf

系。意义认知研究的主要目的在于揭示概念系统的认知秘密。

3.1 对意义认知研究的独特理论贡献

Fodor（1998：前言）指出，"认知科学的核心在于各种概念（concept）理论"的提出。基于认知语言学和认知科学的学科交叉，认知语言学的核心一方面在于意义的认知研究，如揭示意义的经验基础及新义生成的认知机制。另一方面在于概念的认知考察，如揭示概念生成的认知机制。

3.1.1 揭示基本具体概念生成的认知机制

基于"概念原基"这一基本范畴，认知语言学把概念大致区分为基本具体概念和更抽象概念两大类。前者是后者构建的基础，后者是前者认知视/识解操作的结果。基本具体概念是日常概念系统的构建基础，而更抽象概念则是抽象概念系统的构建基础。认知语言学揭示了两类概念的不同生成机制。

认知语言学把意象—图式看成是概念生成的基础之一。因此，揭示意象—图式的生成机制就意味着揭示概念生成的认知机制。所谓意象—图式是指各种结构之心理表征的抽象共性："当我们通过以更低的准确度和精度（specificity）这一方式来描写各种不同结构，并把各种结构之间的不同点抽象掉之后，这些不同结构之间的共性就是图式。"（Langacker，2000：4）Mandler（1992：591）指出："概念化能力的基础之一是意象图式。在意象图式中，空间结构被映射到概念结构当中。"

Mandler（2004）提出一个婴儿认知发展新理论来探讨概念思维的起源和基本具体概念的生成机制问题。她通过广泛的研究揭示了感知信息如何被转化为意象—图式并进而生成概念。她（1992：567）把意象—

图式的形成过程归功于一个她称之为"感知分析"(perceptual analysis)[1]的机制：

> 婴儿通过这个机制从感知活动中获取意义，并且他们用这个机制把感知信息重新描述为意象—图式的格式。意象—图式从物体的空间结构及其各种运动中创生出概念结构，从而产生诸如"有生命"(animacy)、"无生命"(inanimacy)、"施事性"(agency)和"封闭性"(containment)等概念。这些最早的意义是非命题式的，它们根植于婴儿的感知世界的类推表征(analogical representations)之中……转述为意象—图式的格式使得感知信息更为简单化，并使得它潜在地更容易达到概念形成和思维的目的。除了促进前言语(preverbal)思维的形成，意象—图式通过在感知的持续过程中和语言的抽象性本质之间创设一种界面的方式来为语言习得提供基础。

Mandler(1992)还探讨了前言语概念化过程，并显示它如何成为思维和语言的基础。

Kemmer & Barlow(2000)及 Taylor(2002)则把意象图式的生成归功于反复的经验操作：当经验不断增长且当某些经验不断重复发生的时

---

[1] 事实上，Mandler(1992)所提出的"感知分析"机制是一个受到经验促发的先天分析机制："意象图式如 PATH（路径）的形成只要求一个先天的分析机制，而非先天所给定的内容。"（转引自 Rakova，2000：221）在 Mandler(1992)看来，意象图式概念"并非孩子们必须从经验中学习到的概念，而是孩子在早期自动地和无意识地感知世界的方式"（转引自 Rakova，2000：221）。据此，Mandler(1992)把意象图式的形成看成是视觉经验被映射到先天给定之图式上的结果。有鉴于此，Rakova(2002)把 Mandler(1992)看成是一个先天论者，并认为 Mandler 的意象图式理论本质上是反体验现实主义的。我们不赞同 Rakova 的观点，理由有三：一是，作为哲学上的第三条道路，体验现实主义并不否认理智的先天认知成分。因此，就算 Mandler 承认"感知分析"机制是一个先天机制，它和体验现实主义也并不相悖。二是，Mandler 并非一个彻头彻尾的"先天论"者。虽然她宣称"感知分析"机制是一个先天机制，但她特别强调该机制所分析的内容并非是先天给定的。换句话说，Mandler(1992)承认经验对于理性的塑形作用。三是，虽然 Mandler(1992)在很大程度上把意象图式概念的习得看成是一个自动的无意识过程，但是，她(1994：68)并未完全否认意象图式概念的经验基础："意象图式可能有实证来源(empirical origin)"。她的这一观点和 Johnson(1987)关于意象图式概念的经验基础观点相一致。基于这三点，我们认为 Mandler 并非一个真正意义上的"先天论者"，其意象图式理论本质上也并非反体验现实主义。

候，我们大脑中对这些经验的心理表征就会慢慢地被改变。最终，就会发生经验抽象，而这些经验抽象事实上就是图式。

3.1.2 揭示抽象概念生成的心理操作机制

认知语言学把更抽象概念（相对于基本具体概念而言）的生成归功于诸多心理机制的操作，如归纳、类推、概括、视点（viewpoint）、递归（recursion）、概念隐喻、概念映射、概念借代、范畴化、原型、理想认知模型、图形—背景组织、意象图式、概念整合和绑定（binding）等。

Lakoff & Johnson（1980b）所提出的概念隐喻理论揭示了更抽象概念（如多义词）的意义生成和构建机制——概念映射。"概念映射"是把源域中具体概念的基本概念功能结构（通常表征为意象—图式结构）映射到目的域中更抽象概念的概念结构当中，以生成更为抽象或者更为复杂的概念。换句话说，概念映射使得具体概念的"基本概念功能义"在除源域之外的其他语义域中得以实现。在一词多义认知研究方面，概念隐喻理论的最大理论贡献在于通过揭示多义词之抽象义演化的后台认知机制——概念映射——的心理操作方式，成功地揭示了多义词的意义原型及辐射范畴结构（其中发生在源域中的义项为原型义）特征。

Brugman（1981）和Lakoff（1987）用概念映射解释英语介词over各种词义之间的系统性联系。另外，Lakoff（1987）、Johnson（1987）和Langacker（1987；1991d）试图说明触觉（tactile）动词的多义结构是有动因的：一个词汇有多个意义不是偶然的，其结果多是语义扩展的结果，而语义扩展的认知动因是概念映射或者概念转喻。此外，Sweetser（1990）分析了发生在感知动词中的语义扩展。她把触觉和情感及一般感知联系起来，并指出这些拓展性意义不仅限于英语，而且具有跨语言普遍性。

Jakendoff（1992：37—39）举了一个keep（保持）出现在四个不同语义域中的例子，显示跨域操作的概念映射机制如何解释keep多个义项之间的密切联系：

1）空间位置和运动域：Harry kept the bird in the cage.（哈利把那只鸟关在笼子里。）

2）领属域：Susan kept the money.（苏珊把钱存起来。）

3）特征赋予域：Sam kept the crowd happy.（山姆使大家高兴。）

4）活动安排域：Let's keep the trip on Saturday...（星期六的旅行照常……）

Jakendoff（1992）想通过举例说明 keep 的不同义项之间并非毫无关联。实质上，不同的义项之间共享相同的概念功能结构，差异只是它们的语义域特征不同。换句话说，keep 在上述四个语义域中的不同意义都是 keep 的基本"概念功能义"——一种延续了一段时间的致使状态——在不同语义域中的实现。

Fauconnier & Turner（1998；2002）提出的概念整合理论则把多义词各种意义的生成归功为"概念整合"这一"从仅有之中获取更多"（Turner，2010：42）的、同时受到多种原则管约的心理操作机制。Turner（2010）提到 Fauconnier 和他曾经运用概念整合理论分析多义词各种意义的词义组织和结构方式："Gilles Fauconnier 和我有一篇关于一词多义和概念整合的论文。它分析了概念整合这一基本心理操作使得一词多义成为可能的方式。它展示了不同种类和不同类别的一词多义能以概念整合网络形式出现的四种不同方式"（Turner, 2010：24）。

因"概念整合"使我们得以"从某种事物的某个层面出发，然后在心理的另一个层面生成另一种事物"（ibid.）。Fauconnier & Turner（2002）也把新义的产生归功于概念整合。他们把在"整合域"中产生的层创结构（emergent structure）看成是"概念创新的标志"（Turner, 2010：42）。由于整合是一个在多种概念网络上运作的动态持续过程，因此，新义的产生在理论上是无止境的。如此，概念整合理论不但较好地解释了抽象概念的生成，而且揭示了语言创新的心理操作机制。

还有不少学者（如 Timothy & Chalmers，2003）把抽象概念的生成归结为"绑定"（binding）这一认知机制。绑定机制通过大脑不同区域中的许多神经元的短暂性共时发亮（firing）得到解释。绑定机制解释了无意识心理操作如何促使意义的有意识心理表征的形成[1]。

---

1 关于"绑定"这一认知机制的心理操作，详见本书第八章（认知语义学反思性批评）3.7 节的探讨。

3.2 对概念系统研究的独特理论贡献

认知语言学的基本理论假设是：研究意义是为了更好地了解人类的概念系统。在认知语言学看来，概念系统实质是语言使用层面之下的、管约着语言使用的概念化操作系统。认知语言学的主要目的在于：意图通过语言认知研究，特别是意义认知研究揭示人类概念系统的本质特征和组织结构模式。认知语言学的一些主要的理论框架，都是围绕着揭开人类概念系统之本质的奥秘而展开。

3.2.1 揭示认知系统的基本组织因素

因认知语言学的基本理论主张是：语言是认知的一部分，因此，揭示认知系统的组织结构特征是认知语言学的首要任务之一。Talmy（2010）认为人类认知包括六个具有相对区别性的主要认知系统：语言系统、一般感知系统或者其几个模态：视觉、听觉、动觉等、理智—推理—理解系统、情感系统、文化结构认知系统和运动控制系统。Talmy 把认知的六个子系统看成是一个相互依存、相互叠的互动统一体，并指出我们应该对六个子系统之组织结构的整体特征作探索性描述，要找出它们之间共同的结构性特征，而不是仅仅对各个子系统作详细描述。Talmy（2010：312—313）把一些贯穿于各个认知子系统的基本组织因素分为四大类：

1）构成性因素（constitutive factors），包括图式结构、时间结构、致使结构、范畴结构、量级种类（type of metric）、数量结构和一个系统中不同方面的区别度。

2）认知因素（cognizing factors），包括注意力、视角、记忆、认识和评价结构。

3）加工和内务管理因素（processing and housekeeping factors），包括实时管理和监控一个系统的不同方面、影响力（affectability）、弹性（plasticity）和维护（maintenance）。

4）整合因素（integrative factor），包括框架结构。

在以上所有因素中，Talmy 认为属于图式结构的"层级性内嵌"

（hierarchical embedding）——一物内嵌于另一物之中——可能是认知最重要的结构特征。

此外，Talmy（2010）指出，虽然六个认知子系统共同拥有上述组织因素，但各个子系统亦分别有一些独特的组织特征，如语言系统的独特性在于其共生象似结构，即它是由两个相互连结（interlocked）的共生系统（co-system）构成：表达系统和概念系统，且表达系统是对概念系统的直接象似。因此，认知语言学往往通过深入考察表达系统来揭示概念系统的本质及其组织结构原则。

3.2.2 揭示概念系统的本质特征

Talmy（2010）主要通过考察语言中开放类和封闭类这两个主要的形式范畴对概念系统中概念内容和概念结构这两个次系统的直接象似来揭示概念系统的本质特征。Talmy（2010）观察到，任何一种语言都有"开放类"（open-class）和"封闭类"（closed-class）这两个主要的形式范畴。他（2010：3）认为这种形式之分代表的实质是功能之分："一般来说，开放类形式的功能代表的是概念内容，而封闭类形式的功能则代表概念结构。"因"开放类"的主要功能代表着概念内容，Talmy把"开放类"看成是语言的概念内容系统；而因"封闭类"的主要功能代表着概念结构，Talmy则把"封闭类"看成是语言的概念结构系统（conceptual structuring system）。由此，Talmy（2010）认为人类概念系统由两个基本的子系统组成：概念内容系统和概念结构系统。

概念内容系统是概念结构系统的基础，是概念结构系统的认知操作对象。概念结构系统对概念内容系统的认知操作结果是生成"概念复合体"（conceptual complex，Talmy，2010：4）。概念内容系统具有很大的语义表征自由："它是一个开放性的概念池（conceptual pool）"（Talmy，2010：26）。而概念结构系统在语义表达上高度受限："其所能表达的概念范畴和成员概念构成一份相对封闭的清单。"（ibid.）

基于口语和手语在结构空间方面的异同，Talmy（2010：83）进一步探究了概念结构系统的神经互动本质："它是大脑中一个更小的、神经核心语言系统。这个系统同时司管口语和手语的产出。且它与其他外部系统如大脑系统和认知系统发生互动,以充分实现口语或者手语这两种不同的语言模态。这一核心系统与视觉感知系统和认知系统互动尤其紧密时产生手语。"而这一核心系统"似乎和其他系统互动时产生口语。这一其他系统是什么?这是一个用于前打包(pre-packaging)以及对这些打包好的东西进行修正、变形和扩展的系统"(Talmy,2010:105)。

除了揭示概念系统的本质和基本组织结构之外,认知语言学还从不同侧面揭示了概念系统的多维本质、工作或运作机制及其组织结构原则。

3.2.3 揭示概念系统的多维本质

认知语言学家试图通过提出不同的理论框架来揭示概念系统的多维本质:隐喻性和转喻性、象似性、基于精确刻画基础之上的图式性和拓扑性。

1)概念系统的隐喻和转喻本质。基于语法的使用基础(usage-based),Lakoff & Johnson(1980b)的概念隐喻理论以及 Lakoff(1987)的认知转喻理论把语言作为研究概念结构的认知工具。他们基于语言使用中系统性的隐喻和转喻用法证据,推断出人类概念结构的想象性本质——隐喻性和转喻性。

2)概念系统的象似性本质。认知语言学的基本假设之一是:语言结构和概念结构在本质上存在直接象似性。语言象似性这个概念最早由 Peirce(1932)提出。真正意义上的象似性研究始于 20 世纪 80 年代。Haiman(1985a;1985b)最早较为系统地探讨了句法象似性问题。1985 年,他同时出版了专著《自然句法》及其主编之作《句法象似性》两书,主要研究义—形之间的象似性问题,并总结出"意义相近、形式象似"的原则。1995 年,Simone 主编的《语言中的象似性》一书出版。此后,Croft(1990:164)提出"语言结构反映经验结构"的观点;Givón(1995)提出了语法象似编码的几条原则:量原则(quantity principles)、临近/接原则(proximity principles)和顺次原则(sequential order principles)。1997 年,第一届以"语言和文学中的象似性(Iconicity in Language and Literature)"为题的研讨会在瑞士的苏黎世召开。此后,同名研讨会每两年举行一次。

为了验证"语言系统和概念系统象似"这一理论假设的正确性，认知语言学者做了大量的语言证据收集、分析、抽象和推断工作。这些工作从不同侧面展开，选取不同种类的语料和语言证据，得出看似不同，但实质相互支持的结论。比如 Lakoff & Johnson（1980b；1999）的概念隐喻理论从隐喻性语言的系统性证据收集和分析入手，提出了语言隐喻结构和概念结构直接象似的推论；Talmy（2010）认为语言系统由两个共生系统（co-system）构成：表达系统和概念系统，且表达系统是对概念系统的直接象似："表达共生系统的结构特征要么更多地、要么更少地对应概念共生系统的那些特征。"（Talmy，2010：315）

3）基于精确刻画基础之上的图式性和拓扑性本质。Talmy（2010）把概念系统区分为两个次系统：概念内容系统和概念结构系统。就概念的构建和刻画而言，Talmy 认为概念内容系统在本质上是精确刻画性的，而概念结构系统则是图式性的，具有拓扑（topological）特征。Talmy（2010：290）指出："语言当然有一个图式系统。"他把图式结构看成是"存在任何一个给定的认知系统之中的某种抽象描述"（ibid.）。他认为语言的概念结构系统在构建概念时是图式性（schematic）的，而非细节性的概念特征描摹，因而它也被称作图式系统。他进一步把概念结构系统区分为五个主要的图式子系统。这五个图式系统属于语言使用层面之下的概念化操作系统，管约着语言的使用：

1）配置结构（configurational structure），指"结构时空以及其他多种相关维度的封闭类形式"（Talmy，2010：14）。

2）视点位置（location of perspective point），指"在我们运用封闭类形式结构场景时，它给定我们一个观察场景并对其进行概念化的位置"（ibid.）。

3）注意力分布（distribution of attention），指观察者从某个特定的视点对场景进行概念化时，如何分配自己的注意力，即到底把场景的哪部分前景化，哪部分背景化。

4）力动态系统（force dynamics），该图式系统主要结构与一类特定的概念如力互动（force interactions）概念相关的概念。

5）认知状态（cognitive state），该图式系统主要结构与认知状态相关的概念。

Talmy（2010）把前三个图式系统称作构建系统（architectonic system），它们代表概念如何在关涉时间和空间的情况下被构建。第四个属于动能系统（ergal system）。第五个则属于心理状态系统。语言系统的拓扑特征表现为在诸多向度上具有中立性，如在量级（magnitude）、形状、体积/容积和示例（token）等方面具有中立性（Talmy，2010）。因此，概念系统的复杂性在于，它有一个以精确刻画为心理操作基础的图式和拓扑系统。

3.2.4 揭示概念系统的基本心理操作机制

在心理空间理论基础之上发展而来的概念整合理论（Fauconnier & Turner，1998；2002）近年有了新发展。该理论把"双域整合"（double-scope blending）看成是人类所有高层次认知能力何以可能的下层认知机制："不是这些能力（指广义的认知能力，如文学、艺术、社会认知）中的任何一种，而是它们背后的一些东西使我们成为人并给予我们这些能力。这种至关重要的下层能力可以构建出其他任何生物所不能完成的、更高级的整合性网络。一旦我们具有了那种高级的心理操作——双域整合——那么所有其他的事情都成为可能。"（Turner，2010：48）由此，概念整合理论把"双域整合"解释为概念结构的基本心理操作机制。

Fauconnier & Turner（2002）区分了四种主要的整合网络：单数（simplex）网络（相当于心理学上所说的框架化）、镜像（mirror）网络、单域（single-scope）网络和双域网络。其中，双域整合是更高级的整合形式。双域整合是指"对两个相互冲突的框架进行整合时，通过抽取每个框架中的某些部分以在整合空间中形成一个新框架"（Turner，2010：54）。双域网络的产生是输入空间中组织框架相互冲突的结果："当输入空间具有相互冲突的组织框架时，即组织框架在中心组织结构——致使性、参与结构、模态——这类事情上相互冲突时，双域网络就产生了。"（Turner，2010：42）

典型的"双域整合"模式涉及四个心理空间的整合操作：类属（generic）空间、两个输入空间和整合空间。心理空间是我们在思考和交谈过程中为达到即刻理解和行动之目的而建构的一些由框架和认知模式结构而成的小概念包；也是"一个相当紧凑的心理排列"（Turner，2010：20）。两个输入空间通过"关键关系"（vital relations）建立联系。关键关系是指输入空间之间的各种主要联系。由于关键关系极为分散且涉及的面极广，因此有必要将众多的"关键关系"进行压缩（compression）："压缩是概念整合中的一种现象，它使得人类得以同时控制众多的逻辑思维链条，并把握这些链条的整体意义。压缩的操作对象是一组关系（不足二十种），这些关系植根于基本的人类神经生物学，并应用于人类共享的物理和社会文化经验。"（Fauconnier & Turner，2000：283）换句话说，也即把"众多变为一"（Turner，2010：45）。Fauconnier & Turner（2002）认为关键关系的压缩受制于各种管约原则：优选限制（optimality constraints）、拓扑原则（the topology principle）、网络原则（the web principle）和解包原则（the unpacking principle）。

压缩后的关键关系数量极其有限，包括：变化、同一（identity）、时间、空间、因果、独一性（uniqueness）、相似性、意图性、部分—整体、表征、角色、角色连接词和类推等。两个输入空间之间的联系建立之后，"心理打包"（mental packing）用"压缩为一"的关键关系代替整合空间中的结构，以形成新的层创结构（emergent structure）。"心理打包"实质是一个关键的整合机制："一种标准的'心理打包'方式是把联系心理空间的空间外关键关系打包塞进整合空间中的结构之中。一种非常普通的打包形式是把各空间之间的类推性打包成为整合空间当中的同一性（identity）……而把各空间之间的非类推性（disanalogies）打包成为'变化'以代替同一性。"（Turner，2010：79）关键关系、关键关系压缩和心理打包这些概念的引入，使得以"双域整合"为基本心理操作手段的概念系统的工作机制更为明晰：

建立两个输入空间 => 找出关键关系 => 压缩关键关系 => 心理打包 => 层创结构（即新结构的产生）

典型的"双域整合"过程包括以下五个步骤：

1）通过空间构建词的"提示"作用而在心理上建立两个输入空间；

2）识别联系两个输入空间的各种关键关系；

3）把各种分散的关键关系进行压缩，把众多关键关系压缩为一；

4）把压缩为一的那个关键关系心理打包塞进整合空间中的结构当中；

5）整合空间中的结构完全被心理打包进来的新结构所完全替代，由此创生出新的层创结构。

"双域整合"行为完成之后，我们通过另一个重要的心理操作机制——心理解包（unpacking）——把整合空间中创生出的新结构"解包"并"楔入（plug into）我们的经验之中"（Turner，2010：80），以使新结构逐渐成为我们知识系统的一部分。

Grady（2000）进一步明晰了使得概念整合得以可能的三个基本认知操作——组合（composition）、完成（completion）和完善（elaboration）。他试图从认知的各个基本方面来更为明晰地探讨它们。此外，他还探讨了其他我们熟悉的一些认知操作机制——绑定（binding）、禁止（inhibition）、扩散性激活（spreading activation）——在概念整合中可能起的作用。

3.2.5 揭示概念系统的整合网络本质

Turner（2010）强调，概念整合并非一个单纯的语言新义生成机制，而是一个无所不在的、普遍的概念系统操作机制。鉴于概念整合操作在心理过程中的普遍性，认知语言学认为概念系统本质上是一个动态的整合网络。

各种概念整合理论的应用研究在很大程度上证明了概念系统的整合网络本质。Sweetser（2000）运用概念整合理论分析了施动性（performativity）。施动性是Searle（1989）最早提出的一个概念："一种把所描述的场景变成现实的描述能力。"（转引自Sweetser，2000：305）Sweetser（2000：306）则从更广泛的语境下来理解"施动性"，她把施动所指称的概念看成是"人类使用表征来影响表征系统之外的世界这一人类能力的方方面面"。基于概念整合能力，她进一步把施动性定义为"结构从一个表征空间转换到被表征空间的心理空间整合"。Sweetser（2000：311）认为"非语言的施动例子大量见于礼仪和魔法或者巫术"。

因此，Sweetser（2000）把仪式（ritual）的动因归结为因果（cause and effect）整合，并显示仪式是凭借概念整合网络获得其意义。

此外，Liddell（2003）对美国手语（sign language）当中的概念整合现象进行了分析，探讨了手语如何运用整合把周边物理环境中的元素和所探讨的话题联系起来。Bourne[1]提出了基于各种整合方式基础之上的"互动数学"（interactive mathematics）概念。他把整合看成是一种基本但却非常复杂的数学技巧：一种一般力量公式（general power formula）、基本对数形式（basic logarithmic form）、指数形式（exponential form）和三角曲线形式（trigonometric form）。此外，还有学者撰写专著探讨整合和魔术的关系。目前，许多学科都在进行整合研究，具体情况可登录http://blending.stanford.edu 查看。

4 认知语言学对语言研究的独特理论贡献

认知语言学对语言研究的独特理论贡献主要在于方法论的创新和认知语义学研究两方面。由于我们将辟专门章节（第八章：认知语义学反思性批评）探讨认知语义学研究的优劣。因此，本章主要探讨认知语言学在方法论方面的独特理论贡献：1）开创了"整体性垂直"语言研究法；2）开创了"体验现实主义"这一"新经验主义"研究法。

4.1 开创"整体性垂直"语言研究法

如果说Chomsky（1957）的生成语法所采取的是"水平性"的"模块式"语言研究法。那么，认知语言学所采取的则是"整体性垂直"语言研究法（Evans et al.，2006）[2]。生成语言学把语言的几个次系统如音系、形态、句法看成是几个互不相关的独立"自治模块"，且每个"模块"受到不同的形式规则制约。认知语言学则"致力于对词汇和语法组织提供一统性解释，而不是把它们看作不同的语法次系统"（Evans & Green，

1　http://www.intmath.com/methods-integration/methods-integration-intro.php（2013-6-1）。

2　http://www.port.ac.uk/departments/academic/psychology/staff/downloads/filetodownload,68131,en.pdf（2012-8-2）。

2006：159）。和生成语法所确立的"条块分割"的语言研究传统不同，认知语言学把词汇和语法组织结构看成是一个统一的语言连续统，并致力于为这一连续统提供一统性解释。换句话说，认知语言学致力于把对语言各个看似不相干的次系统的解释纳入一个"一统性"框架之中。认知语言学虽然承认语音、语义和句法的组织结构有所不同，但它不承认"语言模块"的存在。

认知语言学把音系、形态和句法看成是一个整体性的"垂直"层级体系，如声音结构构成语词，语词的形态结构参与构成语言的更高级结构——句法结构，语义则贯穿于所有的语言次系统之中。Evans et al.（2006）把这个语言层级结构比喻为一个多层蛋糕。认知语言学虽然承认这个多层蛋糕各个层级（语义、词汇、句法和音系）的研究内容有所不同，但它并不承认这些研究内容所涉及的概念组织结构方式和认知原则截然不同。认知语言学的出发点是，在承认我们具有不同的语言知识体系（如音系、语义和句法知识）的前提下，找出背后支配其组织结构的共同概念机制，或者说共同的认知组织原则。认知语言学强调的是不同语言知识体系之间的组织结构共性，并致力于以认知原则或者组织原则的方式揭示这种共性。

在 Evans & Green（2006）看来，语音也好，语义也好，句法也好，它们共同拥有一些基本的结构特征：范畴化（categorization）、一词多义（polysemy）和隐喻（metaphor）。此外，认知语言学家还发现原型（prototype）原则也是一条管约整个语言系统的共同组织原则。Evans & Green（2006）指出，不同的研究显示，原型原则不但是一条词义组织原则（如多义词的有些意义相对于其他意义而言具有更强的认知凸显性，或者用法更为典型，抑或更为常用），它同样是形态学、句法学和音系学的一条共同组织原则。

4.2 认知语言学方法论创新

4.2.1 经验研究法

Ungerer & Schmid（1996）认为，认知语言学主要有三种研究方法：经验研究法（experiential approach）、凸显法（prominence approach）和注意法（attentional approach）。Croft & Cruse（2004：19）认为："'凸显'和'注意'是关联性的。一般来说，'凸显'选择总是和'注意'的焦点联系在一起的。而且，'注意'和'凸显'的选择都是基于人与环境之互动这一经验背景之上的，而且最终都依靠'动态视/识解'（dynamic construal）这一认知操作手段而得以实现"。Croft & Cruse（2004）实质是把"凸显"看成一种"焦点注意"方式。Talmy（2010：186）把意识和凸显（salience）看成是可以和"注意力"互换的术语："它们都是一种特殊的注意力参数。"据此，我们认为"凸显法"本质上属于"注意法"范畴。有鉴于此，Ungerer & Schmid（1996）所言的三种研究方法实质可以合并为两种基本研究方法——经验研究法和注意法。从最广义的层面来说，由于注意力是人类最为重要的经验认知手段之一。因此，从最广泛的意义上来说，认知语言学实质只有一种研究方法——经验研究法。

在认知语言学阵营里，存在两种有所不同的经验研究法：一是，以Lakoff（1987）和 Langacker（1987；1991a；1991b）等为代表的"新经验主义"研究法，亦即体验现实主义（embodied realism）研究法；二是，以 Jackendoff（1983；2002；2010）为代表的经验研究法。

4.2.2 开创体验现实主义研究法

在方法论方面，认知语言学的一个主要理论贡献是：开创了体验现实主义这一"新经验主义"研究法。体验现实主义的提出是以西方分析哲学所确立的意义观念论和意义命题论为理论靶的。基于身—心二元对立说，传统的西方分析哲学把意义看成是纯观念性的命题（Johnson，2006）：意义不但和"身体"（body）本身的感知—运动活动毫无关联，而且和我们的世界经验毫不相干。基于20世纪70年代之后产生的认知科学新成果和新发现，Lakoff（1987）、Lakoff & Johnson（1999）和Johnson（2006）提出意义的"新经验主义"研究法，或者说"意义体验论"（the embodied view of meaning），以反对意义观念论和意义命题论。

体验现实主义认为意义植根于人类与其环境之间的互动：意义不但和身体所经历的感知—运动活动有关，而且受制于这些活动，即意义本质上是体验性的，且我们通过体验获得意义。其后，为避免和传统的经验主义相混淆，Lakoff & Johnson（1999）把其在《我们赖以生存的隐喻》（1980b）一书中所提出的"经验主义"重新命名为"体验现实主义"[1]，亦即"新经验主义"。

体验现实主义研究法的主要任务是解决概念的生成机制问题。认知语言学大致把概念区分为直接体验概念（即基本具体概念）和更抽象概念两类。前者包括基本层次概念（basic-level concepts）、空间关系概念、身体行动概念（bodily action concepts，比如手运动）、体（aspect，即行动和事件的一般结构）概念和颜色概念等（Lakoff & Johnson，1999）。前者的生成主要源于身体和世界经验之间的互动，且主要通过体验（embodiment），特别是通过视觉和运动能力获得其意义。至于抽象概念的生成，则主要是各种概念化视/识解手段——框架（frames）、隐喻、借代、原型（prototypes）、意象图式（image-schema）、辐射范畴（radial categories）、心理空间（mental spaces）和概念整合（conceptual blending）等——对直接体验概念（比如视觉和运动概念）的意象—图式结构进行各种心理加工和再加工的结果。

4.2.3 Jackendoff的经验研究法

虽然认知语言学界普遍把Jackendoff看成是认知语言学家，但Jackendoff（2010：前言）却把自己看成是"生成语言学家"。事实上，Jackendoff不是传统意义上的生成语言学家，其研究虽然和其他认知语言学家稍有不同，但他仍然是在经验主义研究框架下从事语言研究工作。Jackendoff主要致力于语义—句法界面规则研究，并试图揭示概念结构和认知能力如何作用于语言使用层面。

Jackendoff（2002；2010）提出的三部分平行构架理论（The Tripartite Parallel Architecture）认为，语法整体上是由音系结构（phonological structures，简称PS）、句法结构（syntactic structures，简称SS）和概念

---

[1] 体验现实主义与传统的经验主义的最大区别在于两者对理智的本质看法不同。前者承认理智可能具有先天成分，但强调理智本质上在很大程度上是体验性的。而后者完全把先天成分排除在理智之外，强调理智本质上是纯经验性质的。

结构（conceptual structures，简称 CS）这三部分组成。三部分分别由音系生成规则、句法生成规则和概念生成规则生成。三者并非如生成语法学家所宣称的那样是"自治"关系，而是平行关系。各部分通过一系列的界面规则相互关联，如音系结构和句法结构之间通过 PS-SS 界面规则关联；句法结构和概念结构之间通过 SS-CS 界面规则关联；音系结构和概念结构通过 PS-CS 界面规则关联；音系结构与听力（hearing）和发音（vocalization）临界；而概念结构则和感知（perception）和行动临界。

仔细考察"三部分平行构架理论"，我们发现 Jackendoff 的研究和 Lakoff & Johnson（1980b），Lakoff（1987），Lakoff & Johnson（1999）及 Langacker（1987；1991a；1991b）的研究有所不同：

1）语言观上，Jackendoff（2002）所持的是"关联性平行模块论"（注：生成语法所持的是"句法自治模块论"）。而以 Lakoff 和 Langacker 为代表的认知语言学家所持的则是语言"整体性垂直观"。

2）研究方法上，Jackendoff（2002）采取的是"平行"研究法，即同时诉诸"生成规则"和"认知能力"来解释语言的三部分"平行"结构：音系、句法和概念结构。且他诉诸于不同的认知能力来解释不同的语言结构，如诉诸人类的听力和发音能力来解释语言的音系结构，诉诸人类的感知和行动能力来解释概念结构。而以 Lakoff 和 Langacker 为代表的认知语言学家则采用"整体性垂直法"，即主要诉诸于人类的一般认知能力来解释语言的整体结构，如一词多义、范畴化、原型和隐喻被看成是四条统领语素、语词、短语和句法结构的普遍认知原则。

3）理论目标不同。Jackendoff（2002；2010）致力于通过他的研究来"改进、指出[生成语言学]诸多理论目标之间的细微差别并丰富这些目标"。而以 Lakoff 和 Langacker 为代表的认知语言学家则期望通过他们的学术努力，使得语言认知研究能够成为认知科学研究的一部分，并最终对认知科学研究产生实质性影响。

Jackendoff 的研究虽然和其他认知语言学家的研究有上述不同，但他承认人类认知能力对语言结构的影响。从这点来说，Jackendoff 的研究仍然属于狭义的认知语言学范畴。

5 结论

综上所述，认知语言学对理论语言学的最大理论贡献主要在于认知和语言研究两个方面。在认知研究方面，其最大理论贡献主要在于：

1）意义认知研究，尤其是对语言概念化、概念生成机制以及一词多义现象的认知研究。

2）概念系统研究，主要通过语言结构模式的认知研究，揭示人类认知的基本组织元素以及概念系统的基本组织结构、多维本质、心理操作机制和组织原则等。

在语言研究方面，我们认为认知语言学的独特理论贡献主要在于方法论的创新和认知语义学研究两方面。认知语言学在方法论方面的独特理论贡献主要有二：

1）开创"整体性垂直"语言研究法。

2）开创"体验现实主义"这一"新经验主义"研究法。

认知语言学对理论语言学所作出的独特理论贡献主要源于其独特的语言观和基本原理。

第五章　认知语言学外部批评、回应和反思

1　引言

虽然认知语言学对认知和语言研究的独特理论贡献有目共睹，但学界针对它的质疑和批评从未停止。目前，学界对认知语言学的质疑和批评研究不在少数，而且也取得了不少研究成果，但相关研究缺乏系统性，也未严格区分批评视角。本章在简述内外部批评法和两种常用的外部批评手段的基础上，主要探讨学界针对认知语言学之理论假设和方法论所作的外部批评（或者说解构性批评）、认知学者对之所作出的相关理论回应以及我们的理论反思。

首先，我们区分内、外部批评法并介绍两种尖锐的外部批评手段。其次，我们阐述行为主义、客观主义、生成语言学三个学派的反认知语言学本质。再次，我们探讨学界对认知语言学的三个主要理论假设——语言和认知同一性、隐喻思维、语言结构的心理表征动因，以及两个方法论问题——认知语言学的创新性和认知语言学的不可验证性——所进行的外部批评。然后，我们阐述认知语言学者对各种外部批评所作的相关理论回应。最后，我们对相关的外部批评进行了理论反思和思考。

由于本书对认知语言学的批评主要是建构性的，因此，探讨认知语言学外部批评并非本书的重心所在，其目的主要在于为以下各章的建构性批评作好理论铺垫。

2　内外部批评法

2.1　内外部批评法简介

目前学界大致把理论批评分成两类：内部批评和外部批评。"内部批评"实质相当于 Auntie 所言的"建构性（constructive）批评"（见

Fodor，1998：前言）。它是在承认批评对象的基本原理（如哲学基础、理论基础、基本理论假设、基本范畴、基本理论主张、基本研究方法、基本理论目标）之正确性的前提下，对其所依据的资料、证据、论证方法和主要结论等进行重新分析和论证，并通过发现问题、指出问题、反思问题和解决问题等方式对批评对象进行建设性理论思考。内部批评属于"批判建构论"范畴，其目的旨在通过理论反思和再反思实现对批评对象的理论完善（王馥芳，2012b）。著名语言哲学家Fodor（1998）采取"内部批评法"对传统认知科学视角下的各种概念理论进行了理论批判，并在建构性批评的基础上提出了自己的"概念原子"说。

"外部批评"则属于"解构性（deconstructive）批评"。它是在质疑或者否认批评对象的基本原理之正确性的前提下，借助于一些外部理论标准或者外部理论工具（如对立的理论假说）来解构性地"瓦解"批评对象的理论合理性、合法性。外部批评属于"批判终结论"范畴，其目的旨在通过理论解构实现对批判对象的理论摧毁、颠覆和终结（王馥芳，2012b）。Whitehead（转引自派利夏恩，2007：1）采取"外部批评法"对"现代科学"的哲学基础进行了彻底批判："如果科学不愿退化为一堆杂乱无章的特定假说的话，就必须以哲学为基础，必须对自身的基础进行彻底的批判。"

"外部批评"有激进和保守之分。前者对批判对象的基本原理采取全盘攻击和否定的态度。而后者则对批评对象持有所保留态度，即在批判和否定批评对象的某些核心观点的同时，对另一些核心观点持肯定或保留态度。Lakoff & Johnson（1980b；1999）和Lakoff（2007）对客观主义（objectivism）和生成语法的全盘否定属于激进外部批评。而Jackendoff（2002；2010）对生成语法的批评则是有所保留。Jackendoff（2010：107）否认生成语法的核心假设之一"句法中心论"（syntactocentric）："我慢慢相信这一'句法中心'论是一个重要的错误——也许在历史上难以避免，但不管怎么说是一个错误"。但Jackendoff并未对生成语法采取全盘否定的态度，他认为生成语法有三个理论精髓经得起时间考验：心智主义（mentalism）、组合性（combinatoriality）和天赋论（nativism）。正是基于生成语法的这三个理论精髓，并在反"句法中心论"的思想指导下，Jackendoff（2002；2010）提出了"三部分平行构架理论"。该理论认为语言具有多个平行的生成部分，即音系、句法和语义同样都是生成性的。句法只是其中的一个生成模块，且音系、句法和语义三个生成部分之间通过"界面规则"关联。Jackendoff 把其理论新框架看成是对生成语法的改革和完善。

2.2 两种尖锐的外部批评手段

由于外部批评是在质疑或者否认批评对象的基本原理之正确性的前提下解构批评对象。因此，学者们在进行外部批评时，常用的手段是全盘否认批评对象的理论基础或者方法论。

2.2.1 全盘否定批评对象的理论基础

现代科学确立了基于理论假设之上的建模法。虽然当今学界普遍承认理论假设之于理论构建的重要性，但学界对理论假设之于理论构建之合法性的争议从未间断。西方哲学研究素有把理论假设排除在形而上学体系之外的传统。因理论假设不具备确定性，康德（见杨祖陶、邓晓芒编译，2008：42）把它完全排除在"纯粹理性"之外："谈到确定性，那么我曾经对我自己作过一项决定，在这类的考察（注：指纯粹理性考察）中不允许任何方式的意见，一切在其中只是被视为类似于假设的东西都将是禁品，即使以最低的价格也不得出售，而必须一经发现便予以封存。"

著名法国哲学家笛卡尔也强调知识的确定性。他毕生致力于把类似数学的研究方法推及到哲学领域，并试图在形而上学领域"努力建立起某些原则"（转引自哈特费尔德，尚新建译，2007：11），以使哲学原则达到"代数和几何的明晰程度"（ibid.）。1641 年，笛卡尔出版《第一哲学的沉思》一书。在该书中他为知识所设立的确定性标准完全把理论假设排除在形而上学研究之外："凡是缺乏数学的明晰和明证的潜在知识，统统予以排除。"（转引自哈特费尔德，尚新建译，2007：12）此外,他在其另外一本著作《谈谈方法》中概括出四条"指导心灵的规则"(Rules for the Direction of the Mind)。其中第一条原则强调要把理论假设这类缺乏确定性的东西完全排除在哲学研究之外:"除了清楚分明地呈现在我心里、使我无法怀疑的东西以外,不放一点别的东西进入我的判断。"(转引自哈特费尔德,尚新建译,2007:14)

从理论批评的角度而言,康德和笛卡尔对理论假设之于理论构建的全盘否定,完全是基于外部批评立场。语言学者在进行外部批评时,常用的手段之一就是试图通过全盘否定批评对象的理论假设来摧毁其理论基础。

2.2.2 全盘否定批评对象的方法论

在对方法论作外部批评时,常用的手段主要有二:

一是,直接诉诸外部标准以否定批评对象的方法论。如北美结构主义的创始人布龙菲尔德(袁家骅等译,1997)反对其他的语言研究方法和手段,认为只有描写性的语言研究才是科学的。他在对前人的著作进行评述时,极为关注方法论问题,认为对于研究语言而言,唯一有用的概括是归纳的概括,而非"推论"或者"推测"。他指出保罗(Hermann Paul)1880年出版的《语言史原理》一书的缺陷之一是运用了"推测"这一研究手段:"保罗的著作(直到今天还有很多语言学著作)隐隐显出古希腊的哲学推测所遗留的不良影响。"此外,布龙菲尔德(袁家骅等译,1997:18)还反对用哲学和心理学解释对语言特征"妄加说明"。

二是,找出批评对象的方法论在理论构建过程中存在循环论证或者自相矛盾这类致命的逻辑论证缺陷,使得批评对象不攻自破。布龙菲尔德(袁家骅等译,1997:19)认为循环论证是理论研究中的一大弱点。他在评述保罗(Hermann Paul)1880年出版的《语言史原理》一书时,指出该书的一大弱点是循环论证:"保罗的《原理》一书的另一个大弱点是,他极力主张'心理'的解释。他说明语言现象,是用说话人可能发生的心理过程来解释的。可是这些心理过程的唯一证据就是语言过程,所以心理过程并不能帮助说明甚么问题,反倒把问题弄糊涂了。"(ibid.)Lasnik等(2005;转引自宁春岩,2011:9)也认为:"如果一个理论有冗余和循环论证现象,无需任何经验性的证明,这个理论肯定是有问题的理论"。

3 不同学派的反认知语言学本质及认知语言学基本立场

3.1 行为主义和结构主义的反认知语言学本质

以 Watson(1914)教授为领军人物的"行为主义"心理学派在本质上是反认知语言学的。由于全然否定"内省之假想的不可能性"(见罗素,贾可春译,2009:129),加之从逻辑上贯彻其行为主义理论,Watson 教授全盘否认任何基于假设或者推测之上的理论模式。"行为主义者"心理学派阵容强大:"总体说来,杜威教授也属于行为主义者。"(罗素,贾可春译,2009:17)Skinner(1904—1990)是行为主义者学派中最负盛名的代表人物。他在 Watson 教授等人的基础上向前迈进了一大步,提出了自己的行为主义理论——操作性条件反射理论。"'行为主义者'认为,除了通过外在的观察以外,不能认识任何东西。他们全然否认有一种叫做'内省'的单独的知识来源……他们绝不否认各种事物都可以在心灵中产生。他们只是说,这样的事物,假如产生的话,无法加以科学地观察,并且因此与作为科学的心理学无关。"(罗素,贾可春译,2009:17)"反省,作为知识的一种单独的来源,被这派心理学家完全否定了。"(罗素,贾可春译,2009:19)由于"内省"是认知语言学的基本研究方法,否定了"内省"对知识来源的心理贡献,实质就是否定认知语言学的基本方法论。

行为主义心理学派对语言研究,特别是对北美语言研究的影响巨大。直接催生了以布龙菲尔德为代表的北美结构主义学派的产生。北美结构主义学派发端于 20 世纪 30 年代,其学术渊源则可以追溯到 20 世纪初期索绪尔的结构主义思想。其在学界的影响力一直持续到 20 世纪 50 年代生成语法兴起之前。结构主义语言学者关注的是言语的分类、音素或者语素的切分和指认、语法规则的描写和分析以及对未知语言(尤其是美国印第安人的语言)的描述等等。他们"不允许涉及人们的所想，不允许涉及意义，因为意义是观察不到的……重心主要在于收集资料和分析它，不涉及人们的所想和所做"（Taylor，2007：6）。鉴于意义研究是认知语言学的基石，因此，行为主义和结构主义排斥和漠视"意义"，本质上是反认知语言学的。

3.2 客观主义、生成语言学的反认知语言学本质

由于认知语言学的直接理论动因是反对客观主义和生成语言学，因此，虽然客观主义、生成语言学和认知语言学这三者的研究发现之间有相互交叠之处（详见本书第三章第五节），但客观主义和生成语言学在本质上和认知语言学是不相融的（详见本书第三章第四节）。这种不相融性导致客观主义和生成语言学与认知语言学在以下几个问题上的对立或相左：

1）语言观相左。客观主义把语言系统看成是一个逻辑结构系统；生成语言学把语言系统看成是一个受到形式规则管约的生物遗传系统。两者都强调语言系统在本质上是客观的、数理的和逻辑的。而认知语言学认为语言是一个基于认知视/识解（construal）操作的主观概念系统。

2）在语言和认知之间的关系上看法相左。客观主义把语言看成是世界结构的"镜像化"工具；生成语言学则把语言看成是对人类生物遗传机制的形式构拟。两者都认为语言本质上和人类认知毫不相干。而认知语言学则把语言看成是人类认知不可分割的一部分，是一种概念化能力。

3）意义观相左。客观主义认为意义是客观的，无关乎人类的认知操作；生成语言学认为意义是形式的附庸，没有研究价值。而认知语言学认为意义是一种人类心理操作过程，是语言概念化，是语言研究的基础和核心所在。

4）对语言本质看法相左。客观主义认为语言本质上是一种"镜像"式的客观反映能力；生成语言学认为语言本质上是一种"自治"的符号化规则操作能力，两者都否认语言的主观能动性。而认知语言学认为语言本质上是一种概念化能力，不但具有主观能动性，而且具有主体间性。

3.3　认知语言学对反认知语言学学派的基本立场

针对"行为主义者"心理学派的反认知语言学本质，大多数认知语言学者的看法是："行为主义者"心理学派本身的方法论存在问题。Lakoff & Johnson（1999）声称，最新的认知科学研究证据显示：思维在本质上是无意识的，无意识思维占比高达 95%，而有意识思维占比只有约 5%。基于思维的无意识本质，认知语言学家认为，被"行为主义者"奉为圭臬的"外在观察"手段所能揭示的只是有意识思维结构中的一部分，根本无法揭示思维的无意识组织结构原则。认知语言学家相信，唯有通过系统地考察语言结构中的体系性证据，并借助语言学家自己通过"内省"所获得的相关证据，方能对认知无意识（cognitive unconsciousness）作出可信的科学推论。因此，跟"行为主义者"只研究"外在可观察行为"不同，认知语言学者着力研究人类的无意识心理操作可能对语言结构产生的影响。

针对结构主义排斥意义研究并在语言结构描写中排除心理因素的做法，认知语言学的基本立场是：意义是语言研究的基础和核心所在，且语言意义和形式密不可分，语言意义在很大程度上决定语言形式。由此，认知语言学本质上反对结构主义。

认知语言学者对客观主义和生成语言学的批驳则是毫不留情的。Langacker（1987；1990）全盘否定生成语言学所持的"语言模块论"、否定逻辑和演绎能在信息处理过程中负担起认知策略的作用。Li（2006）否定形式主义的基本原理——语言最好被看作是一个规则系统。Evans & Green（2006）大力抨击生成语言学基于语言知识的内在语言研究模式。Lakoff（1987；2007）和 Croft & Cruse（2004）全盘否定客观主义和生成语言学的基本原理。Lakoff（1987）和 Lakoff & Johnson（1980b）早期所倡导的"经验现实主义"（experiential realism）以及他们后来提出的"体验现实主义"（Lakoff & Johnson，1999）本质上与"客观主义"和生成语言学尖锐对立。

4　外部批评、理论回应和反思

下面主要探讨学界对认知语言学的三个主要理论假设——语言和认知同一性、隐喻思维、语言结构的心理表征动因，以及两个方法论问题——认知语言学的创新性和认知语言学的不可验证性——所进行的外部批评、认知学者所作出的相关理论回应以及我们的理论反思。

4.1　对"语言和认知同一性"的外部批评

语言证据到底能在多大程度上揭示人类的概念系统结构或者心理表征结构一直是认知语言学面临的一个理论挑战。关于语言和认知之间的关系，学界素有争议。Wilhelm von Humboldt, Benjamin Whorf, Lev Vygotsky, Daniel Dennett 等学者认为语言决定思维和认知。而 Bertrand Russell 和 Gilbert Ryle 则把语言看成是遮蔽认知本质（cognitive essentials）的困惑面纱（见 Levinson，1997）。

认知语言学秉持"语言结构和认知结构同构观"。即声称语言结构方式和概念/思维结构方式在根本上是完全象似的："根本上，语言知识——意义和形式知识——本质上是概念结构。"（Croft & Cruse，2004：2）这一观点的理论基础是：因人类多种能力如感知—运动能力、语言能力和思维能力共享同一个后台认知机制——概念系统，因此，可以通过语言结构组织模式来研究概念系统的组织结构模式。Lakoff（1987：291）也认为："语言结构运用和认知模型同一的结构机制——意象图式，意象图式的理解是基于身体功能。语言有意义是因为它直接联结有意义的思维，且意义取决于思维的本质。与前概念身体功能（preconceptual bodily functioning）的两个直接联结使得思维具有意义，而前概念身体功能反过来又高度受制于我们所处的这个世界的本质，但又绝不是完全受其制约。"Lakoff 试图在语言结构和思维/概念结构之间建立直接的象似联系，联系的基础是人类身体和环境的直接互动。

反对者认为，人类行为的复杂性要求我们用不同的概念组织结构方式来处理不同的认知经验："很多认知科学家现在认为人类行为的复杂性要求我们用不同类型的表征来处理多样化的认知经验。因此，人们的多种能力，从感知和运动控制到语言和解决问题，可能不全是依赖同一个表征基础（如特征性表征、结构表征、心理模型和意象—图式表征）。"（Gibbs，2000：353）因此，语言结构模式不能正确表征感知—运动或者其他认知行为。

Keller & Keller（1996）的研究发现，确实有一些非语言思想没法和语言意义对应起来。Sperber & Wilson（1986）强调非命题（non-propositional）思维的存在。Levinson（1997：16）也说语言思维不是思维的全部："我们真的必须承认不止存在一种'语言思维'。所不同的是，它们不像语言行为那样较为明晰地对其背后的概念化行为进行符号编码，它们是通过一系列连续性的、甚至细微到难以精确观察到的、更甚至是下意识的情感或者肢体行动来诠释其背后的概念信息。"由此可见，语言和认知并非完全同一。

另有不少学者反对语言和认知同一说。Gibbs（2006c）不承认语言结构和思维结构有什么关系："对语言使用和结构的分析可能根本和人类思维没什么关系。"[1]Pinker（1994：57）则认为语言和认知同一说是一种传统的愚见："把思维等同为语言这一想法是被称之为传统蠢见（conventional absurdity）的一个例子。'我们想说什么'和'我们说了什么'之间必须有所区别。"对此，Levinson（1997：17）表示赞同："语用学的存在确保我们不说我们想说的或者意欲（intend）说的。"

很多心理学家和大部分形式语言学家也都相信概念知识和词库之间是完全割裂的（Gibbs & Matlock，1999）。如 Bierwisch & Schreuder（1991：30—31）强调语义形式和概念结构之间应该有所区别："经验被概念化的方式和其被言语表达的方式并不是简单的同一对应关系……因此，把 SF（Semantic Form，语义形式）和 CS（Conceptual Structure，概念结构）混在一起的倾向，就好比经常把音系学和发声语音学混在一起。但是，我们特别强调要把 SF 和 CS 区别开来。"

1　参见 http://www.scielo.br/scielo.php?script=sci_arttext&pid=S0102-44502006000300003（2012-02-03）。

Sandra（1998）也完全否认语言学家对概念心理知识研究的贡献。认为语言学家对人类心理这个话题几乎没有或者说完全没有发言权，特别是对某些特定的语言结构如何在心理中得到表征这一话题毫无发言权。他认为应该完全把这个话题留给心理学家，并声称语言学家能做到最好的就是："在语言学框架内解决这些事情，不必把心理现实性强加于这些概念。事实上，这是唯一可行的选择。人们应该接受没有任何关于心理表征的断言（claim）是经任何［语言］分析的暗示而作出的。"据此，他提出四点：

1）语言学家要研究心理结构是不可能的。
2）语言学家的所有分析和心理表征没有任何干系。
3）除了他们自己的直觉，语言学家无以支持自己的分析。
4）语言学家最好在心理表征研究方面保持沉默。

由此，他建议语言学家不要试图假定任何语言结构跟人类的心理表征有任何干系。心理表征研究工作应该交给心理语言学家去做，语言学家的工作充其量"只能给心理语言学家提供额外的语言内（intralinguistic）证据"（Sandra，1998：375）。Haser（2005）则把认知语言学所持的"语言和认知同构观"看作是"极强认知观"，她批评该观点的悖论在于直接把思维定义为语言。

4.2　对隐喻思维的外部批评

隐喻思维是认知语言学的基本假设之一。认知语言学认为我们所赖以生存的概念系统本质上是隐喻的，即理智和意义本质上是隐喻的。从客观主义视角下的表征理论出发，Murphy（1996，转引自 Rakova，2002：217）认为："概念结构完全是隐喻表征的这一'强隐喻表征观'没有心理现实性"。他举例说，试想一下，如果 love（爱）这个概念真的完全是依据我们对旅行的理解来结构的，势必造成一种很混乱的情况，从而导致诸多错误的推论。Cameron & Low（1999：11）把概念隐喻理论看成是一种"强隐喻认知观"，而他本人所赞同的是一种"宽泛的、更弱的"隐喻认知观。Gibbs（2006c）质疑思维的隐喻性："人们在语言中使用隐喻这一事实并不一定说明人们的思维是隐喻性的"[1]。Rakova（2002：215）则认为隐喻思维的推论是依赖极端经验主义"这一不可能正确的立场"。Wierzbicka（1986），Jackendoff & Aaron（1991），Glucksberg & Keysar（1990；1993），Keysar & Glucksberg（1993）和 Steen（1994）甚至质疑隐喻概念系统的存在。

概念隐喻理论把抽象概念的生成归结为概念映射这一认知机制。Kövecses（1999）质疑概念隐喻的独立认知机制地位，认为文化模式可能比隐喻在构建世界结构方面所起的作用更大。Haser（2005：64）质疑概念映射的普遍性："没有理由相信一种且同一种相似性能够解释从物理的坠落到更抽象的其他各种坠落之间的所有不同映射。"不少语言学家和心理学家（如 Gibbs，2006a；Glucksberg，2001；2008；Gentner & Bowdle，2001；2008）甚至完全否认概念映射机制在抽象概念的实时处理中所起的作用。

Gentner & Bowdle（2001；2008）认为在语言的实时处理过程中，概念映射根本无需发生。他们提出了另一种解释——概念映射历时语言发展说。认为概念映射可能在语言历史发展中的某个时间点上是需要的。但是，对当代的语言使用者而言，这些映射已经变得和思维过程无关。主要原因在于很多语词的隐喻义已经变成了常规义。而且，在有些时候，这些隐喻义甚至比常规义更为常用（见 Steen，2011）。Glucksberg（2001）和 Bowdle & Gentner（2005）认为，人们是基于范畴转换（category-transfer）来理解和阐释更为规约化的、发生在交谈中的隐喻。而当普通的交谈隐喻被用于创造新概念和新范畴时，这一过程是自发和自动的，无需借助隐喻机制。更新颖的隐喻则经由结构映射得到阐释。

另外，Steen（2011）认为，因规约性隐喻已经有了可现成使用的隐喻意义，故人们在交际时只是自动提取合适的意义，而无需涉及概念结构，也无需经历概念映射过程。因此，隐喻可能主要只存在于语言结构之中，其处理机制可能只是词汇消歧（lexical disambiguation），而非隐喻

---

[1] 参见 http://www.scielo.br/scielo.php?script=sci_arttext&pid=S0102-44502006000300003（2012-02-03）。

思维。这一点得到了多方实验证据的支持（Glucksberg，2008）。有鉴于此，Steen（2011）质疑概念映射机制的必要性：如果人们能够很方便地从他们的心理词库中直接提取规约化的隐喻意义为其所用，人们为什么还要一再地反复借助同样的、发生在域和域、空间和空间，或者范畴和范畴之间的映射机制呢？

此外，Steen（2011）试图通过质疑 Lakoff（1993）的"一词多义"研究来否认隐喻概念系统在隐喻义处理中所起的关键作用。针对 Lakoff（1993）所揭示的"一词多义"的隐喻动因，Steen（2011）指出"一词多义"的概念隐喻理想认知模式所存在的问题主要在于：

1）就算 defend（防御），attack（攻击），win（赢）和 lose（输）这些词的确是一词多义的，而且其多个义项之间确实呈现出某种体系性，即它们都和 war（战争）和 argument（论辩）的意义相关联。但这并不意味着当它们每次被隐喻性地使用时，总是反映着隐喻概念系统的存在和使用。

2）如果很多孩子在 argument（论辩）比 war（战争）更受欢迎的环境中长大，为什么他们在习得 defend，attack，win 和 lose 这类词时，一定要先习得 war（战争）这一基本义，然后再通过映射机制习得隐喻义呢？或者换句话说，如果他们是整体习得这类词的词义的话，为什么他们认为 war 之义比 argument 之义更为基本呢？

最后，针对 Lakoff（2008a）所提出的隐喻神经理论，Steen（2011：29）质疑概念隐喻问题能否以及是否有必要借助于神经结构和大脑过程得到解决："我们通常并不认为所有或者许多社会和心理过程都有神经科学因果动因"。根据 Baumeister & Masicampo（2010）所得出的研究结论，Steen（2011：29）指出了神经动因之于人类高层次和有意识的认知过程的局限性："人们的行为、决定和行动并非仅仅是神经促发（activation）的瞬时（immediate）结果。有意识的思维无法监控和再指令（re-direct）最初的冲动。高层次的和有意识的认知过程有它们自己的动力（momentum）和现实，他们在社会和文化互动中发挥着至关重要的作用。"

4.3 对语言结构心理表征动因的外部批评

认知语言学把心理表征看成是语言结构和人类行为的直接动因。不少心理学家对此提出质疑，他们认为语言结构可能只是一种和内在心理机制无关的动态"结构耦合器"（structural couplings）："越来越多的认知科学家现在开始质疑是否有必要求助于心理机制来解释人类语言和非语言行为的生发。尤其质疑这样一种知名的信念，即认为语言结构和行为受到带有计算过程的内在的心理表征的制约。很多学者认为认知理论应该放弃持有认知结构一定会在心理中得到表征这样一种思想，而必须承认它们是模式化人们和世界如何互动以及人们在不同语言环境下如何互动的'结构耦合器'动态系统。"（Gibbs & Matlock, 1999: 267）

Gibbs & Matlock（ibid.）进一步解释他们持上述观点的依据："语言学家和心理学家可能承认：一个人的语言行为，如对于多义词而言，其正式的描述可以通过特定的方式取得，而无需假定那个人已经内化（internalized）了那种描述。依据这种观点，最好不要把语言行为的产生理解为以语言/概念表征形式存在于语言使用者的心理之中。相反，语言行为的概念化是以语言和概念系统之间的互动为依据的，由此，不可能区分'脑'中发生了什么和'语言环境'中发生了什么……我们的观点是，一些事情是认知的或者心理的，不一定要求研究者假定内化的心理表征的存在。认知语言学家在寻求心理学证实他们关于语言结构和行为的理论假设时至少应该意识到这种可能性。"

4.4 对认知语言学创新性外部批评

认知语言学的理论创新之一是提出了"心智体验性"假说（Lakoff & Johnson, 1999）。该假说声称心智、理智、意义和概念不但根本上源于而且本质上是通过我们的身体和所处环境之间的互动所产生的：它们主要是依赖体验，特别是依靠视觉和运动能力产生。Edward Rothstein 在 1999 年 2 月 24 号的《纽约时报书评》上撰文，批评这一假说的创新性，认为它只是"弗洛伊德[1]思想的头脑简单版"（转引自 Harari, 1999：599—600）。

Rothstein（1999）认为，在心理分析学家看来，"心智体验性"假说不过是从"体验"这一单一维度来阐释"自我"和"超我"的构建问题。若把"人格"简单地定义为个体的行为、心理和社会特征的总合，那么，从心理分析学的角度来看，"心智体验性"假说所理解的"概念、意义、心智和理智"实质属于"人格"构建范畴的一部分。若把"身体和环境之间的互动"狭义地理解为个人身体和个人所处环境之间的互动，实质关涉的是"自我"的构建。而若把"身体和环境之间的互动"理解为社会群体意义上的身体和社会环境之间的互动，关涉的实质是"超我"[2]的构建。如此，Rothstein 认为 Lakoff & Johnson（1999）所提出的"心智体验性"原则实质是一条简化的"人格构建"原则。

4.5 对认知语言学不可验证性的外部批评

在认知语言学所面临的诸多理论问题中，"不可验证性"被认为是其所面临的最大挑战之一。目前，学界对认知语言学"不可验证性"的外部批评多集中在以下三点：

1）常识形而上学基础没有多少心理现实性。袁毓林（1994：186）指出，因认知语言学的哲学基础是常识形而上学，其诸多理论假设基本"停留在通俗心理学的水平上，可以说目前还缺乏科学的心理学基础……并没有多少心理现实性"。因此，认知语言学缺乏严格意义上的科学基础，也缺乏生理/心理现实性。而学界普遍把心理现实性看成是评估一个好的语言学理论的基本标准："一个好的语言学理论应该是符合语言使用者的直觉的，至少不能违反本族说话人的语感，这就要求语言学的规则必须具有心理现实性，也就是说，这些规则应该能反映和揭

---

[1] 1923 年，弗洛伊德在《自我与本我》一书中提出"人格构建"理论：人格由本我、自我、超我三部分组成。
[2] 弗洛伊德把"超我"定义为人格的社会面，是"道德化的自我"，由"良心"和"自我理想"组成。

示言语行为的实际心理过程。"(袁毓林,1993:4)

2)支持认知语言学假设的多数实证研究正在经历"可重复性危机"。"在认识论层面上,'可重复性'特指科学研究被重复实施时得到的结论与原研究结论之间的一致性程度。它是衡量科学的'黄金标准',也是科学与非科学的分界线"(陈巍,2014:B02版)。目前,由于支持认知语言学假设的很多实证研究都在很大程度上具有"不可重复性"或者"不可再现性",因而"当前的具身认知(即体验认知)研究正在经历'可重复性危机'"(ibid.)。导致这种后果的主要原因在于:"具身认知(即体验认知)研究秉承的是'概念性重复'(conceptual replication)策略。与'直接重复'旨在尽可能忠实地再现原始的科学证明不同,概念性重复往往刻意改变研究设计中核心要素(如自变量、因变量)的操作化。"(ibid.)因"概念性重复仅仅被用来证实(并且是抽象)原始的结论,而不能用来证伪它"(ibid.),因此造成很多实证研究无法证伪。Coulson & Oakley(2000:192)认为,尽管证伪不是检验科学理论的最终标尺,但是,"一个成熟理论的目标是对一些有趣的现象作出解释,而这些解释要能够支持可证伪的预测"。Gibbs(2006)也认为有效的理论框架必须在经验上是可以证实或者证伪的,否则,其理论有效性将大打折扣。

3)实证基础普遍存在"证实偏见"。在心理学中,"所谓'证实偏见',就是研究者倾向于偏爱那些能够支持他们信念或假说的信息,反映在研究设计中一般表现为各种'期望效应'"(陈巍,2014:B02版)。虽然认知语言学范式具有广泛的实证基础,但是,认知语言学者在对相关实证证据进行筛选时,难免落入"证实偏见"的窠臼。"证实偏见"是科学研究中普遍存在的一种现象,"而具身认知(即体验认知)正在成为这种偏见在心理科学中的新代言人"(ibid.)。"证实偏见"可能导致的严重后果是:研究者可能通过选择性筛选数据(cherry-pick data)获取伪阳性(false positives)结论,从而直接导致学术造假。

学界普遍认为认知语言学的一个重要理论框架"概念整合理论"具有不可验证性:"概念整合不是一个可证实或者可证伪的单一理论,而是一个一般性的框架……难以对其进行原则性或者说体系性证伪。"（Gibbs，2000：347）故他（ibid.）呼吁学者们在心理学框架下考察概念整合理论时必须"承认证伪（falsification）的重要性"。程琪龙（2011：19）则从能否通过神经可行性验证的角度出发，认为概念整合理论因没有神经生理真实性而当被舍弃："大脑扫描和失语症研究至今仍无法找到如此高度概括的生理机制。尽管如此模式有很高的概括性，而且显得格外经济，但在逼近真实语言的研究过程中，它却因为有悖于生理真实性而首先被舍弃。"[1]

姚振武（2007：17）指出认知语言学的一些基本理论构体（construct）如"'认知框架'本身需要证明，否则容易出现任意套用的危险"。赵彦春（2007：27—34）从西方分析哲学的逻辑先验论角度批评认知语言学的不可验证性："CL（认知语言学）许多的理论假设和论证经不起逻辑验证，根本原因在于它掏空先验，颠覆本质。"他把认知语言学经不起逻辑验证归结为"先验与本质的缺失"。赵彦春（2009：31）还试图对CL的立论基础和相关命题进行质疑和证伪，并强调："基于体验论的种种认知语言学假设也需要接受演绎逻辑的验证。"

4.6 对外部批评的相关理论回应

为了证明其诸多重要理论假设的合法性并以此夯实认知语言学的理论基础，认知语言学者作出了持久的不懈努力。Lakoff & Johonson(1999)提供了诸多来自心理学、认知科学、语言研究、手语研究和神经学的证据以支持认知语言学的基本理论假设——语言和认知同一性、概念系统的体验基础、思维的隐喻基础和语言结构的心理表征动因。通过各种理论论证和语义分析，Croft & Cruse（2004）坚称认知语言学诸多重要理论假设具有理论合法性。Langacker（1999）坚决捍卫语言和认知的同一性以及意义和语言概念化的同一性。Jackendoff（1983：95）强调："语

---

[1] 2012年12月，程琪龙教授在给笔者的一封私人邮件中说明，他虽然认为概念整合理论没有神经生理真实性，但他认为该框架在概念结构层面是可取的。详见本章4.6节的探讨。

义结构和概念结构这两个术语指示同一个表征层面"。Pylyshyn（1984）质疑大脑是硬件式的，否认心理语言（mentalese）[1]的有效性，支持理智的体验基础。

为证明概念隐喻存在于思维之中，Lakoff（1993）提出三大"铁证"，即一词多义、范畴化和意象图式这三个概念现象均具有隐喻动因。另外，Lakoff & Núñez（2000）的《数学从哪里来》一书，考察了集合理论、逻辑和其他形式的高级数学知识的隐喻基础。此外，针对Murphy（1996）把概念隐喻理论看成是"强隐喻表征观"（见Rakova，2002：217）的观点，Gibbs（1996）认为Murphy的批评性断言不得经验主义立场的要领，几乎完全忽视了人类体验对表征思维的奠基作用。除此，Falck & Gibbs（2012：251）通过两项调查证明了隐喻义的体验动因："人们对真实世界中事件的体验性理解既高度主导着人们对于路径（path）和道路（road）的心理意象，也高度主导着说话者在隐喻语境中对这些词的使用。"

针对Rothstein（1999）把Lakoff & Johnson（1980b；1999）所提出的"心智体验性假说"看成是"弗洛伊德思想的头脑简单版"这一尖锐的外部批评，Harari（1999：601）撰文驳斥Rothstein的观点："他的评论的绝妙之处在于，他是对的。但这不是这本书的弱点，而是它的优势"。Harari（1999）认为Lakoff & Johnson（1999）所提出的"心智体验性假说"和概念隐喻理论丰富了弗洛伊德所提出的"自我"（self）概念："以Lakoff和Johnson的观点，自我是人类时时都具有主观意识的那一面。因此，自我能囊括身体、社会角色、过去状态和世界中的行动。自我可能是与主体相冲突的敌对方，或者它也可能成为主体的朋友、对话者、主人、仆人或者道德约束。抑或自我也可能是一件物体，这一物体可能被打碎或者黏合，也可能是社会的，或者单体的。"

针对学界对认知语言学之不可验证的外部批评，认知语言学者在实证研究方面作出了巨大努力。Matlock（2004：1389）试图通过四个实验解决人们是否是通过在心理中模拟运动的方式来理解虚拟运动（fictive

---

[1] "心理语言"指的是生成语法所言的"内在语言"。

motion）句[1]的。其实验结果显示："虚拟运动的处理包含心理模拟。"（ibid.）Matlock（2004）的研究印证了 Talmy（1996）所提出的一个认知语言学假设的心理现实性：人们在理解虚拟运动句子时会涉及"动态视/识解"（dynamic construal），即人们会沿着一条路径或者一个线性物体作虚拟运动。Gibbs（1994）的研究则证明了概念隐喻理论的心理现实性。另外，来自心理语言学、认知心理学和发展心理学的实证研究所提供的证据显示：意象图式具有心理现实性（Gibbs & Colston，1995；参见 Clausner & Croft，1999）。

关于概念整合理论的不可验证性，程琪龙教授在给笔者的一封私人邮件中进一步解释说，虽然概念整合理论有悖于生理真实性，但"作为对可操作神经认知机制的概括性描述，它却是可取的……它是对神经事实的概括，而不是神经事实的具体化"。也就是说，虽然认知语言学的很多理论模式既不可证实，也不可证伪，但它们作为"一般性的框架"（Gibbs，2000：347），亦即作为普通认知能力框架对系统性的语言证据的解释还是卓有成效的。

4.7 对外部批评的理论反思

通过以上讨论可以看出，目前学界对认知语言学的外部批评主要集中在两方面。一是，对其基本理论假设，如语言和认知同一性、隐喻思维和语言结构的心理表征动因，进行解构性批评。二是，对其方法论如理论创新性和不可验证性进行外部批评。仔细分析诸多围绕认知语言学所进行的外部批评，我们发现它们实质指向的都是对认知语言学基本原理的全盘否定。而学者们在意图颠覆认知语言学的基本原理时，虽然各自提出的颠覆论据可能大相迥异，但绝大多数论据本质上都共同指向同一个问题：认知语言学理论的不可验证性。

首次把"可验证性"作为知识确定性标准的是近代哲学之父——

---

[1] 虚拟运动句"包含运动动词，但是并不表达明确的运动或者状态变化。如 The road runs through the valley.（道路穿过山谷。）和 The mountain range goes from Canada to Mexico.（山区从加拿大绵延到墨西哥。）"

法国哲学家笛卡尔。1630年4月，笛卡尔写信给朋友声称自己已经发现"如何采用比几何证明更明晰的方式，证明形而上学真理"（转引自哈特费尔德，尚新建译，2007：17）。笛卡尔试图使物理学的三个定律"运动法则、广延之物的本质、否定虚空等（哈特费尔德，尚新建译，2007：327）获得绝对的确定性。笛卡尔还区分了"或然的确定性"和"绝对的确定性"两个概念，前者主要和日常生活的确定性相连；后者则主要和笛卡尔的形而上学基础相连。

笛卡尔在其著作《原理》中解释，只有基于他的形而上学基础才能获得"绝对的确定性"。而一些比较具体的形而上学主张只能获得"或然的确定性"（转引自哈特费尔德，尚新建译，2007：326）。由于笛卡尔力图通过宏观机制的确立使其形而上学基础获得"绝对的确定性"，而宏观机制是基于具体微观机制之上的，且笛卡尔认为"具体的微观机制仅具有或然的确定性"（哈特费尔德，尚新建译，2007：327）。由此，笛卡尔哲学体系所无法解决的问题是：如何保证在基于具有较低程度的确定性的微观机制之上获得具有较高程度的、甚至是"绝对确定性"的宏观机制？

从知识验证的角度而言，既然知识的确定性存在"或然性"或者"绝对性"之分，那么，"验证性"这个概念势必也存在"或然验证"和"绝对验证"之分。由此可见，验证其实并非是一个一统性（monolithic）的概念。也就是说，验证可以在不同的层面进行，也可以面向不同的向度展开。

基于认知语言学的基本方法论来看，理论模式的验证标准至少可以是二维的：一是最底层的生理真实性验证；二是概念结构层面的思维模式真实性验证。认知语言学的很多理论框架虽然可能缺乏神经认知真实性和心理现实性，但它们往往在概念结构层面具有真实性。也就是说，虽然认知语言学的很多理论模式既不可证实，也不可证伪，但作为"一般性的框架"（Gibbs，2000：347），亦即作为普通认知能力框架，它们对语言结构之概念组织模式共性的图式性和拓扑性解释还是卓有成效的。另外，认知语言学理论"虽然不能证伪，但在理论上存在得到相应的生物机制支持的可能性"（Robertson，1999；转引自 Grady，2000：337）。

5　结语

本章主要探讨学界对认知语言学之理论假设和方法论所进行的外部批评、认知语言学者作出的相关理论回应以及我们的理论反思。外部批评是相对于内部批评而言的。外部批评属于"批判终结论"范畴，其目的是旨在通过理论解构实现对批判对象的理论摧毁、颠覆和终结（王馥芳，2012b）。内部批评则属于"批判建构论"范畴，其目的是旨在通过建构性理论批评实现对批判对象的理论完善。而对任何一个理论而言，外部批评都是对其理论合理合法性的最大挑战。有鉴于此，认知语言学者对针对认知语言学的各种外部批评采取了有力的反击和回应，捍卫了其理论的合理合法性。认知语言学者对外部批评的全然否定并不意味着他们对理论批评采取零容忍的态度。相反，他们能较为冷静地对待各种内部批评，并普遍把其看成是一股能从中获得某些研究启示的理论构建完善之力。

鉴于外部批评本质上是外部标准或外部立场基础上的理论冲突和对立，因此，从学术争鸣的角度而言，外部批评的主要目的是旨在通过学术思考的针锋相对以揭示多向度的理论思考可能带来的多种理论可能性。通过学术争鸣，一是，使得认知语言学研究者可以更清楚地理解和认识认知语言学的理论本质及其所面临的问题和挑战。二是，使得他们得以更为客观公允地审视其研究成果。三是，使得他们可以从外部批评研究中汲取理论营养，更好地完善和把握其未来研究。

由于本书对认知语言学的批评主要是建构性的，因此，探讨认知语言学外部批评并非本书的重心所在，其目的主要在于为以下各章的内部批评（建构性批评）作好理论铺垫。

第六章 认知语言学内部批评、回应和反思

1 引言

本章主要通过探讨学界对认知语言学研究所进行的内部批评（或者建构性批评）和认知语言学者所作的相关理论回应提出我们的理论反思和再反思。我们主要从研究视角、基本方法论和研究成果运用的风险性三个维度探讨认知语言学方法论的局限性及其所面临的挑战。首先，我们指出了认知视角的局限性：未充分考虑多种理论动因的存在、相对于文化视角的狭窄性、对文化动因关注不够、认知图式对语法解释的局限性。其次，我们指出了认知语言学方法论的局限性，包括研究路径的"循环论证"嫌疑，以及意义过程论、一统性解释、内省法、"认知第一性、语言第二性"的基本立场所面临的理论挑战。最后，我们强调认知语言学的研究成果在运用时具有一定的风险性：西方强势概念系统对弱势语言的概念系统的强加容易导致"强势语言系统"对"弱势语言系统"的"改写"。在本章的文尾，我们探讨认知语言学者该如何对待理论批评。

2 认知视角的局限性

2.1 多种理论动因的存在

Croft & Haiman（见 Haspelmath，2008）强调我们应该允许多种动因这种可能性的存在。Gibbs（2000）说明语言研究中除了认知动因之外，还存在诸多其他动因或者假设（alternative hypothesis）。Pascual（2006：264）也指出："语言的内部结构不仅反映其语义方面——源于我们的体验性社会—文化经验以及人类心理的更为广泛的认知能力——也反映其互动维度和交际功能。"也就是说，语言结构除可能具有认知动因之外，

还可能具有其他多种动因如社会—文化动因、心理动因、多种因素的互动动因以及交际动因等等。

多种理论动因的存在意味着我们可能可以诉诸多种动因来解释同一种现象。比如，认知语言学的一个重要发现是："相比较那些不那么复杂的结构体的理解而言，人们在理解那些经过了更为复杂的跨域映射的语言表达式时，其所花费的认知努力更多，或者说处理时间更长。"（Gibbs，2000：350）如"人们可能确实需要花费更长的时间来理解如 John is digging his own grave.（约翰正在自掘坟墓。）这样一个复杂的整合，而理解其对应的字面话语 John is hurting himself by his actions.（约翰正在自食其果。）则花的时间较少"（ibid.）。认知语言学家多半把上述现象的理论动因归结为认知因素，即把人们在语言理解中所花费的认知努力和心理操作的复杂性联系起来：一个表达式的心理操作越复杂，其所花费的认知努力越多；反之则越少。

Gibbs（2000）则指出，导致上述现象的产生除了认知动因之外，还可能有其他变量因素如频率、词汇层面的转换或然性（transitional probabilities）或者规约化在起作用："这可能是各个语词的频率（理解 John is hurting himself by his actions. 花费时间较少的原因可能是因为这个句子中的语词更为常用，也更容易从心理词库中提取）所导致的；也可能是词汇层面的转换或然性在起作用，它会使得我们读某些短语的速度快于另一些短语。其他的一些理论甚至会假定，我们对 John is digging his own grave. 的理解是高度规约化的，人们根本无需诉诸复杂的概念整合来理解其义。"（ibid.）Gibbs（2000）的结论是，我们可以用不同的方法解释相同的资料。

在语言结构的各种可能动因之中，语境动因被认为至关重要。Hymes（1972）指出：语言既是对经验进行范畴化的手段，也是交际的工具，两者的作用密不可分。事实上，后者需借助前者达到交际目的。语言通常会提供不同的方式对相同的经验进行范畴化，而对这些不同方式的选择必须由语言使用的真实语境来决定。

频率动因也备受学者关注。Haspelmath（2008）把语词的简短编码（short coding）归功于高使用频率这一功能性动因：使用频率高意味着编码简短，因为高频率项目具有更强的可预测性。"许多心理学家试图把频率效果假定为一种机械的解释"（Gibbs & Matlock，1999：265）。Gibbs & Matlock（1999）把频率效果理解为无法在语言使用者心理中以因果特征明晰表征出来的、即发性的形式—功能动态性（emergent form-function dynamics）。频率动因之外，其他的相关动因还有"固化"（entrenchment）、"常规化"（routinization）、"省力"、"词义消歧"以及各种交际策略等。

"固化"是一种一般性的心理机制，指的是"通过反复激活来强化记忆踪迹（memory traces）"（Roehr，2008：73）。"作为频率、新近（recency）和语境互动的参数，特定的记忆踪迹或多或少会被固化，且或多或少会变得凸显（salient）和能被提取（retrieval）"（Murphy，2004；转引自 Roehr，2008：73）。这种具有凸显性的、能被直接提取的记忆踪迹被看成是语言结构常规化的直接动因。Bybee（1985）认为高频率的词汇通常会被固化在说话者的心理之中。Langacker（1987）也认为，一些形式—意义配对（pairings）比另一些更常用，那些更常用的通常会被固化在说话者的心理中。

"固化"所导致的"常规化"也是一种主要的语言结构动因。Croft（2008：52）认为常规化导致了简短的语言编码形式："省力效果是由语言形式在语言知识的心理表征中的固化程度所导致的。固化导致使用者的产出形式常规化，从而导致产出形式短缩。"由此，认知语言学者必须重视语言结构的其他理论动因。

2.2 认知视角相对于文化视角的狭窄性

认知视角的局限性之一表现在：相对于文化视角而言，认知视角更为狭窄。Palmer（2006：39）认为，和语言研究的文化视角比起来，语言的认知视角"更为狭窄"。认知语言学主张百科式的意义观，强调文化等认知之外的因素对语言结构的作用，如 Langacker（1999：16）强调"语言是文化的基本工具和成分，文化在语言结构中的反馈不但无所不在，而且意义重大"。Gibbs（1999：146；转引自 Steen，2011：55）也指出："像我一样的认知语言学家和认知心理学家应该把隐喻及其与思维的关系看作是一种超越个人心理且已经拓展到文化世界的认知网络。"

但是，实际上，认知语言者在研究实践中往往忽视文化因素对语言的影响，而只聚焦认知因素的研究。认知语言学者在进行语法分析时，着重的是语言背后的各种认知过程——图形—背景关系、力动态（force dynamics）、空间—机械图式、层创范畴和理想认知模式等——在语言结构或者意义构建之中的作用，而较少关注神话、社会结构、行动模式和风俗礼仪等对语言结构的影响。虽然人类的各种基本认知过程反映了人类的文化适应和修正经验，同时也反映了各种文化所独有的居住和生存方式，但纯粹源于人类身体和环境互动经验的各种基本认知过程本身并不具备丰富的文化内涵。

文化语言学并非一个新概念。但近几年它对认知语言学研究的借鉴有目共睹。和认知语言学认为语法受到认知图式的制约不同，文化语言学认为语法受到文化图式的管约。文化图式和认知图式互有交叠：一方面，大部分 ICM（理想认知图式）是文化产品，经验域也是如此（Lakoff，1987）；另一方面，文化模式是认知客体（Palmer，2006）。所不同的是，文化图式的内涵要比认知语言学经常研究的空间—机械图式和图形—背景关系这类人类的基本物理和认知经验要丰富得多（Palmer，2006）。构成文化图式核心的是各种文化场景（scenarios）——一种文化所定义的行动顺次（sequence）；一个故事图式（Palmer，1996：75）。文化场景与各种基本认知过程如注意力、焦点、概念可及性和信息凸显性等关联不大，而更多地是受到历史和社会—文化语境的影响。

事实上，认知语言学和文化语言学在理论本质上并无什么质的区别，两者的差异在于对文化维度的强调和阐释有所不同（Palmer，2006）。Palmer（2006：14）指出："当一类语言表达式被发现与一个或者多个涉略范围相对较广、同时有着复杂范畴结构和丰富细节的语义域相联系时，认知语言学无疑就变成文化的了。"近年来，认知文化语言学的蓬勃发展从侧面印证了认知语言学对文化因素关注不足。

2.3 认知视角对文化动因关注不够

文化在概念化过程中所起的作用至关重要，官能感知和认知之间的关系很能说明文化对人类基本认知过程的重要影响："因为在一些场合已经显示，各种感官的'体验'（embodiment）不足以解释为什么某些特定的感知模态会和特定的认知过程相联系。"（Ibarretxe—Antunano, 2006: 241）但 Croft & Cruse（2004）指出：认知语言学在很长一段时间里只关注对语言使用中的心理表征以及所涉及的认知过程进行探究，而忽视语言的社会功能，如语言的交际功能和社会互动功能。

Sinha & Jensen de López（2000）也"展示认知语言学常用的'体验'（embodiment）概念不足以解释空间认知的早期语义发展。这一概念应该扩展到'超越人类身体'而考虑文化意义在语言结构动因方面的作用"（转引自 Niemeier & Achard, 2000: 1）。

Langacker（1987: 63）虽然把"社会关系概念"和"言语场景"（the speech situation）看成可能的语义域，但是认知语言学家们并未把"社会场景"（social scenarios）[1]看成是一种独立的意象类型，对它的认知研究也远不像对"空间意象"（spatial imagery）研究那样深入。但在实际生活中，人们对社会定位/定向（social orientation）的关注度可能并不亚于对空间定位/定向的关注。而且，关键的问题是，"并非所有的社会定位都能被简化为力和空间隐喻"（Palmer, 2006: 16）。有鉴于此，Palmer（2006）认为很有必要对"社会场景"和"话语场景"进行深入的认知研究。

由于对文化动因关注不够，认知语言学者的一些研究有失偏颇。如 Sweetser（1990）指出，视觉（vision）在各种官能中尤为重要，它总是和更高级的思想活动如"知道"、"理解"和"思维"相联系。但是，Evans & Wilkins（2000）的研究则显示，人们也常会对听觉动词如 listen（听）和 hear（听见）作类似的解读。他们发现澳大利亚的有些土著语

---

[1] 这里的"场景"指格式塔结构，或者由更低层次的场景和事件图式构建而来的结构。

言偏偏把思想活动概念化为听觉而不是视觉。他们对这种概念化差异的解释是,这可能是由于澳大利亚土著人的文化和社会习俗有异于欧洲人所致。由此,他们认为 Sweetser(1990)的论断有失偏颇。

此外,Lakoff(1987)在研究澳大利亚土著语迪尔巴尔语的名词范畴化问题时,虽然指出迪尔巴尔语言中名词分类词的范畴化过程具有神话因素的参与,也运用了迪尔巴尔语中关于太阳[1]和月亮的神话来解释名词分类词的成员确定问题,但他并未对神话和范畴化之间的关系作全面调查。

最后,经典概念隐喻理论主要试图通过语言研究确定两个理论假设:一是,人类的概念系统根植于人类身体与其所处环境之间的互动体验;二是,概念系统和思维本质上是隐喻性的。在提出及验证这两个理论假设的研究过程中,认知语言学者没能深入探讨社会—文化互动维度对概念隐喻构建的影响,也未关注其交际功能。正是基于概念隐喻理论对话语互动和交际因素的忽视,Steen(2011)提出隐喻研究的"三维模式"。该模式从三种学科(符号学、心理学和社会学)视角出发,研究隐喻在语言、思维和交际三个层面上的互动。Cameron et al.(2009)也提出隐喻话语动态研究法,旨在通过隐喻使用的话语动态分析以及从话语活动的视角对隐喻使用进行阐释,以使我们能更好地理解社会文化话语环境中复杂意义的生发和意义网络的创设。

1998 年,Luchjenbroers 编辑出版了《认知语言学跨语言、跨领域和跨哲学界限研究》一书,试图突破认知语言学的视角局限而从更为广泛的跨学科视角来拓展认知语言学的研究范围。

2.4 认知图式对语法解释的局限性

Palmer(2006)通过两个案例研究,探讨了两种文化图式——场景(scenarios)和多中心范畴——对语法的管约,以此说明纯认知图式对语法解释的局限性。Palmer 指出,场景是图式化的行动文化模式,是对行

---

[1] 在迪尔巴尔语神话中,太阳是个女人。

动和行动顺次的模式化。而多中心范畴是对 Langacker（1987）的复杂范畴[1]概念和 Lakoff（1987）的辐射范畴[2]（radial category）概念的融合：它不像辐射范畴一样只有一个单一的中心原型次范畴，而是有多个依靠概念借代相互联系的中心次范畴。

Palmer（2006）发现，在属南岛语系（Austronesian）的他加禄语（Tagalog）中，情感表达式中所使用的语法语气表达了基本的受控和非受控场景。在属于班图语系的马绍那语（Shona）中，名词分类词受到与具有凸显性的本地场景和仪式场景有关的多中心范畴（polycentric category）的管约：名词分类词不仅仅是一个以原型成员或者单一经验域为中心的辐射范畴，它更像是一个基于宇宙中各个领域（包括物理经验、本地场景、礼仪场景、世界观）相互交叉之上的辐射范畴网络。在多中心范畴中，范畴链和复杂范畴从多个中心场景和原型发散出去。中心范畴比辐射范畴更为复杂，但是它对自然口语的语义系统而言，也没有显现出不自然或者过度的复杂性。Palmer（2006）不但认为多中心范畴是对 Langacker（1987）的复杂范畴和 Lakoff（1987）的辐射范畴的完善，且他认为文化语言学方法和多中心范畴理论在很多方面完善了前人对分类词（classifier）系统的研究。

3 认知语言学方法论的局限性

3.1 研究路径的"循环论证"嫌疑

认知语言学的研究路径是双矢量的：既由外向内（从语言证据推断概念结构），也由内向外（用概念结构来印证语言结构的象似性），两个方向互为交织。这种双矢量路径所面临的挑战之一是"循环论证"嫌

---

[1] Langacker（1987）把复杂范畴看作是原型（prototype）向变体（variant）的延展。原型和变体之间的共性被抽象为图式。图式的基本结构和元素由原型和变体提供。

[2] Lakoff（1987）认为，辐射范畴由一个中心次范畴（subcategory）和多个非中心延展（extension）或者变体构成。在研究迪尔巴尔语中名词范畴的结构时，Lakoff（1987：95）指出："复杂范畴具有链式结构，中心成员和其他成员链接，其他成员又和其他成员链接等等"。链接机制是概念借代、相似或者原型—变体关系。

疑。Kertész & Rákosi（2009：703）指出："对一个科学理论的批判，自从亚里士多德以来，除了指控其缺乏体系性（inconsistency）之外，循环论证（circularity）是最为致命的批评。"诸多学者（如 Gibbs，2006b；Glucksberg，2001；2003；Murphy，1996；Haser，2005；McGlone，2001）质疑认知语言学研究路径存在循环论证嫌疑。Gibbs（2000：351）认为，认知语言学试图从体系性的语言证据推知概念结构组织原则的研究路径存在问题："不同学科的学者很经常地犯这样的错误，他们试图通过考察语言产品来推断有关语言过程的一些事情……通过考察意义产品以得到关于意义构建的推论不一定能够达到对语言理解的精确心理刻画。"

要深刻理解认知语言学研究路径所面临的挑战，我们有必要先厘清语言产品、语言理解和意义构建三个概念之间的关系。"语言理解"是"一个沿着多种时间维度进行的实时过程。最初从毫秒层面上的无意识处理开始，延伸到一种长期的、反思性分析"（Gibbs，2000：351）；意义构建是语言被理解之后的概念化过程；而语言产品是意义的载体。三者之间的关系是：语言理解是意义构建的前提，而语言产品既是语言理解的前提，又是意义构建的结果。由此，三者构成一个完整的循环圈：

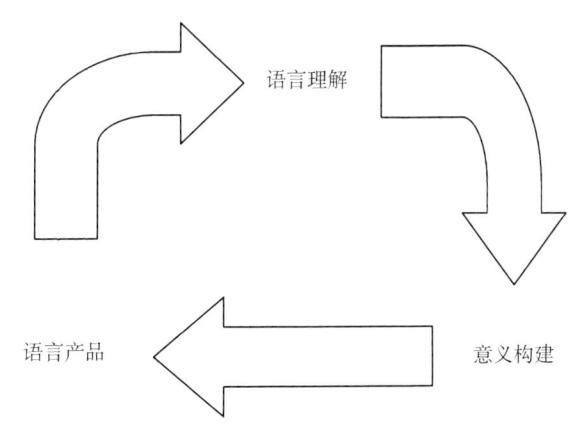

图1　语言产品、语言理解和意义构建之间的循环圈关系

认知语言学试图通过揭示语言产品的理解过程来阐释意义构建的认知机制。

由于语言产品、语言理解和意义构建之间构成标准的循环圈关系，因此，任何试图通过确立三者之间的逻辑推论关系来达到理论阐释目的的理论，在本质上都难逃"循环论证"的嫌疑。

Haser（2005）和 Gibbs（2006b）特别指出，认知语言学家所主张的语言的"认知"解释是这样的：分析者首先考察大量的语言表达式，从中找出某种系统性的语言结构模式。然后，基于"语言结构和概念结构象似性"原则，把抽象概括出来的语言结构模式看成是概念结构的完全象似。同时诉诸可能存在的概念结构组织原则或者认知原则来印证这些语言表达式的模式化概念组织特征。最后，再返回跨语言当中验证这种象似性的合理性。由于验证概念组织原则或者认知原则之有效性的唯一证据就是语言的体系性结构，因此，认知语言学所遵循的从"语言—概念结构—语言"的基本研究方法，恰好构成一个完整的循环论证圈。

由于语言并非思维的全部功能，人类思维除了司掌语言功能之外，还司掌其他诸多非语言功能，如运动—感知和视觉功能等等。因此，Murphy（1996）认为认知语言学这种把语言作为概念结构唯一证据的研究法不足以支持其关于概念结构的推论。我们认为，认知语言学要真正有效地揭示思维的本质，它必须进一步拓展研究思路，更多地关注并寻求一些独立的非语言证据（如感知—运动、视觉、听觉、音乐和艺术等证据）来支持和完善其理论推论和研究。

3.2　意义心理过程论所面临的挑战

认知语言学把意义看作一种动态的心理过程。虽然 Langacker（2000：20）强调："把意义看作一种心理现象不会使它神秘化，也不会使它超出科学研究的范畴。"实质上，认知语言学所面临的挑战之一就是研究方法不够科学，其"概念论"和"主观论"充满主观随意性色彩："从这种研究路线出发的语义描写主观任意性大、有时难免想当然。"（袁毓林，1994：186）此外，由于用以谈论心理过程的一些核心概念如"概念化"要"尽可能从最为广泛的意义上来理解"（Langacker，2000：20）；且心理过程无所不包，它可以是"任何一种影响语言、意义、感知、概念系统和理智的心理操作和结构"（Lakoff & Johnson，1999：12）。因此，从理论上来说，认知语言学的理论抱负极其宏大：一方面，它可以结合任何一种研究视角来对语言现象进行跨学科研究；另一方面，它可以把所有和认知相关的领域纳入其研究领域。

以功能语言学研究为例，因语言功能从本质上来讲实质是一种心理操作，故认知语言学可以堂而皇之地把功能语言学划进它的研究疆域（见 Lakoff & Johonson，1999）而形成认知功能的联合研究视角。认知功能法是把认知解释和功能解释结合起来的一种尝试。Tomasello（1998）专门探讨了从认知功能法视角来研究语言结构的重要性和有效性。但是，认知功能法也面临一些问题："这种把认知原则和功能原则结合起来的解释，比较灵活也比较周全。不过，其中难免也掩盖了一些问题。"（袁毓林，1994：190）认知功能法所面临的最大问题主要有二：

一是，难以做到解释的一致性："认知解释和功能解释不容易整合进同一个语法理论中去，因为认知解释和功能解释之间原本是相互抵牾的，但是，这种认知解释和功能解释的不一致性不但没有破坏基于认知的功能语法的解释力量，反而增强了它对各种语法现象的解释力量：碰到不符合研究者设定的自然语序，不便进行认知解释的语言现象，就通通推给功能解释。这样，功能解释成了认知解释的庇护所，使得这种语法在解释的完全性方面很见成效。但在解释的一致性方面显得不足。"（ibid.）

二是，解释力过强。"把认知解释和功能解释结合起来，可以增强语法理论的解释力量，更好地说明语法结构跟人的经验结构和交际功能之间的自然联系"（ibid.）。但是，把带有研究者主观性的认知解释和解释比较模糊的功能法整合在一起，使得认知功能法对各种语法现象的解释力过强，具有解释"完全性"的嫌疑。从类型学的角度而言，"不论是用形式的或功能的普遍原则，抑或是用抽象的归纳等，语言中不是所有的一切都可以，或者说应该解释的。如果是这样的话，所有的语言将是相似的，所有的语言内部将是不变的，且没有语言是变化的（Croft，2009：7）。"

认知语言学对语义解释的"完全性"可能在某种程度上夸大了"普遍认知因素"对语言的解释力。事实上，从世界语言研究的角度而言，认知语言学对语义解释的"完全性"彰显的是世界语言的"概念共性"（conceptual universals），而无法有效揭示世界语言的语法多样性。从单一语言研究的角度而言，认知语言学对语义解释的"完全性"揭示的是"普遍认知原则"对单一语言结构的认知动因，而无法对单一语言所特有的语言特征多样性作出有效解释。

正是看到了认知语言学对语言多样性解释的无能为力，激进构式语法（Radical Construction Grammar）力图通过"语义地图模式"（semantic map model）把"特定语言的语法知识表征置于变异的普遍模式语境之下"。从而试图既对单一特定语言的特征多样性，也对世界语言的特征多样性作出解释。

认知语言学甚至可以把心理学、神经生理学和神经生物学的某些研究领域划进它的疆域。目前，基于诸多通俗心理学、认知心理学和神经科学的研究成果，认知语言学试图解释和揭示语言理解背后的认知心理学、神经生理学和神经生物学机制。虽然 Lakoff & Johnson（1999）致力于寻找神经证据以支持认知语言学的基本假设，但是认知语言学研究整体上缺乏神经认知深度。这一点很容易从认知科学研究对认知语言学研究的忽视当中看出来。Peeters[1] 也认为认知语言学的一个致命伤是其内部缺乏真正的神经认知研究。

3.3　一统性解释所面临的理论挑战

在西方哲学界，哲学家们追求统一的（unified）科学研究方法的传统由来已久。哲学唯理论（rationalism）之父 René Descartes（1596—1650）"对科学理论的主要贡献就在于，他在其著名的《方法论》中提出了统一的科学方法论"（Jäkel，1996：653）。其后，最重要的启蒙主义哲学家 Immanuel Kant 也主张"一个统一的科学体系"（Jäkel，1996：

1　参见 http://www.tulane.edu/~howard/LangIdeo/Peeters/Peeters.html

661）。自现代语言学之父索绪尔开创了语言的科学化研究传统之后，语言解释的原则化模式开始盛行：生成语言学诉诸短语结构规则；功能语言学诉诸功能原则；而认知语言学则依靠认知原则来解释语言现象。认知语言学试图用数量有限的认知原则来一统性地解释语言结构的组织模式。

3.3.1 解释选择性

任何一种理论框架，在其过度追求解释的统一性和简明性的同时，容易陷入解释选择性的理论困境，而解释选择性的后果必将削弱理论框架本身的解释力。认知语言学强调语法结构和概念结构之间的直接和完全临摹或象似，即强调概念结构对语法结构解释的"完全性"。但"语言作为一种一维线性的符号系统，在映现无限多维的概念空间时，失真是必然的，无法做到句法结构完全映现概念结构"（袁毓林，1994：192）。语言对概念空间的临摹失真势必导致认知语言学的解释选择性。姚振武（2007：18）在考察了"容器—内容"这一认知框架对语法上的"转指"解释力有限之后，指出认知语言学"不应该只是有选择地对部分事实负责"。他（2007：19）同时考察了显著度对转指现象的解释力，认为显著度在转指的解释上"陷入了随意性，在事实上也就难免以偏概全。"

袁毓林（1994：192）在考察认知功能语法的局限性时也指出，象似（iconicity）原则在解释汉语语序时"不乏哲理上的精辟见解，但一落实到具体的语言材料上有时就捉襟见肘，许多例述经不起推敲……因此，这种原则也就难以充分体现它的概括性和普遍性"。言下之意是，象似原则的解释可能是选择性的。该论断也得到了其他研究的支持。

Croft & Cruse（2004：175）通过考察几个常用形容词（诸如 long［长的］，deep［深的］，high［高的］，thick［厚的］）及其相应的抽象名词（length［长度］，depth［深度］，height［高度］，thickness［厚度］）后观察到了"奇怪的象似性悖论"（a curious iconicity paradox）现象。他们注意到，上述几个形容词从定义上来说应当包括其相应的抽象名词所表示的意义（长度、深度、高度和厚度），即 long 表示 noteworthy in terms of length（从长度上而言是值得注意的）之义。也就是说，上述几个形容词的认知复杂度要大于其相应的名词。根据"词形复杂性反映认知复杂性"这一认知原则,这几个形容词的词形当比其相应的名词词形更为复杂。

但事实上却正相反,虽然上述几个抽象名词在概念上比其形容词要简单,但其词形在各种语言中却更为复杂。"这似乎和词形复杂性反映认知复杂性的原则相悖"(ibid.)。对于这一悖论,Croft & Cruse(2004)所提出的可能的解决方案是:在应用象似性原则的时候,要区分结构复杂性和处理复杂性。但 Haspelmath(2008:11)则明确指出"对这一悖论根本不需要解决方案,因为这是个假悖论:'词形复杂性反映认知复杂性原则'不存在。"他认为"词形复杂性反映罕用"(ibid.)。换句话说,他认为象似性原则并非词形的真正动因,词频(frequency)才是。

3.3.2 解释笼统性

过度追求解释统一性还可能导致解释的笼统性。Haspelmath(2008:63)认为,语言结构千差万别,几条一统性的认知原则难以解释语言结构的全部细节:"没有人会怀疑语言结构受制于多种因素的影响,因此我们应该把我们的精力用于辨明这些因素所起的准确作用,以此加强我们的预测,而不是把所有的东西简化为几条大的原则,且把细节扫到地毯下面。"有鉴于此,他(2008:3)认为认知语言学研究"有必要尽量把相关的因素精确地指认出来,以便作出可被证实的推论。"

Haspelmath(2008)批评 Croft(2003)试图用临接(contiguity)和距离象似原则一统性地解释三类不同的语言现象。Haspelmath(2008)对三种不同的现象提出了三种不同的解释:用邻接象似解释构成成分(constituency),用频率所导致的预测性解释编码的不平衡(指语言编码形式的长短不均),用频率所导致的记忆力(memorizability)解释异干互补(suppletion)。他(2008)还批评 Givón(1985;1995)对语言中任意和非任意关系的论述过于笼统。

此外,基于"普遍认知原则"的语言解释也有笼统性嫌疑。袁毓林(1994)、蒋绍愚(1999)和姚振武(2007)在搜集到大量反例的基础上对戴浩一(1985)的汉语认知功能语法观点之———除非有相反的证据，PTS（Principle of Temporal Sequence，时间顺序原则）必须看作汉语语法中最普遍的语序原则——提出质疑。认为"时间顺序原则对两个分句之间的语序有较大的解释力，但对短语之间的语序的解释力就大为降低了"（袁毓林，1994：191），且时间顺序原则不适用于先秦汉语中的处所表达（蒋绍愚，1999）。姚振武（2007）通过一些汉语语法的具体实例进一步对戴浩一所提出的与时间原则相关的两个问题——PTS 与状语的位置和时间范围原则——提出了质疑，他同时也对"整体—部分原则"对汉语语法的解释力提出了质疑。因此，笼统地说，汉语的语序可以说是遵循时间顺序原则。但若详加考查，这个结论恐怕就站不住脚。由此，基于"认知原则"基础上的语言解释之笼统性可见一斑。

  认知原则理论内涵的泛化倾向直接导致了认知语言学解释的笼统性。以象似性原则为例，认知语言学者素来认为"象似性"是一种语法结构的促发机制或因素。Haspelmath（2008：3）则对"象似性"作为语法结构的促发因素（motivating factor）表示质疑："我正在否认的是象似性能起到促发作用，且它应该被用于解释为什么[语法]结构之所以成其然。"（Haspelmath，2008：3）他（2008：1）质疑"象似性"促发作用的原因在于，基于"象似性"原则的解释过于宽泛而因此丧失了其解释力："置于象似性这一宽广概念下的三个被广为接受的促发因素，即量象似性（iconicity of quantity）、复杂象似性（iconicity of complexity）和衔接象似性（iconicity of cohesion）对解释语法不对称毫不起作用，故应该被摒弃……使用频率（frequency of use）能解释所有所宣称的象似性效果。"他（2008：5）进一步指出："如果人们正视频率的解释作用，那么象似性作为一个解释概念就显得不那么重要。"

  在 Haspelmath（2008：60）看来，使用频率是一种关乎说话者产出性（productivity）的心理机制："语言处理中的频率效果是通过说话者的产出性来影响语言结构并最终导致语言变化。"Haspelmath（2008）认为，很多 Haiman（1985b）用图表（diagrammatic）象似性来解释的语言现象，事实上完全可以用使用频率来解释，而无需认知解释。Haspelmath

(2008)认为频率会对语言的编码形式起作用：一个语词的使用频率越高，其预测性（predictability）越强；预测性越强，则导致其编码形式越短。

象似性原则的解释笼统性可能导致其在解释过程中作出很多错误的推论，从而导致其解释力过强。如"量象似性作出了很多错误的推论……复杂象似性作出了一些错误的推论"（Haspelmath，2008：5）。"象似性错误地推论说，高度抽象或意义简单的词汇项目常比更为具体或意义更为复杂的词汇项目［在词形上］更短。比如，它推论说 entity（实体）应该较 thing（事情）和 action（行动）更短；animal（动物）应该较 cat（猫）更短；perceive（觉察）应该较 see（看见）更短等等（Haspelmath，2008：10）"。

3.4 对内省法的质疑

"认知语言学的许多语义描述和原型范畴基本上是建立在描写者的直觉基础上"（袁毓林，1994：186），而直觉主要来源于内省。内省法是认知语言学家最为惯用的研究方法："我的方法永远是内省，靠内省你事实上在观察语言如何在你自身当中表现。"（Talmy，2010：185）Gibbs（2006b：135）对内省法表示怀疑：

> 认知语言学家通常都是这样做研究的：他们依靠自己的直觉来了解语言的体系性结构以及这些结构可能对人类思维结构产生的暗示性作用。但是，语言学家的内省是可靠的证据源吗？当代认知科学的很多工作显示，人们关于其信仰、感觉及其行动理由的种种内省是很不精确的。就算是受过专门训练的专家通常都难以了解他们之所以信仰及行动的真实原因。这个简单的事实是，我们对许多认知过程的内省能力是极其有限的（Gibbs，2006b：135）。

由此，他探讨了认知语言学家的内省证据可能对认知语言学研究和理论产生哪些负面影响。

Croft（1998）也特别指出光靠语言学家的直觉不能实证性地区分各

种多义词理论,因此,他声称我们需要借助心理语言学证据方能对多义词意义的心理表征作出论断。认知科学的新发现之一"思维大都是无意识的"(Lakoff & Johnson,1999:1)也进一步佐证了Gibbs(2006b)的"内省是很不精确的"的观点。内省主要是一种基于直觉的大脑思维,因思维大都是无意识的,因此,内省的结果势必在很大程度上是有局限性的。

鉴于学界对内省法的争议性,Croft(1998)建议对内省法持谨慎态度,不要高估单纯的直觉证据在揭示心理表征结构方面所起的作用。他认为在很多,甚至是大部分场合,光凭内省资料毫无疑问不能保证分析者能对特定资料进行绝对"正确"的分析。内省只能把可能的分析范围限制在几个可能的选项之中。因此,他建议在直觉之外,还应依靠多种非直觉证据的支持:心理语言学实验、认知心理学实验、语言规约性研究、跨语言研究如跨言语社区的言语模式研究和语料库研究等。Tuggy(1999)也强调直觉证据要和其他证据并用:当"在主体间性上合法的直觉"和其他种类的证据(它们中的不少在某种程度上取决于直觉)汇集在一起时,一定能取得某种确定性。

事实上,内省作为一种科学研究方法,早在100多年前就因其非经验根源(non-empirical root)而在科学界失宠。认知科学兴起之后,它因成为该学科的主要方法而重新得宠。但是,"内省"的非经验根源注定将使得认知科学的方法论遭遇尴尬的理论悖论:一门建立在经验基础之上的科学学科,其方法论却是非经验根源的。内省的非经验根源在于:这一理论方法的实质是通过推理来获取最佳的解释。在认知语言学中,"内省"是通过假定的、观察不到的心理机制来解释所观察到的语言现象。

如上所述,内省的研究方法由来已久,而且也非认知语言学独用,它是心理学常用的一种研究方法。在语言学领域,生成语言学也在很大程度上依靠内省来判断语法的合法性。但是,任何一门使用内省研究方法的学科都不可避免地会承袭内省法本身所带来的理论问题。

3.5 "认知第一性、语言第二性"所面临的挑战

3.5.1 基本立场：认知第一性、语言第二性

虽然认知语言学声称它是以语言使用为基础的（usage-based）语言研究模式，但它本质上却不是一个以语言使用为研究目的的理论范式。事实上，它的理论主旨并非是把语言使用研究放在第一位。本质上，它把思维看成是第一性的，而语言则被降格为第二性，即语言被视为思维或者概念系统的派生产品。Steen（2011：29）指出，认知语言学的代表性框架概念隐喻理论所"关注的是思维而不是语言"。换句话说，它所关注的是"间接的概念隐喻"，而不是语言使用中的语言隐喻。

认知语法本质上也是把语言置于第二性。Langacker（2009）声称：认知语法的"内容要求"（content requirements）使得其成为一个在语言描述方面高度受限的研究框架。他进一步指出："内容要求"把诸如核查器（filter）、纯粹的句法原基（syntactic primitive）和源自底层结构的派生物排除在认知语法的研究范畴之外，而把语言描述限制在以下三个方面的内容：1）作为真实发生的表达式或者其一部分的语义、音系和体验（embodied）结构；2）允准结构的图式化；3）允准结构之间的范畴化关系。"（Langacker，2009：3）在 Langacker（2009：3）看来，语法就是由这三方面内容所构成的连续统，即语法是由"使用中的语言或者其一部分的语义、音系和体验结构、允准结构的图式化以及允准结构之间的范畴化"构成的一个从具体到抽象的连续统。三者之间构成推论性的逻辑关系：基于对使用中的语言的研究（即使用中的语言是研究的基础和推论的依据），得到允准结构的图式化知识；再基于允准结构的图式化知识，明晰允准结构之间的范畴化关系，最终发现并构拟出允准结构之间的范畴化组织原则。

基于 Langacker（2009）所提出的这一语法连续统，我们可以清晰地看到：使用中的语言之于认知语言学者只是一种语言证据和理论推论依据。认知语言学的主要理论目标并非在于研究使用中的语言本身，而是试图通过研究使用中的语言揭示语言使用背后的认知机制。换句话说，

认知语言学所关注的是语言的认知抽象共性,它对语言本身的语言行为规律并不感兴趣。由此,认知语言学的"认知第一性、语言第二性"立场显而易见。

3.5.2 "认知第一性、语言第二性"所面临的挑战

遵循"认知第一性、语言第二性"的基本立场,认知语言学家发现自己不自觉地滑入了一种颇为尴尬的科学研究境地:"语言学家只能决定至关抽象的心理表征。这当然不够……语言学家发现他们处于一种在科学上并不重要的位置。"(Sandra,1998:367)事实上,认知语言学家对抽象心理表征的关注远胜于对语言物理表征(指语言的声音和符号表征)的关注。对抽象心理表征的过度关注可能导致的后果有三:

1)从方法论角度来看,对抽象心理表征的过度关注意味着过度关注结构语言现象的宏观心理操作原则,而忽视对语言系统自身内在规律性的考察和关注。

2)从研究取向来看,由于关注心理表征意味着关注概念凸显现象,因此,对抽象心理表征的过度关注可能导致对具有概念凸显性的体系性语言现象的过度关注,而忽视对非体系性的边缘语法现象的解释。另外,对抽象心理表征的过度关注还意味着过度关注语言特征的共性抽象,而忽视对语言特性的细致描写。此外,对抽象心理表征的过度关注意味着过度关注概念系统对语言结构和组织的"立法性"和管约性,而忽视现实世界中语言使用的即发性、语境性和创新性,尤其忽视语言使用的"乖戾性",即说话者出于各种目的,有意或者无意地背离、甚至打破语言的规约用法。

3)从解释力来看,相关研究成果对语言解释具有局限性。以经典的概念隐喻理论为例,由于其强调的是"概念映射"第一性,"语言映射"第二性,故其所关注的是人类长期的隐喻能力,而忽视对短期隐喻能力的研究。另外,Steen(2011)认为概念映射"第一性"的方法论不能解释"故意隐喻"和"非故意隐喻"在语言形式、概念结构、交际结构和功能之间的差异。此外,Cameron et al.(2009:63)认为概念隐喻理论对理解社会事物的帮助有限:它"严重低估了语言对隐喻的影响,也

低估了隐喻发生时语言使用场景之特性的重要性。它更多的是关注整个言语社区在概念层面的隐喻，而不关注发生在社会场景和现实世界中的语言使用的复杂动态性，因此它对理解社会事物的帮助有限"。Musolff（2006）的研究显示，隐喻场景（metaphor scenarios）确实对源域的话语表征具有操纵作用，因此，他（2006：23）强调隐喻场景分析对概念隐喻研究的补充作用："（隐喻）场景的分析对隐喻性语言使用中的源域和跨域映射研究是一个必要的补充。"有鉴于话语事件中的隐喻使用资料对长期隐喻能力的研究至关重要，近年来学界对概念隐喻的研究正在经历一个新的转向：从单纯研究思维中的隐喻转向研究隐喻在语言、思维和交际中的互动（Steen，2011）。

Haser（2005）强调，只有加强语言系统本身的研究，并充分考虑语言表达式的特殊贡献，认知语言学的研究立场才能结出最好的硕果。

4 西方强势语言概念系统对弱势语言概念系统的"强势改写"

西方国家因政治、经济和文化力量强大而使其语言成为所谓的强势语言，而另一些国家因综合国力相对较弱而导致他们的语言沦为弱势语言。认知语言学主要诉诸人类的概念系统（其构建主要是基于对印欧语系的研究）来阐释语言的组织结构和意义构建机制问题，较少关注人种学因素给语言结构所施加的压力。从语言变化的外部因素角度而言，由于人种学因素对语言结构的压力确实存在，因此，在运用认知语言学方法对弱势语言系统进行研究时，很可能产生把西方语言强势的概念系统强加给弱势语言系统，从而导致其"强势改写"弱势语言概念系统的风险。

德国存在主义哲学家海德格尔（孙周兴译，1999：86）在和日本东京帝国大学手冢富雄教授的一次对话中就担忧欧洲的概念系统对东亚语言的强制性"改写"问题。海氏担忧欧洲的概念系统把"东亚艺术的真正本质掩盖起来了，而且被贩卖到一个与它格格不入的领域中去了"。手冢富雄则对欧洲概念系统可能把东亚语言系统引入歧路的问题表示担忧："我们受到欧洲语言精神所具有的丰富概念的诱惑而走岔了路，把我们的此在[1]所要求的东西贬低为某种不确定的和乱七八糟的东西了。"（海德格尔，孙周兴译，1999：75）不但如此，而且欧洲语言"把所谈的一切都欧洲化了"（海德格尔，孙周兴译，1999：76）。这种"把一切欧化"的问题不断摧毁着手冢富雄试图用欧洲语言去"道说东亚艺术和诗歌的本质"（ibid.）的可能性。

由于认知语言学是在主体性（subjectivity）和主体间性（intersubjectivity）框架内来探讨人类的概念化本质问题，加之认知语言学的语言证据主要来源于欧洲语言，因此，认知语言学所诉诸的人类基本认知过程和认知原则难免被深深地打上欧洲观念系统的烙印。这是因为人类的概念化过程具有语言局限性特征："哪怕是最基本的隐喻映射都可能具有语言局限特征。因此，在一种语言当中是字面的东西，到了另一种语言当中可能就变成了隐喻的东西。"（Goddard，2006：200）有鉴于此，当我们把认知语言学研究成果运用于非欧洲语言的研究时，存在强行把非欧洲语言系统纳入到欧洲语言概念系统领域内的风险："用英语局限性术语来表征各种差异巨大的语言和文化中的概念，肯定会扭曲内在于那些语言中的语言概念化。这一点看起来是显而易见的（Goddard，2006：210）。"

Wierzbicka（1988）也注意到了术语人类中心主义（terminological ethnocentrism）——采取一种与某种特定语言（如英语）密切相关的语言表征系统来表征语义——可能给非欧洲语言的语词定义造成危险，即以欧洲语言为基础的表征系统很可能把其所携带的有关欧洲的概念包袱（conceptual baggage）强加到目的语的释义当中。为了避免这种危险，Wierzbicka（1988）提出了自然语义元语言（natural semantic metalanguage，简称 NSM）理论，力图通过确定普遍的"语义核"（semantic core）这一"迷你—语言"（mini-language）的方式来避免强势语言对弱势语言的语义强加。"语义核"的结构和语法类似自然语言，其词库由一些不可定义的语义原基（semantic prime）组成，还包

---

[1] 英文为 being，有的学者译为"存在"。

括一些管约词汇元素如何组合的原则。在 NSM 理论中，我们可以以自然语义元语言中所包含的大约 65 个左右的语义原基为基础，采取一种拓展性的"以词释词"方法来定义语词词义。虽然 Geeraerts（1999）把 NSM 理论看成是语言研究中一种极端的"理想化"倾向，但我们认为 Wierzbicka（1988）对强势语言可能给弱势语言所造成的概念强加问题之担忧不无道理。

Mylne（1995）批评 Lakoff（1987）在对迪尔巴尔语（Dyirbal）[1]中的四个名词分类词（noun classifier）——*bayi*，*balan*，*balam* 和 *bala*——进行范畴化分析时，把西方的世界观强加给迪尔巴尔人的语言系统。理由是 Lakoff 在作名词范畴化分析时，仅仅依靠他自身的直觉而分别把男人和女人看成是两个名词分类词——*bayi* 和 *balan*——的原型（即中心成员）。且 Lakoff 在定义四个名词范畴时，没有综合考虑它们在权力（potency）与和谐（harmony）这两个维度之上所体现出来的价值观念，而这两个维度恰恰在迪尔巴尔文化和社会中具有极为重要的作用。Mylne（1995）建议语言学家找出与迪尔巴尔人真正特别相关的概念，然后再以此作为词类范畴化分析的基础。Palmer（2006）认为，文化语言学方法和多中心范畴理论在很多方面完善了前人对分类词（classifier）系统的研究。Palmer（2006：39）特别强调人种学研究方法的作用："文化语言学广泛使用的人种学研究方法使得范畴的内容和许多凸显性的本国场景和仪式生活有关。对人种学的关注降低了把本族术语强塞进非本族范畴的风险。"（Palmer，2006：39）

5 讨论：认知语言学者该如何对待理论批评？

在语言研究中，统一的方法论和"非统一"的语言事实是一对天然对立的、无法调和的矛盾。这对矛盾的存在使得语言研究理论势必面临各种挑战，从而招致各种理论批评。在本章中，我们主要从内部批评视角探讨了认知语言学的三个理论局限性：认知视角、方法论和研究成果

---

1 使用于澳大利亚东北部的一种土著语。

运用的局限性。从理论本质上而言，研究视角和方法论的局限性是所有科学理论或模式所不可避免的理论问题。而在当今西方文化占绝对优势的国际背景下，西方强势概念系统对弱势语言系统的"强势改写"问题也是不可避免的。认知语言学内在的局限性势必招致学界的理论批评。我们试图通过本章的探讨提出这样一个问题：认知语言学者该如何对待理论批评？

有的学者在认识到理论批评的价值之后，试图通过另辟蹊径的方法避开理论批评所指出的问题而寻求一种更为周全的研究方法。比如，在认识到认知视角的局限性之后，Palmer（2006）更多地从文化语言学的视角，特别是基于文化模式来重新考察语法和重新审视名词的范畴化问题。Haspelmath（2008）在观察到"象似性"原则对语言现象的解释有笼统性和解释力过强的嫌疑之后，转而诉诸频率动因的解释作用。Steen（2011）在观察到经典概念隐喻理论所秉持的"概念映射第一性、语言隐喻第二性"立场对诸多语言隐喻问题缺乏解释力之后，开始从话语分析的角度来探讨隐喻使用的多维互动。

此外，在观察到西方强势概念系统可能对弱势语言系统进行"强势改写"之后，Wierzbicka（1988）提出语义描述的自然语义元语言（natural semantic metalanguage，简称 NSM）理论，以此避免强势概念系统对弱势语言系统的语义强加；Goddard（2006）强调要更为关注跨语言研究；Palmer（2006）则试图通过对人种学的关注来降低把本族术语强塞进非本族范畴的风险。

另一些学者则对某些批评持保留或者有所保留态度。如学界虽有不少学者质疑内省法的有效性，但 Tuggy（1999）强调直觉证据之于意义研究的重要性。Talmy（2010：185）也坚信内省法合理合法："很多人质疑用内省法获取关于语言本质信息的做法是否合法。相反，我们一般倾向于用所谓更'客观'的方法。但是，我们的研究证明了内省使用的合理性。事实上我们说没有内省语言不可能存在。"2010 年，Talmy 应邀为"第四届中国认知语言学国际论坛"作讲座时，专门用了一讲探讨"语言学研究中的内省法"这个问题，坚称内省法的有效性。

Gibbs & Matlock（1999：263）特别提醒学界不要过于相信心理学或者心理语言学证据之于心理表征理论的验证作用："心理语言学证据不一定能给人们通常如何表征语言结构和意义提供直接的见解。认知心理学家和语言学家都经常错误地以为来自心理学实验的实证证据能够透明地反映出语言和概念表征的本质。我们在这儿的目的是要认知语言学家警惕这样一个事实：实验资料，就像语言学家的直觉，通常很不足以证明心理表征理论的合法性。"虽然他们承认直觉不足以证明心理表征理论的合法性，但是，他们认为"语言学家的直觉对有关语言结构和行为的可证实性假说的形成起着重要作用"（ibid.）。

针对学界对认知语言学方法论存在循环论证嫌疑的指控，Kertész & Rákosi（2009）指出：学者们的循环论证指控说服力不足，因为它们所依据的"循环"（circularity）概念存在缺陷。有鉴于此，他们对"循环"概念下了更为充分而完备的定义，并据此提出了一种更有说服力的论证方法。基于此论证方法，他们指出 Lakoff & Johnson（1980b）的概念隐喻理论尽管在对待资料的方式上有循环论证嫌疑，但实质上，他们的论证方式是圆圈性（cyclic）的，而不是"循环论证"（circular）。

对多数认知语言学家而言，退一步说，就算承认认知语言学的循环论证实质，也并不意味着认知语言学的方法论是无效的。循环论证从本质上来说是一种相互论证的逻辑论证矛盾。对这种逻辑矛盾的危害性，学界素有争论。存在主义哲学的创始人海德格尔（见孙周兴译，2009：122）不但认为循环论证是不可避免的，而且把它看作是哲学研究的一条合理探索路径："这种循环（注：指循环论证）是不可避免的；我们必须进入这种循环，而不是把它当作一种所谓的逻辑矛盾来努力加以避免。"他（见孙周兴译，2009：10）更在探讨哲学的本源问题——存在问题——的形式结构时，大胆地提出解决"存在问题"的路径是从"存在—存在"："必须先就存在者的存在来规定存在者，然后又要根据此在[1]这种存在者才肯提出存在问题。"他自己认为这种研究方法有循环论证

---

1 海氏用"此在"来称呼这种存在者。

嫌疑："这样一种大胆的行为不是显然陷入了一种循环论证吗？"（ibid.）但他旋即就为循环论证辩护："在原理研究的领域中，人们随时都能轻易地引出论据来指责研究工作陷入了循环论证，但在权衡具体的探索途径时，这种形式上的指责总是徒劳无益的。它丝毫无助于事情的领悟，反而妨碍我们突入探索的园地。"（ibid.）

无论认知语言学者如何对待理论批评问题，认知语言学面临问题和挑战是不可否认的事实。但基于认知语言学业已取得的丰硕成果，它仍然不失为一种科学有效的认知和语言研究方法。

第七章　认知语言学哲学基础反思性批评

1　引言

　　第五、第六章主要在区分外部、内部批评法的基础上，分别探讨学界对认知语言学所作的外部和内部批评、认知学者所作出的相关理论回应以及我们的理论反思和再反思。本章主要对认知语言学的哲学基础进行反思性建构批评。认知语言学的哲学基础是体验现实主义，其心理学基础是基于身体体验性的心智主义和建构论，神经学基础是连通论。

　　首先，我们揭示了认知语言学产生的哲学动因，所探讨的问题包括：理性主义和经验主义的对立、经验主义面临的经验界限问题、抽象形而上学和具体形而上学的理论区别、"体验革命"的兴起以及"体验革命"的核心思想及其发展。其次，我们探讨了体验现实主义的创新本质、核心思想、理论精髓和哲学本质。再次，我们考察了学界对体验现实主义的外部批评以及 Johnson & Lakoff（2002）及其他认知学者所作出的相关理论回应。紧接着，我们探讨了对体验现实主义的有关争议。接下来，我们探讨了体验现实主义所面临的诸多理论挑战："经验"和"意义"之间的界限并非泾渭分明；基本方法论存在主观主义、物理主义、世俗性以及"人本中心主义"倾向。最后，我们对体验现实主义进行了反思性建构批评，并对体验现实主义的哲学思想继承问题以及其对哲学的贡献问题进行了理论反思和再反思。在此基础上，我们指出：体验现实主义最终可能朝着"模型依赖现实主义"的方向发展。

2　认知语言学的哲学动因

　　认知语言学的哲学动因主要源于对贯穿于整个西方哲学史的理性主

义和经验主义二分对立传统的失望、不满以及因挑战二分传统而产生的哲学创新动力。

2.1 理性主义和经验主义的对立

"18 世纪末,康德将哲学史概括为理性主义与经验主义的斗争,理性主义追溯到柏拉图和莱布尼茨,经验主义则追溯到亚里士多德和洛克"(哈特费尔德,尚新建译,2007:34)。理性主义和形式主义是一脉相承的,形式主义最早是作为理性主义的研究工具出现的,其主要任务是运用数理和符号这类形式逻辑工具揭示和研究世界结构。理性与经验之间的关系是西方分析哲学一直致力于解决的问题。由于经验伴随人类的生存和繁衍而来,因此,经验本质的哲学判断是所有哲学流派首先必须面对和解决的问题。在对待经验的问题上,哲学家们所致力解决的是理智或者理性如何克服经验的界限问题。

面对理性和经验界限的调和问题,基本的解决方法有二:一是,割裂理性和经验之间的联系,声称理性不受经验的羁绊,从而把理性上升为所谓的"无限理性"或者"纯粹理性",这是理性主义的基本观点;二是,承认经验对理性的"天花板"作用,声称理性始终受到经验的羁绊,从而把理性看成所谓的"有限理性",这是经验主义的基本观点。理性主义认为理性或者理智是超验的,和人类经验无关。而经验主义者则认为,经验是理性的基础,理性和经验密不可分。由此可见,理性主义和经验主义在本质上是对立的。

德国古典唯心主义哲学的创始人康德(见杨祖陶、邓晓芒编译,2008)在其名著《纯粹理性批判》一书的第一版序中谈到了理性主义的反经验主义本质。根据康德的论述,理性主义在本质上是对经验界限或者经验局限性的理性超越。康德指出,理性主义是从那些源于经验,同时通过经验而证明其运用的有效性的基本原理出发的。借助于这些原理,理性主义虽然能步步高升而达到更遥远的条件,但它发现哲学以这种方式工作"必将永远停留在未完成状态,因为这些问题(指理性问题)永远无法解决"(见杨祖陶、邓晓芒编译,2008:38)。理性主义所面临的这种困境的根源在于一系列经验的界限问题[1]。为了克服经验的界限问题，理性主义不得不求助于一些"超越一切可能的经验运用"的基本"超验"原理。

这些基本"超验"原理的运用虽然克服了经验的界限问题，但是也使得理性主义陷入不可验证的理论黑暗和矛盾冲突之中。虽然理性主义所基于的一些"超验"基本原理的正确性不容怀疑，但是，当理性所使用的那些原理"超出了一切经验的界限时，就不再承认什么经验的试金石了"（ibid.），由此一来，"人类理性也就跌入到黑暗和矛盾冲突之中"（ibid.）。

理性主义和经验主义关于理性本质的对立看法使得形而上学成为一个"无休止的战场"（杨祖陶、邓晓芒编译，2008：8）。在康德看来，形而上学这个"无休止的战场"的一切争端，只能通过纯粹理性的批判得到彻底的终结。而经验主义哲学家则认为形而上学的"一切争论似乎应当通过人类知性的某种生理学（Physiologie）来作一个了结"（杨祖陶、邓晓芒编译，2008：39）。

2.2 经验主义面临的经验界限问题

如果说理性主义所面临的最大挑战是它的无可验证性，那么经验主义所面临的最大问题则是经验的界限问题。在康德看来，经验的界限问题源于"我们的感觉系统里缺少有关的感觉，所以灵魂或心灵本身、即精神实体是经验所达不到的"（杨祖陶、邓晓芒编译，2008：9）。因此在康德看来，所谓"经验的界限"问题实质是指经验达乎理性的无能为力。

正是意识到经验的界限问题，休谟和康德从经验主义出发而最终放弃了基于经验主义改造形而上学的思想。休谟试图在因果性问题上彻底贯彻经验主义的形而上学研究路线，但其最终所达到的却是对于经验主义本身的否定。休谟证明因果关系的结构形式并不是知觉给予的，而是我们的联想机制或者习惯的产物，因而它与现实无关。如此，休谟得出

---

[1] 指理性主义中所存在的一些怀疑论因素。

的结论是:"以经验为依据来断定因果联系的客观性,正如以对概念的逻辑分析为依据来做出这样的断定一样,都是一种无根据的、不值一驳的独断或武断。"(ibid.)

前纯粹理性批判时期,德国古典唯心主义哲学的创始人康德(Kant)曾一度主张将经验作为哲学的根本,并寄希望基于经验主义来改造形而上学:"[康德]基于对牛顿经验自然科学的信念,企图沿着经验主义的道路来改善形而上学的基础,但他在这条道路上几乎每前进一步,都要遇到与此相矛盾的因素,即经验的界限问题。"(杨祖陶、邓晓芒编译,2008:8)正是经验的界限问题让康德觉得"经验主义的道路是行不通的"(ibid.),他因此放弃了经验主义而走上了一条和经验主义相背离的"纯粹理性批判"之路:"康德前批判时期的哲学思想经历了从莱布尼茨—沃尔夫派的理性主义的独断论向其对立面经验主义的独断论转化、而又回到包含有某种'批判'思想萌芽因素的理性主义的、但仍然是独断的认识论这样一个否定之否定过程。"(杨祖陶、邓晓芒编译,2008:6)

由此,我们清楚地看到,无论是理性主义,还是经验主义,都面临着哲学困境。理性主义的哲学困境是其"二律背反现象,即理性在有关世界整体的问题上总是提出两个互相冲突而得不到经验证实或证伪的命题"(杨祖陶、邓晓芒编译,2008:9)。而经验主义的哲学困境是,它必然导致"存在的怀疑论因素(表现为一系列经验的界限)"(ibid.)。正是这些怀疑论因素,使得康德觉悟到,沿着经验主义方向改进形而上学的思想这条道路是行不通的。

2.3 抽象形而上学和具体形而上学

理性主义和经验主义两种不同的哲学研究路线导致了两种不同的形而上学——抽象形而上学和具体形而上学——的产生。抽象形而上学的哲学基础是"身—心二元对立",即强调心智对于认知主体的独立性以及超验性;否定理智和意义与经验之间的联系。抽象形而上学的本质是在疏离现实存在的基础上对抽象存在的形而上思辨。法国哲学家笛卡尔（Descartes）以"身—心分离说"（dualism）为核心的哲学思想实质就是属于抽象形而上学范畴。抽象形而上学把心灵看成是一个不同于形体的、且可以脱离形体而存在的"自在"实体："只要我停止思想，尽管我曾想象的其他一切事物都是真的，我也没有理由相信我存在过。因此，我知道我是一个实体，它的全部本质或本性只是思想。它之所以存在，并不需要地点，并不依赖任何物质性的东西。"（笛卡尔，转引自哈特费尔德，尚新建译，2007：256）

随着 20 世纪 70 年代认知科学的兴起，学界开始对抽象形而上学提出挑战。由于"存在"（being）是形而上学的基础，也是哲学领域的一个本源性问题，因此，经典意义上的"存在"概念受到挑战："一方面，存在本身被分解为不同的形态；另一方面，把握存在的视域、方式也呈现出不同的学科边界和哲学分野，从而，存在本身与把握存在的方式都趋向于分化和分离。"（杨国荣，2011：引言）对经典意义上的"存在"概念的挑战导致了具体形而上学的产生。

具体形而上学是针对抽象形而上学[1]而言的。作为抽象形而上学的对立，具体形而上学的哲学基础是"身心一体说"（monism），它强调心智对于认知主体的依附性以及心智的经验性本质；强调理智与经验之间的联系。具体形而上学关注对真实/具体的现实存在之具体性的抽象和整合。两种形而上学对"存在"的本原和形态理解不同、理论面向及理论目标亦各不相同：

1）对存在的本原理解不同。抽象形而上学以先验观念或者基本超验原理为存在的本原，注重对基本超验原理的运用，以便能在步步为营的原理运用中达到更遥远的条件。而具体形而上学以真实为存在的本原，注重存在的具体性和真实性。

2）对存在形态的理解不同。抽象形而上学把存在理解为抽象的存在，即"物自体"[2]或者"存在之物"的"自在"[3]。而具体形而上学把存在

---

[1] 尤指以理性主义为代表的西方分析哲学。
[2] 在《康德三大批判精粹》（杨祖陶、邓晓芒编译，2008）一书中，康德区分了"物自体"与"现象"两个概念。"物自体"等同于杨国荣（2011）所说的"自在之物"。
[3] "自在"主要是指客观主义（objectivism）意义上的"客观存在"。

理解为有机体与其环境之间的互动性物理存在，即基于世界之物理层面之上的、具有物理特性的互动性存在。

3）理论面向不同。抽象形而上学面向形而上的抽象思辨，具体形而上学面向形而上与形而下之间的沟通和互动；抽象形而上学面向存在的"先验性"或者"超验性"，具体形而上学面向存在的物理性、时间性、过程性、互动性和心理性；抽象形而上学面向"物自体"的"自在"，而具体形而上学面向人自身的生理存在过程与世界之物理存在之间的联系和互动；抽象形而上学讲求抽象的同一，而具体形而上学注重对具体性的抽象和整合；抽象形而上学面向超验原理的先天给定，而具体形而上学更多的是指向理智和意义的生物体—环境局限性、现实性和人文性。

4）理论目标不同。抽象形而上学致力于在数理或者逻辑的层面上抽象思辨，而具体形而上学侧重于实证考察理智和意义之生物性和现实性本质，即致力于解开人何以为人或者说人之所以为人的神经和生物学秘密。

2.4 "体验革命"的兴起

从理性的本质界定这个角度来说，抽象形而上学本质上倡导无限理性，而具体形而上学本质上倡导有限理性。基于抽象形而上学，理性被看成是先天的、纯粹的、自在的和无限的；而基于具体形而上学，理性被看成是经验性的、依附性的和有限的。

学界有些学者认为，理性主义和先天论本质上是完全反认知语言学的。原因在于，这些学者把 Lakoff & Johnson（1980b；1999）提出的新经验主义/体验现实主义看成是传统经验主义的复兴，甚至认为它是一种极端的经验主义（Rakova，2002）。我们知道，传统的经验主义和先天论本质上是全然对立的，Rakova（2002：222）指出："经验主义想避免任何种类的先天论"（nativism）。有鉴于此，以 Rakova（2002）为代表的一些学者认为体验现实主义[1]本质上是完全反先天论的。但事实上，

1　Rakova（2002）认为体验现实主义本质上属于传统的经验主义范畴。

Johnson & Lakoff（2002）认为这些学者所持的有关体验现实主义和先天论完全对立的观点是错误的。他们指出，体验现实主义和先天论并不完全对立，两者在理智的先天认知基础上具有相融性[1]。事实上，两者都承认理性或者理智具有先天认知成分。所不同的是：体验现实主义认为理智虽可能具有先天认知成分，但其本质上是体验性的；而先天论则认为理智本质上就是先天的，和经验无关。

在西方漫长的哲学传统中，20世纪的大陆哲学（continental philosophy）因强调经验是理性的基础以及经验和理性不可分而被看成是具体形而上学研究的先驱。Lakoff（2007）特别指出两位大陆哲学家 Merleau-Ponty 和 John Dewey 在具体形而上学研究中的先驱作用："一些哲学家，像 Merleau-Ponty 和 Dewey 已经开始探讨传统心理观[2]。他们声称——和传统观点大不相同——我们的心理绝对和我们身体的一切相关。是我们的大脑演化使得我们的身体能在世界中起作用，也正是我们的身体与那个物质的、社会的和知识的（intellectual）、世界的体验互动，才使得我们的概念和语言有意义。"（Lakoff，2012：15）

Merleau-Ponty 和 Dewey 哲学中的互动体验思想对 Lakoff & Johnson（1980b）产生了重要的影响。他们发现 Merleau-Ponty 和 John Dewey 的哲学思想不但非常契合认知科学的三大新发现：1）心智天生就是基于身体的；2）思维大都是无意识的；3）抽象概念大部分是隐喻性的，而且非常契合认知心理学家对颜色、隐喻、框架语义学和范畴化中的原型性等一些新发现。基于 Merleau-Ponty 和 Dewey 的创见，Lakoff 和 Johnson（1980b；1999）试图从身体和环境的互动体验视角来理解 20 世纪 70 年代认知科学领域的一些新发现。这一看待认知科学新发现的崭新视角所导致的是他们对传统心理观以及理智和意义来源问题的再思考。

从身体和环境的互动体验出发，Lakoff 和 Johnson（1980b；1999）挑战理性主义和经验主义之间的两分对立传统。认为理智和意义的来源

---

1 虽然两者在这一点上具有相融性，但因两者的理论主张、理论面向和理论目标截然不同，因此，我们认为两者本质上在很大程度上是对立的。
2 指基于理性主义的超验心理观。

问题不是先天知识和后天经验这一两分对立模式所能解决的。在他们看来，由于理智和意义具有感知运动基础和互动体验特征，因此，我们有必要基于认知科学和其他相关学科关于理智和意义的实证新发现来重新考察理智和意义的来源问题。从互动体验视角出发，基于上述提到的认知科学的三大新发现，他们在回答"理智到底是天生的还是源于经验的？"这一导致理性主义和经验主义分野的经典论题时，跳出了传统的二元对立窠臼，而给出了第三种答案——理智虽可能具有先天认知成分，但其本质上是体验性的。严格来说，这一回答既不属于理性主义也不属于传统的经验主义范畴。按 Johnson & Lakoff（2002：248）的说法，他们在解决理智和意义的来源问题上所提供的是"第三种解决方案"（third alternative）。该方案为第三种哲学立场——体验现实主义（embodied realism）——的诞生奠定了哲学基础。

体验现实主义的提出掀起了"体验革命"的序幕。体验现实主义本质上是反"非体验现实主义"（disembodied realism）的。后者是基于客观主义基础之上的语言哲学观。它割裂身体和世界之间的联系，割裂理性和经验之间的联系，割裂语言和认知之间的联系。体验现实主义的提出直接促发了"体验革命"（embodiment revolution）的产生（Lakoff，2012：15）。"体验革命"的核心是反对基于西方分析哲学传统之上的"身—心二元对立"心理观；反对西方分析哲学把人性、理性、心理和意义与语言经验割裂开来的客观主义传统："几个世纪以来，我们西方人把我们自己看成是其心理能力超越我们身体本质的理性动物。在这一传统观点看来，我们的心理是抽象的、逻辑的、冷血般理性的（unemotionally rational）和有意识可及的（consciously accessible）[1]。最重要的是，它能够直接契合和表征世界。在这一有关人类本质的观点中，语言有一个特殊的位置——它是内在于我们心理中的一个优势性（privileged）逻辑符号系统，明晰地表达由外部世界自身定义的抽象概念。"（Lakoff，2012：15）

---
1 这里的"意识上可及的"强调的是对心理的有意识的可及性。

2.5 "体验革命"的核心思想及其发展

作为一场影响力日盛的哲学革命运动,"体验革命"倡导以"体验认知"假说代替西方分析哲学[1]。"体验认知"假说本质上是反"客观主义"的。客观主义相信存在着一个"自在"的、不以人的意志为转移的外部世界,而理性是对这个"自在"世界之逻辑结构的纯客观复制。"体验认知"假说不但否认存在这样一个纯粹的"客观"世界,而且否认理性的纯客观性。它认为世界在某种意义上,只能在贝克莱主教(George Berkeley: 1685—1753)所宣称的"感知的意义上存在"[2]。"体验假说"也在很大程度上反对理性主义从给定的先天原理出发来考察理性和理智本质的做法,而倡导从体验性经验出发来揭示理性和理智的习得性认知机制。

"体验认知"假说的核心思想是,人性和理智都是根植于我们的身体和所处环境之间的互动:"我们的基本人性,我们思考和使用语言的能力,整体上都是我们的物质身体和物质大脑的产品。我们心理的工作方式,从我们思维的本质到我们理解语言意义的方式,都内在地与我们的身体相连,与我们在世界中如何感知、感受和行动密切相连。我们不是冷血的思维机器,我们的生理为我们的哲学提供了概念。"(Lakoff, 2012: 18)根据Lakoff(2012)的研究,"体验革命"的基础是实证研究:

> 体验革命最早主要源于一些分析认知语言学家的实证研究,他们发现了诸多管约大宗资料的一般性原则。20世纪80年代开始,一些计算机科学家、实验心理学家和哲学家开始严肃对待心理体验说(the embodiment of mind)。但是到了20世纪90年代中期,计算神经模式学家(modeler),特别是一些杰出的实验心理学家如Ray Gibbs, Larry Barsalou, Rolf Zwaan, Art

---

[1] 虽然体验现实主义和西方分析哲学在理智来源的先天认知机制这一点上具有相融性,但由于两者在理论主张、理论面向和理论目标上截然不同。因此,体验现实主义本质上在很大程度上是反西方分析哲学的。

[2] 贝克莱主教有句名言:"存在就是被感知"。

Glenberg, Stephen Kosslyn, Martha Farah, Lera Boroditsky, Teenie Matlock, Daniel Casasanto, Friedemann Pulvermuller, John Bargh, Norbert Schwarz 和 Benjamin Bergen 等开始从事体验认知研究。他们的实验研究结果不但支持体验认知说的基本假设——思维、视觉、行动和情感操作共用同一个神经结构；语言经由司管行动的感知—运动和情感系统的作用而变得有意义，而且为该假说提供了心理现实性实证证据（Lakoff, 2012: 16—17）。

根据 Lakoff & Johnson（1999: 91）的研究，支持"体验认知"假说的重要发现主要有二："第一个重要发现是，存在感知和运动'推理'，且感知和运动行动具有神经例示的（neurally instantiated）逻辑性。第二个重要发现是，存在概念隐喻，它使得我们得以用一个经验域来概念化另一个经验域，并在目标域中保留源域的推理结构。"进入 21 世纪之后，体验认知假说的影响日益扩大，并慢慢获得了主流哲学家们的认可。

3 认知语言学哲学基础——体验现实主义

3.1 体验现实主义：哲学上的第三条道路

1980 年，Lakoff 和 Johnson 在他们一篇合作发表的、题为"日常语言中的概念隐喻"一文中首次提出新"经验主义"（experientialism）思想："我们感觉对规约隐喻的理解以及对隐喻结构我们的普通概念系统之方式的揭示将最终对经典哲学问题——如意义的本质、真理（truth）、理性、逻辑和知识——提供一种新的'经验主义'视角。"（Lakoff & Johnson, 1980a: 453）其后，他们在其合作出版的《我们赖以生存的隐喻》一书中较为系统地提出"新经验主义"思想。再后，他们在其 1999 年再度合作出版的《体验哲学》一书中将"新经验主义"改称"体验现实主义"。改称的原因是避免学者将他们独特的哲学思想和传统的经验主义相提并论，进而避免学者把体验现实主义看成是传统经验主义的复兴：

认知语言学的一些研究结果和现存的任何哲学都不契合，因此，我们不得不创立一种新的哲学。我们起了几个名字……一个是 experientialism（经验主义），另一个是 embodied realism（体验现实主义）。但是，基于我们上面对西方哲学的简要发展作个简单考察之后，我们发现经验主义并不是一个新名词。事实上，经验主义和理性主义的矛盾对立贯穿着整个西方哲学发展史。经验主义源远流长，只是在西方分析哲学兴起之后，经验主义才逐渐被摒弃和淡忘，理性主义开始成为哲学王国的绝对"统治者"。

Lakoff（2007：181）在探讨体验现实主义的兴起时说，体验现实主义是他和 Mark Johnson 为解释认知语言学在颜色、隐喻和意象图式等方面所取得的研究新发现而创立的一种新的哲学理论：它既非理性主义，也非传统意义上的经验主义的复兴，而是"由实证性证据引导着前行"的第三条哲学道路（Johnson & Lakoff，2002：250）！是来自各个学科的各种实证性证据最终把他们带离两种经典的哲学立场而另辟蹊径地开辟了哲学上的第三条道路！

Lakoff（1987），Johnson（1987），Lakoff（1988），Johnson（1988），Lakoff（1993）和 Lakoff & Johnson（1999）为体验现实主义的发展作出了重要贡献。体验现实主义的基本思想是：我们的心智、理智、意义和概念不但根本上源于而且本质上是通过身体和环境之间的互动所产生的，它们的产生主要有赖于体验（embodiment），特别有赖于视觉和运动能力。

体验现实主义的基本立场是，它既不完全反对理性主义[1]，也不完全反对经验主义[2]。它试图搁置两者在对待理智来源问题上的不休争论，而从"体验视角"去回答理智的来源问题：理性主义认为理智本质上是先天的或者超验的；经验主义认为理智本质上是经验的；而体验现实主义认为理智本质上是体验性的。换句话说，体验现实主义在理智的来源问

---

[1] 体验现实主义承认理性可能具有先天认知成分。
[2] 体验现实主义承认理性本质上是经验的。但其研究视角不是经验视角，而是体验视角。

题上所提供的是跳出理性主义和经验主义两分对立的第三种哲学立场，即在承认理性可能受到某种先天认知机制定调的基础上，强调习得性认知机制对理性的生成和塑形作用。简言之，体验现实主义声称理智中虽可能含有先天认知成分，但其本质上是体验性的：

> 《我们赖以生存的隐喻》出版以来，我们一直指出，我们所报告的实证性发现既不符合理性主义，也不符合经验主义（empiricism）。我们提出了第三种不要求二分对立的理论，我们称之为经验主义（experientialism）[1]。后来在《体验哲学》一书中被描述为一种体验现实主义（embodied realism）。我们在书中指出，这些证据既支持内在（built-in）认知机制的存在，也支持习得性认知机制的存在。内在的认知机制包括：Regier（1996）的工作，视觉领域的地貌图（topographic maps）、中心围绕的接受领域、方位敏感细胞集合体（cell assemblies）、地貌图中的嵌入（filling-in）性神经结构和其他一些东西。Narayanan（1997）的工作显示，有一个控制者（controller）X—图式，既用在复杂的运动—控制和感知中，也用在抽象的体推理（aspectual reasoning，即对事件结构的推理）之中……我们赞同 Regier（1996），我们承认意象图式的天生方面。我们也赞同 Regier 的理论，它是 Talmy（1985）理论的神经版，这一理论认为复杂的意象图式是习得的，且它们是普遍性的、很可能是天生的基本元素的混合体（composites）。在这里，就像我们一向所主张的那样，我们抛弃理性主义和经验主义的二分对立，支持指示着第三种立场的证据。这些证据既允许天生的、也允许习得的方面存在于我们的概念系统之中，还允许许多不清楚到底是天生的、还是习得的东西存在。（Johnson & Lakoff, 2002: 248）

---

[1] Experientialism 虽然也被翻译为经验主义，但其理论内涵与传统的、与理性主义相对立的经验主义（empiricism）有很大不同。Lakoff & Johnson（1980）的"新经验主义"强调的是理智对人类体验性经验的依赖。

3.2 体验现实主义的核心思想

体验现实主义首要的任务是在强调理智和意义的"互动特征"（Lakoff & Johnson，1980b：119—125，177）基础上致力于解决理智和意义的哲学本源问题。虽然体验现实主义承认人类的概念系统中可能存在先天认知成分，但它认为其本质上是体验性的。它强调的是体验性经验在理智和意义产生和塑形过程中所起的至关重要的作用。

作为体验现实主义的核心概念，"体验"是"体验性的感知运动（sensorimotor）和各种认知结构相互作用的结果。它们在我们和变化着的环境的不断互动之中产生意义，或者通过这种互动产生意义。体验总是一个互动过程，关涉源于生物体的神经和生理学限制，也关涉源于环境的一些特征，以及其他和我们一样拥有身体和大脑的人们。"（Johnson & Lakoff，2002：248）体验现实主义把"体验"界定为一种发生在物理层面上的、人类身体与所处环境之间持续不间断的物理交叉互动："体验是发生在一系列不间断的互动之中的、我们和环境的物理交叉互动（engagement）。世界上有一个物理互动层面，在这个层面上我们活动起来非常得心应手，我们概念系统中的重要的一部分就是根据这种活动功能（functioning）来定调。"（Lakoff & Johnson，1999：90）这种互动构成了理智和意义的中心："经验、意义和思维的中心是连续而系列性的各种体验性有机体和环境（organism-environment）互动，这些互动构成我们对世界的理解。"（Johnson & Lakoff，2002：249）

事实上，Lakoff（1987：267）把"体验"看成是"我们总的（collective）生物能力"，并试图以这一"总生物能力"（ibid.）以及我们特定的身体形状来阐释理智和意义的本源及形成。"体验"的物理性基础决定了其本质上是生物体（受到生物体的神经和生理学限制）和环境局限性的。

体验现实主义的根本任务是试图回答体验性经验如何与概念生成以及概念系统相联系这一理性主义和经验主义均无法提供满意解释的古老问题。借助概念隐喻映射这一认知机制，体验现实主义认为抽象概念源于人类所拥有的一些最为基本的具体概念。具体而言，体验现实主义认为抽象概念源自体验（embodiment）概念和肌肉动觉（kinesthetic）意象图式。体验现实主义把我们身体能直接经验到的概念分为两类：基本层次概念和肌肉动觉意象图式。所谓基本层次是指物体最具知觉或者认知凸显性、最容易识记、最容易被归类的那个层次。肌肉动觉意象图式包括CONTAINERS（容器）、PATHS（路径）和FORCES（力）这类简单图式以及UP-DOWN（上—下）或者CENTRE-PERIPHERY（中心—边缘）这类方向和关系图式。认知语言学家认为肌肉动觉意象图式主要源于我们经验的"粗略模式"（gross patterns），如"我们的直立方位，以及我们身体的本质——作为容器及由部分组成的整体"（Lakoff, 1987: 303）。

体验现实主义认为，人类的概念系统中存在着充当概念原基角色的、数量有限的基本经验元素，这些基本经验元素通过概念隐喻映射机制被投射到包括人类知识在内的所有更为抽象的概念域中之后，遂经隐喻扩展生成抽象概念。一言以蔽之，体验现实主义把概念结构归功于我们身体经验的某些结构模式。

3.3 体验现实主义的理论精髓

Lakoff & Johnson（1999）用人类的日常经验在心理发展中留下的日常印记来阐释他们提出的"体验现实主义"。他们基于人类最基本的"基本层次行动"如爬、走和跑等；基本层次情感如害怕、发怒和悲伤等；基本社会经验如被父母庇护以及归属于某个群体等来理解意义和抽象概念的构建。

从理论本质来说，Lakoff & Johnson（1999）所提出的体验现实主义实质是一种"视角现实主义"（perspectival realism）。该术语由Hanly（1990）提出，这个概念一方面是对"上帝全知"视角[1]的"理论反动"；

---

[1] 客观主义和理性主义实为"上帝全知"视角下的哲学研究。基于客观主义的理论主张，我们认为只有"上帝"才可能完全复制出客观世界的"纯客观副本"。而基于理性主义的理论主张，我们认为只有"上帝"才能获得"绝对"或者"终极"真理，也只有上帝才拥有"无限理性"。

另一方面主要强调人类特殊经验、社会认同（social consensus）和文化图式在科学思维研究中的重要作用。从对哲学的贡献来看，体验现实主义的理论精髓主要反映在以下两个方面：

首先，它是一种哲学创新研究，它为一些经典的哲学问题提供了新的答案："体验现实主义是一种哲学视角，他致力于解决一些真正的哲学问题如真理的本质、意义、理解、心理、概念、理智、致使、事件、时间和道德。它不是'附加'给认知语言学的东西，而是源于最基本的实证结果。"（Johnson & Lakoff，2002：262）

其次，它是一种人文哲学思想。从视角分析出发，西方分析哲学所倡导的"无限理性"实质是从"上帝全知"的视角来考察人类理性；而体验现实主义所倡导的"有限理性"实质是从人类认知的局限性视角来考察人类理性。体验现实主义从"上帝全知"视角回归人类认知视角的研究路径使得其在很大程度上实现了人文因素在哲学中的回归，因而带有浓厚的人文研究色彩（见王寅，2008）。

最重要的是，它是一种意义阐释理论。Johnson & Lakoff（2002：249）指出："体验现实主义不是附加在我们的概念隐喻理论上的一个哲学教条。它是对意义基础的最好阐释，它使得各种来自认知科学的最为广泛的汇聚性（converging）实证证据变得有意义。"

3.4 体验现实主义的哲学本质

体验现实主义属于"体验哲学"范畴。体验哲学的哲学基础是具体形而上学。体验哲学的本质是以人与自然的互动为存在的本原。因此，体验哲学的本质是关于互动的理论，它以人与世界的互动为思与辨的对象。从哲学层面上说，"互动"意味着基于人存在于环境之中这一前提去思辨人自身的物理存在如何与世界之物理存在相互关联。体验哲学并不把"人自身的存在"理解为一种抽象的思维存在，而是把它理解为一种物质的、生理—心理的和社会文化的生物演化过程。同样，体验哲学并不把世界之"存在"理解为独立于人类的身体、心智和理解之外的抽象存在，而是把它理解为世界的真实存在，或者说具体存在。这种对"存在"之"互动性"的指向在很大程度上构成了体验哲学的本质,即强调世界之"存在"与人自身之"存在"之间的联系和互动。

作为哲学上的第三条道路,体验现实主义认为意义、真理、理性、逻辑和知识这些经典哲学问题本质上既不完全是先验的或者超验的、也不完全是经验性的,而是体验性的。作为一种新的哲学立场,体验现实主义试图从"体验"这一新视角来解决理智和意义的哲学根源问题。体验现实主义的核心思想主要有二:一是,作为一种最基本的生物能力,"体验"是存在的本原;二是,理智和意义根本上源于"体验"。体验现实主义认为,当认知主体把经验归溯于'我'这一认知主体之后,就产生了理智和意义。基于认知语言学,"归溯"意味着对"归溯对象"——经验——的概念化操作。由此,体验现实主义实质是把理智和意义看成是对经验的概念化操作过程。

4 对体验现实主义的外部批评和理论回应

体验现实主义提出之后,招致了一些学者(如 Haser,2005)的尖锐批评。鉴于学界对 Haser 的研究介绍较多,我们主要探讨 Rakova(2002)对体验现实主义的解构性批评以及 Johnson & Lakoff(2002)和其他一些认知语言学者所作的相关理论回应。由于体验现实主义认为理智和意义主要是基于体验性经验的概念化操作问题,因此,学界对体验现实主义的外部批评,实质反映的是学界对"理智和意义的本源到底是什么?"这一经典问题一直存在争议。

4.1 Rakova(2002)对体验现实主义的外部批评

传统上,以理性主义为代表的西方分析哲学认为理智和心理是先验的逻辑结构。基于心理逻辑结构论,任何有关心理或者理智根植于体验性经验的假说不说都是错误的,至少也是值得怀疑的。Rakova(2002)从西方经典的分析哲学立场出发,对认知语言学的哲学基础——Lakoff &

Johnson（1980b）所提出的"新经验主义"[1]进行了尖锐的外部批评（或者说解构性批评）。Rakova（2002：215）指出，作为 Lakoff 和 Johnson 所提出的一个哲学理论，经验主义是一个非常简练的理论："它把概念结构归因于我们身体经验的某些结构模式。这是一个非常简练（elegant）的理论：致力于阐释体验（embodiment）概念和动觉（kinesthetic）意象图式如何借助概念隐喻投射这一机制生成抽象概念。"（ibid.）但是，她同时毫不留情地指出："这一简练理论的诸多特定部分很难让人接受。一些理论主张在哲学上不一致，另外一些则与实证证据相悖。概念的隐喻结构思想主要依赖于接受极端经验主义这一不可能正确的立场。"（ibid.）她坚称"Lakoff 和 Johnson 的最新版理论——体验现实主义哲学——不能解决早期经验主义研究之中所内在的问题。"（ibid.）她对体验现实主义的批判因此聚焦于三个问题：经验主义的理论主张、简化主义—相对主义（reductionalist-relativism）困境和抽象概念的地位。

Rakova（2002：218）的主要论点是，因体验现实主义是一种错误的"极端经验主义"，因此，建立在体验现实主义基础之上的概念隐喻思想也是错误的："我这里想要提出的主要论点是，只有你接受 Lakoff 和 Johnson 的这种极端经验主义，概念的隐喻结构思想才站得住脚。但是，值得怀疑的是，任何版本的极端经验主义会被证明是正确的。"此外，她认为概念隐喻观无法指明有误导性的或者错误的推理。由此，她否认概念隐喻在人类思维中所起的本质作用，进而否认其在科学理论中所起的本质作用。Rakova（2002：238）把其对经验主义的批评总结为五点。基于 Rakova 自己的总结，我们把 Rakova 的批评总结为以下五点：

1）经验主义/体验现实主义的哲学立场存在问题："从 Lakoff 和 Johnson 对人类经验之本质的观点来看，他们的经验主义立场不是没有问题。"（Rakova，2002：218）Rakova（2002：238）认为："经验主义

---

[1] 为避免和传统的经验主义相混淆，Lakoff & Johnson（1999）把 Lakoff & Johnson（1980b）中所提出的"新经验主义"改称为体验现实主义（embodied realism）。在本章中，Rakova（2002）所言的"经验主义"实质指的是 Lakoff & Johnson（1980b）所提出的"新经验主义"，而非传统分析哲学意义上的"经验主义"。

的最大劣势是其隐含的极端经验主义思想"(ibid.)。她的论据是，虽然 Lakoff 和 Johnson 承认"至少有一些概念可能是先天的"(Lakoff, 1987：165)。但是，他们同时声称"普遍的概念隐喻是学习得到的；它们是普遍的而不是先天的"(Lakoff & Johnson, 1999：56—57)。这无疑把他们推向了极端经验主义立场。另外，她(2002：238)认为"经验主义只是一种强经验主义阐释，它使得隐喻映射思想在理论上不可或缺"。言下之意是，隐喻映射可能只是强经验主义基础上的一种理论推断，而非一个有实证证据基础的独立认知机制。

Rakova(2002)认为体验现实主义面临的其他主要问题还有：体验现实主义不但与发展证据，而且与既有研究成果相悖："对意象图式之来源的经验主义解释与发展证据相悖；Mandler 的意象图式理论本身并不赞同经验主义。"[1](Rakova, 2002：238)此外，Rakova 还指出：经验主义和认知科学中关于体验的近期研究工作不一致。她(2002：219)的论据有二：一是，经验主义是"一种表征理论"，而"认知科学近期关于体验(embodiment)的研究工作避免提到任何概念表征和理性(rationality)"。二是，"今天的认知科学不关注经验主义—先天论(empiricist-nativist)之间的论辩"(Rakova, ibid.)。

2) 意象图式和抽象概念的生成无须体验基础："没有人会反对感知和认知当中有图式结构，但目前没有理由相信意象图式和概念具有经验主义者所声称的经验基础。"(Rakova, 2002：238)Rakova 的主要依据是："经验主义者对意象图式之来源的解释与发展证据相悖。"(ibid.)她还指出，意象图式和抽象概念的概念化无须根植于身体体验；对空间术语的隐喻理解无需借助从源域到目标域的定向性(directionality)。此外，Rakova 还指出，Lakoff & Johnson(1999)用以支持概念系统中存在稳定的隐喻联系的两个理论——神经体验假说(neural embodiment thesis)和 Christopher Johnson 的合并(conflation)理论——与神经生物研究相悖。她(2002：238)说："就算这两个理论是对的，它们也只是使得隐喻作

---

1 参见本书第四章 3.1.1 节中第 1 个脚注。

为概念形成机制是不必要的。"

3）体验现实主义面临简化主义—相对主义困境："这是体验现实主义的一大缺陷。"（Rakova，2002：228）一方面，Rakova声称Lakoff和Johnson所提出的体验概念具有简化主义倾向："（体验）指的是这样一种思想：心理（mind）是由身体以及和身体相似的方式结构的……这一思想假定所有的概念最终都能被简化为有直接意义的概念，这些有直接意义的概念源于通过身体与环境的日常互动所产生的个人经验。"（Rakova，2002：218）另一方面，她又认为体验现实主义具有"强相对主义"[1]倾向："我的观点是，经验主义通常是强相对主义。"（Rakova，2002：228）Rakova指出，体验现实主义试图把简化主义和相对主义这两种本不相融的立场融合在一起，但问题是它又"没能平衡这两种倾向"。Rakova指出，体验现实主义所面临的简化主义—相对主义困境主要表现在：一是，"空间关系的概念化中存在在认知上具有重要性的文化差异这一经验主义主张与意象图式理论的自然主义立场不相融"（Rakova，2002：238）。二是，"直接意义概念和动觉（kinesthetic）意象图式具有的普遍性和由文化定义的概念化思想不一致"（Rakova，2002：228）。在Rakova（2002：230）看来："Lakoff & Johnson（1999）不但没有解决简化主义—相对主义困惑，而且使得它看起来面临更多问题。"

4）抽象概念的生成无需借助概念隐喻机制："就算概念隐喻理论能被接受为一个有关抽象概念如何系统性生发的（phylogenetic）理论主张，尚不清楚概念隐喻作为抽象概念形成的'活'（alive）机制是不是代表一种进化衰退（downfall）。Lakoff & Johnson（1999）承认概念隐喻可能产生误导更使得其在认知上不是不可缺少。"（Rakova，2002：238）Rakova（2002）引证Mandler的研究来论证其观点，她指出Mandler的意象图式理论认为抽象概念可以通过先天的分析机制生成，而无需通过对体验的直接感知生成："Jean Mandler（1988；1992a；1992b；1994）

---

[1] 强语言相对主义（linguistic relativism）认为语言结构在很大程度上决定概念结构，即语言决定思维。

指出，感知信息被再描述为意象图式的形式，它形成早期概念系统的基本概念。根据 Mandler，无需像 Johnson（1987）所假定的那样对局限/限制（containment）进行施事性（agentive）感知。因为孩子仅靠观察事物进出容器就能推知'限制'概念，而无需借助分析'事物进入嘴巴后发生了什么'这一施动行为来获得该概念。"（Rakova，2002：221）她进一步指出："很明确，局限/限制图式（概念）不能通过以下方式获得：把某物塞进自己嘴里、对容器的视觉分析、或者感觉自己被放进了某种容器。"（ibid.）由此，她（ibid.）认为"'局限/限制'概念不是孩子们必须从经验中学习到的概念，而是孩子在早期自动地和无意识地感知世界的方式"。

5）体验现实主义无法令人信服地解释理智的来源问题："意象图式的经验主义理论不能解释与逻辑关系一致的理智之起源，因为这些逻辑关系已经预设在这些图式本身的应用之中。为了能够证伪，科学知识不能由隐喻推理来决定，也不能用隐喻概念来表达。"（Rakova，2002：238）其论据是："逻辑作为知识的限制……只能是意象图式自身的本质，而不是一个从它们临时（ad hoc）派生出来的假设。"（Rakova，2002：235）

Rakova（2002）的结论是，体验现实主义是一种错误的极端经验主义，它无法有效解决早期经验主义哲学所无法解决的大部分问题。但是，她随后话锋一转，否认其对体验现实主义的全盘否定："体验现实主义尽管存在一些问题，但是我并不真想对这一哲学立场作尖锐批评，因为它已经被证明是一个具有生存能力的理论……Lakoff 和 Johnson 关于语言和思维之体验的许多观点若干年后会在认知科学界存活"（Rakova，2002：238）。

4.2 Johnson & Lakoff（2002）对 Rakova（2002）的理论回应

Johnson & Lakoff（2002：258）对 Rakova（2002）对其"新经验主义"/体验现实主义的尖锐的解构性批评不以为然，认为其批评不但没有实际内容，而且缺乏实证依据："我们在 Rakova 的论文里没有发现任何实质性的内容。它只是一堆误解，不但没有严肃地探讨证据，而且根本没有理解我们对问题的真正立场"。针对 Rakova（2002）毫不留情的外部批评，Johnson & Lakoff（2002）撰文予以反击，坚决捍卫体验现实主义的基本立场和思想。我们把他们的理论回应和反击总结为以下五点：

1）Rakova 严重误解了他们提出的新经验主义/体验现实主义理论。误解的原因就在于其批评立场存在问题：Rakova 不是从实证证据方面提出论据，而是从与体验现实主义在很大程度上对立的西方分析哲学立场出发来否认概念隐喻的体验基础，否认概念隐喻对概念系统所起的本质作用，进而否定体验现实主义的基本思想。Johnson & Lakoff（2002：262）指出，体验现实主义是建立在来自认知科学、认知心理学、发展心理学和心理语言学等学科的汇集/聚性证据（converging evidence）基础之上的："体验现实主义是一种哲学视角，他致力于解决一些真正的哲学问题如真理的本质、意义、理解、心理、概念、理智、致使、事件、时间和道德。它不是'附加'给认知语言学的东西，而是源于最基本的实证结果。"有鉴于此，Johnson 和 Lakoff 指出，任何针对体验现实主义的有效指控，都必须从实证证据出发，而不能单纯从哲学层面对其进行理论攻击。

另外，Johnson 和 Lakoff 认为 Rakova 对体验现实主义的指控在逻辑上站不住脚。他们（2002：246）指出，Rakova 对体验现实主义的批评是基于步步皆错的三步论证法：Rakova 先"错误地把体验现实主义等同于一种'极端经验主义'。然后，她错误地认为概念隐喻理论只可能是一种极端'经验主义'。最后，她认为只要她能够驳斥极端经验主义，她就能够驳倒概念隐喻理论。"

此外，Johnson 和 Lakoff 指出，新经验主义/体验现实主义并非传统的经验主义的复兴，而是一种基于"经验主义"的哲学创新。有鉴于此，他们认为 Rakova（2002）把新经验主义/体验现实主义等同为"经验主义"已经犯了一个错误。而当她进一步把它与"极端经验主义"相提并论更是大错特错：

我们根本不赞同，也从来没有赞同过任何形式的经验主义，不管是极端的，还是其他形式的。经典的经验主义是一种哲学立场，它声称我们出生时大脑是一块白板（tabula rasa，或者 blank slate）：不带任何先天的知识，且所有知识（包括概念的所有知识和推理）都通过感官获得。经验主义和理性主义（rationalism）相对，理性主义主张所有的人类理智（人类的概念结构）都是天生的……现代神经科学已经抛弃了天生习得（innate-learned）和自然培养（nature-nurture）以及理性主义和经验主义的二分对立。我们根本无法精确区分哪些是'天生'的，哪些是后天学习得到的。婴儿在子宫中能学会他们母亲部分的语调系统这一最近的研究发现使得天生习得和自然培养的二分对立面临问题：它是习得的，但是你天生拥有它。我们的视觉系统在子宫中通过经由视网膜激活的神经模式得到调整这一发现也使得二分对立受到挑战。神经"学习"正在发生，其输入来自感知器官，但是没有任何来自外部的感知——且发生在出生前。自从《我们赖以生存的隐喻》出版以来，我们就指出，我们一直不断报告的实证发现既不契合理性主义，也不契合经验主义。因此，我们提出了不要求两分对立的解决办法。我们称之为经验主义（experientialism），后来在《体验哲学》一书中把它描述为体验现实主义。我们在书中指出，证据既支持内在的（built-in）也支持习得性的认知机制（Johnson & Lakoff, 2002: 247—248）。

在上述引述中，Johnson 和 Lakoff 阐明了体验现实主义的哲学本质：体验现实主义本身并非任何形式的经验主义，它本质上不属于传统的经验主义范畴。事实上，在回答"理智到底是天生的还是根植于经验的？"这一经典问题时，体验现实主义跳出了理性主义和经验主义两分对立的窠臼而提供了第三种答案——理智中虽可能含有先天认知成分，但其本质上是体验性的。由此，体验现实主义开辟了哲学上的第三条道路。通过阐明体验现实主义的非经验主义本质，Johnson 和 Lakoff（2002）对 Rakova（2002）的反击至为有力：Rakova 把体验现实主义定性为极端经验主义在理论上纯属误解，且其对体验现实主义的批驳根本不得要领。

2）Rakova 错误地认为他们下了"意象图式完全是通过经验获得的"这样的断言（Johnson & Lakoff，2002：248）。事实上，Johnson 和 Lakoff 指出：他们"追随 Regier（1996），接受意象图式明显存在天生的方面"（ibid.）。他们也"同意 Regier 所持的相当于 Talmy（1985）理论的神经版观点：复杂意象图式是学习得到的，且它们是普遍的、很可能是先天原基（primitive）的复合体（composite）"（ibid.）。换句话说，他们事实上认为我们的概念系统可能存在先天的认知成分，但其本质上是后天习得的。有鉴于此，Rakova 试图撼动意象图式和抽象概念之体验基础的论证是基于对 Johnson 和 Lakoff 观点的误解。

3）Rakova 所指控的简化主义—相对主义困境在体验现实主义中并不存在。所谓的"简化主义—相对主义困境"，实质是指体验现实主义理论中某些听起来像简化主义（reductionalist）的主张（claims）和另一些听起来像激进相对主义（relativism）的主张之间存在内在矛盾。针对 Rakova（2002）对体验现实主义中存在简化主义—相对主义困境的指控，Johnson & Lakoff（2002：251—252）反驳说，体验现实主义不属于相对主义范畴："尽管我们共享的体验的一些方面与我们共享的环境之共性之间的结合将导致共享的意象图式和很多共享的概念隐喻，但是在这些一般性的限制中间还是有着广泛的文化变异空间。文化变异的方式类似于意义扩展和发展的方式……事实上，我们既非经典的相对主义者，亦非经典的反相对主义者。我们只是靠实证证据引导我们前行并最终脱离两种经典的立场！"Johnson 和 Lakoff 声称，他们所提出的体验现实主义实质是第三种哲学立场，该立场认为："概念系统中存在广泛的跨文化变异，但是也存在着很多概念普遍共性（conceptual universal）。"（ibid.）有鉴于此，Johnson & Lakoff（2002：253）认为："Rakova 所指控的简化主义—相对主义困境在体验现实主义中并不存在，这一指控只是源自其哲学偏见的一种错觉。"

4）Rakova（2002）所声称的"概念隐喻在认知上不是不可或缺的"这一观点缺乏有效证据的支持："我们从近期的心理学和神经学研究中引述了大量的经验证据以支持我们自己的理论主张，但 Rakova 没能这样做。"（转引自 Krzeszowski，2002：266）Lakoff（2007）指出，要论证一个理论的合法性，单靠单一来源的证据不行，必须有多种不同来源的汇集/聚性证据（converging evidence）方能证明它的科学性。有鉴于此，Johnson & Lakoff（2002）重提他们在《体验哲学》（1999）一书中提出的十大实证性证据——一词多义概括、推理概括、新隐喻如诗歌和诗歌隐喻、语词的历时演变、即发性手势研究、历史语义变化研究、语言学习、心理学实验、手语分析和话语分析——以支持概念隐喻机制在概念系统中所起的本质作用。此外，他们坚决捍卫 Lakoff & Johnson（1999）所提出的神经体验假说（neural embodiment thesis）和 Christopher Johnson 的合并（conflation）理论，以证明概念系统中确实存在稳定的隐喻联系。

5）Rakova 在诸多方面曲解了他们的新经验主义/体验现实主义思想。比如，Rakova（2002：219）断言："经验主义是一个表征理论。"Johnson 和 Lakoff 认为这是对体验现实主义的曲解：

一是，他们所理解的"表征"和客观主义所理解的"表征"截然不同。"我们曾在《体验哲学》（1999）一书中指出，唯一可行的表征理论是这样的：在这种理论中，表征是一个有机体—环境（organism-environment）互动的弹性模式（flexible pattern），而不是某种以某种方式通过一种被称作'所指'（reference）的奇怪关系与外部世界的某些部分相联系的内在心理物体"（Johnson & Lakoff，2002：250）。

二是，Johnson 和 Lakoff（ibid.）指出，"表征是一个他们试图尽量避免的术语，因为它唤起的是这样一种经典的心理（mind）理想认知模式：它能以某种方式与外部世界的事物状态（state of affairs）相对应，且它是一个非体验（disembodied）的内在思想客体（idea-object）"。根据体验现实主义的观点，他们反对经典的表征观念，也反对在此基础上建立起来的意义和指称观。尤为重要的是，"意象图式理论和概念结构的任何一方面都不是这种经典意义上的'表征'"（ibid.）。

通过以上五个方面的论述，Johnson 和 Lakoff 有力地驳斥了 Rakova（2002）对于体验现实主义的外部批评，捍卫了体验现实主义的理论合理合法性。同时，他们（2002：257）也承认概念隐喻理论面临的挑战之一是概念隐喻可能会产生误导。虽然有诸多学者论证了不同科学的隐喻基础，但是，"这些关于隐喻在科学中所起的本质作用的研究，无一能以任何方式暗指隐喻有时不会产生误导"。原因是，"隐喻研究取决于诸多考虑，比如解释力、实验适应性（experimental adaptability）、可观察现象的蕴含（entailment）和证据支持"（ibid.）。鉴于 Rakova 拿概念隐喻的误导性大作文章，Johnson 和 Lakoff 指出，关于隐喻可能产生误导作用这一问题，《体验哲学》（1999）一书中的第六、七和八章已经有所探讨，故 Rakova 再拿这一点作文章就没有意义了。

4.3 认知学者对Rakova（2002）的理论回应

Krzeszowski（2002）指出，Rakova（2002）在批评新经验主义/体验现实主义时，她和 Lakoff & Johnson（1980b；1999）所用的实质上是两套完全不同的元语言，Rakova 是基于传统的西方分析哲学的立场来看待"新经验主义"，从而导致对"新经验主义"的深度误解：

> 这一哲学，就像一副变形的散光眼睛，使得她无法看到 Lakoff 和 Johnson 的认知语言学的真面目。它也使得她看到一些本不在那儿的东西，那些东西是她西方思维的产品，这些东西并非内在于 Lakoff 和 Johnson 对体验和经验主义的理论主张之中，也不内在于他们对简化主义和相对主义的理论主张中。Lakoff 和 Johnson 通过驳斥她的哲学来反击她的批评。她的哲学导致了他们所称之的'她的哲学偏见幻想'，且导致'过度简化的二分论'（dichotomy）（Krzeszowski，2002：265）"。

Sinha（2002）也认为 Rakova（2002）对经验主义的批评不着要领。他认为 Rakova 的批评是建立在"理论（命题，假说，模式）是商品"［THEORIES（PROPOSITIONS，HYPOTHESES，MODELS）ARE

COMMODITIES〕这一概念隐喻基础之上的。众所周知，理论不是普通的商品，而是一种能生成其他科学商品如假说和解释等的特殊商品，因此，Rakova（2002）用成本—收益分析这种价值评判法来反对体验现实主义的做法不但没有说服力，而且是不得要领。此外，Rakova（2002）试图诉诸"简化主义—相对主义"这一反经验主义（即体验现实主义）的、而且在某种程度上已经被弃用的、传统的哲学两分对立来批判经验主义，其批判立场本身就是有些问题的。

5 争议中的体验现实主义

5.1 支持体验现实主义的各种证据

虽然体验现实主义只是一个理论假说，但它得到了各种实证证据的支持。Grady（1997）和 Johnson（1997）对基本概念隐喻（primary conceptual metaphors）的研究给新经验主义/体验现实主义提供了实证性支持证据。他们观察到，我们在四岁或者更早些时候就基于我们的合并（conflations）经验掌握了一个由成百个基本概念隐喻组成的系统。这个系统的产生是无意识的，它通过我们和世界的日常互动而自动产生。另外，Falck & Gibbs（2012：251）的研究支持"身体经验促发隐喻意义"这一基于新经验主义/体验现实主义基础之上的理论假说。他们通过两项研究发现："无论是人们对路径和道路的心理意象还是说话者在隐喻语境中对这些词汇的使用，都极大程度地由他们对真实世界中各种事件的体验性理解所主导，而这些事件与在路上和道上旅行的经验有关。"Bergen（2012）也提供了大量的心理学实验证据以及脑研究证据以支持体验认知假说和体验现实主义思想。他提供的实验证据显示，体验认知影响人们的行动和行为，即体验思维能改变我们的感知和行动方式。

Rohrer（2001）提供的来自 fMRI（functional magnetic resonance imaging，功能磁共振成像）和 ERP（event-related potential，事件相关电位）的实验结果支持意义的体验理论。他的研究结果显示："和脑相联系的运动脑皮层（motor cortex）不仅是在手的经验中很活跃，而且在有关手的字面句子中也很活跃——且在把手作为源域的隐喻句子中也很活跃（转引自 Johnson & Lakoff, 2002: 250）!"

除此,有些神经科学证据支持体验现实主义的理智经验基础假说。Narayanan（1997）显示,通过明晰的计算神经模式的构建,负责运动控制的同一个神经回路（circuitry）同样也负责抽象推理。神经科学家 Edelman（1992）的研究与"新经验主义"的基本主张相融。他认为目前认知科学所基于的整个结构（即大脑的计算机模式）不但不太连贯,而且不是源于事实。为此他提出神经达尔文主义（neural Darwinism）以反对心理逻辑结构论。神经达尔文主义的主要观点是:心理的产生源于历史上的某个特定时间,是大脑进化的产物。因此,生物学是理解大脑并最终理解心理的关键。他进一步指出,大脑的运转不像一个电厂的运作而更接近丛林自然生态学。因此,他强调理智的主观性;强调个体性（individuality）是人类心理的绝对中心;且没有生物是不涉及价值的（value-free）。认知科学家 Pinker（1997）也持心理进化论。他从进化生物学的角度出发,把心理的发展归功于达尔文提出的三种进化机制——复制、变异和淘汰,并详细探讨三种机制如何决定人类行为并最终促进我们对自身的理解。最后,Pinker（1997）和 Lakoff & Johnson（1999）对概念隐喻结构和隐喻映射的神经学基础研究和神经学解释也证实了理性和意义的经验基础。

5.2 反对体验现实主义的各种证据

虽然体验现实主义得到了各种实证证据的支持,但也存在一些反对性证据。Lakoff & Johnson（1980b; 1999）和 Sweetser（1990）证明某些抽象的时间概念直接源自我们的运动经验。但是,也有研究表明,时间可能是个与经验无关的概念。Moore（2006: 217）认为我们有必要放弃用概念映射解释抽象概念 time（时间）这一假说,原因在于 time 很可能是一个跟经验不太相干的概念:"抽象概念 time 不以任何明显的方式与经验中的任何东西相联系。很多文化可能并没有这个概念,如英语中的抽象概念 time 在沃洛夫人（Wolof,西非塞内加尔和冈比亚西部居民的一部分）的土著语言中没有对应词。"

　　另外，针对 Lakoff & Johnson（1980b）的概念隐喻经验基础论，Grady（1998）对 Reddy（1979）所提出的"管道隐喻"（conduit metaphor）的经验基础进行了重新审视，认为该隐喻的形成与经验世界无直接相关性，因而缺乏经验基础，理由有三：一是，语言交际和管道隐喻所指示的那种包裹邮寄经验之间的经验交集极为有限；二是，很难想象，我们对语言交际这一如此基本且惯常的经验的概念化会源自包裹邮寄这一相对而言不怎么重要的领域；三是，Reddy（1997）和 Lakoff & Johnson（1980b）都没有解决管道和容器到底如何相互关联的问题。如果语言表达式是容器，那么，被隐喻性地理解为管道的到底是什么？且连接管道和容器这两个概念的经验到底是什么？Jackendoff & Aaron（1991）和 Glucksberg（1999）也分别对 PEOPLE ARE PLANTS（人是植物）和 LOVE IS A JOURNEY（爱是旅行）这两个概念隐喻的经验基础提出了质疑。

6　体验现实主义所面临的理论挑战

　　虽然有诸多研究证据支持体验现实主义的心理现实性和理论有效性，但是，不少反对性证据的存在使它必定面临着诸多理论挑战。首先，其术语方面所面临的挑战主要表现在：理性和经验之间的界限并非泾渭分明、经验的"两套意义"所导致的主观主义倾向；其次，在方法论方面，它面临物理主义、世俗性和人本中心主义倾向的挑战。

6.1　"经验"和"意义"的区分面临挑战

　　体验现实主义在术语方面所面临的一个问题是："经验"和"意义"的理论区分并不像认知学者所想象的那么清晰。美国本土第一位哲学家和心理学家威廉·詹姆士（William James，1842—1910）指出，经验是一个"具有两套意义的字眼"（参见杜威，傅统先译，2012：9），它可以被分离为意识和内容："经验的一个给定的、未分的部分，当在一种相关物的背景中来看待时，扮演一个认识者的角色、一种心灵状态的角色、'意识'的角色,而在一种不同的背景中来看待时,这同一段未分的经验扮演一种被认识的事物的角色、一种'客观的'内容的角色。一句话,在一组相关物里它表现为一种思想,在另一组相关物里,它表现为一种事物。"(转引自罗素,贾可春译,2009:15)詹姆士试图说明,依据其所处的相关物的不同背景,经验的表现不同,它有时表现为一种"思想"[1],有时则表现为一种"事物"[2]。

基于经验的"两套意义",杜威(傅统先译,2012)区分了经验的"两种形式"。在杜威(傅统先译,2012:9)看来,经验之所以有"两套意义","是因为它在其基本的统一之中不承认在动作与材料、主观与客观之间有何区别,但认为在一个不可分析的整体中包括着它们两个方面"。他进一步指出,"经验"之中所内含的"思想"导致"'经验'(像'意识'一样)一定是一种成品,而非世界的基本材料的一部分"(转引自罗素,贾可春译,2009:15)。杜威(傅统先译,2012:14)把这种"成品"定义为"粗糙经验之最后性"。由此,他区分了经验的两种形式:粗糙经验之原始性和粗糙经验之最后性。"当经验是在一种未经控制的形式中给予我们时,它就是原始的;当经验是在一种比较有节制和有意义的形式中(这种形式之所以[3]可能是由于反省经验的方法和结果)给予我们时,它就是最后的"(杜威,傅统先译,2012:15)。由此,杜威(傅统先译,2012:17)得出结论:"普通经验的材料具有原始性和最后性。"

杜威(傅统先译,2012:2)更进一步指出,经验中有一种"固有的指导力量",且他(ibid.)认为"哲学的失败就是由于不信任经验中所固有的这种指导力量(所致)"。杜威(傅统先译,2012:4)因此把经验区分为:"有理性指导的经验和单纯偶然的和非批判的经验。"有理性指导的经验可能揭露事情的内在本质,"事情的内在本质乃是作为事物被直接体验到的性质,而在经验中显现出来的"(ibid.)。最

---

[1] 杜威(傅统先译,2012:9)把"思想"理解为"能经验的活动与状态"。
[2] 杜威(傅统先译,2012:9)把"事物"理解为"所经验的对象"。
[3] "之所以"中的"所以"指的是"结果"。

为重要的是，有理性指导的经验还可能"使得在经验中显现出来的事物的性质与作为认识对象的事物的规律性高度契合，乃至两相融合"（ibid.）。

在杜威（傅统先译，2012：2）看来，有理性指导的经验实质是一种认知手段："经验乃是被理智地用来作为揭露自然的真实面目的手段……经验并不是把人和自然界隔绝开来的帐幕；它是继续不断地深入自然的心脏的一种途径。"由此，杜威指出：经验除内含单纯的偶然性和非批判性之外，还有理性成分。

经验之"两套意义"和"两种形式"的存在，使得"意义"和"经验"之间的区分受到挑战：它们之间的界限并不像认知语言学者所认为的那样泾渭分明。通过以上分析，我们可以看到，经验本质上并非一个一统性范畴，它实质上是一个包含"两套意义"和"两种形式"的基本统一体。在这一统一体中，包含着"经验"（指认知语言学意义上的经验）和意义（指认知语言学意义上的意义）两个方面。两个方面之间并不存在质的区别，它们本质上是意义的两种表现形式，共同构成一个意义连续统：前者是意义的原初或者说低级形式（相当于认知语言学意义上的"经验"），而后者是意义的"最后"或者说高级形式（相当于认知语言学意义上的"意义"）。

既然"经验"这一概念本身内含"思想"或者"意义"，那么，认知语言学意义上的"意义"概念的理论地位就值得怀疑。此外，一旦"经验"和"意义"之间的界限变得模糊不清，体验现实主义所秉持的"体验认知假说"之主要理论主张——理智/理性/意义源于体验性经验——的理论内涵也就不像认知语言学者所想象的那么清晰。事实上，鉴于"经验"本身内含认知语言学意义上的"意义"，"意义"实质是"经验"的次范畴。"意义"一旦沦为"经验"的次范畴，基于逻辑推论，我们就不能说"意义源于经验"[1]，而只能反过来说：经验内含意义，意义是经验的一种高级形式。由此，认知语言学试图区分"意义"

---

1 此为认知语言学的最重要理论假设之一。

和"经验"的努力显得力不从心,导致我们对其一些主要理论假设或者主张的理论内涵存疑。

6.2 体验现实主义的"主观主义"倾向

经验的"两套意义"和"两种形式"的存在,可能导致两种截然不同的研究路径。一种是真正的经验法。所谓真正的经验法是从纯粹客观经验出发的一种哲学派别,其基本方法论是"从原始经验的现实题材出发,承认反省从中区别出来一个新的因素,即视觉动作,把它变成了一个对象,然后利用那个新对象……在必要时去调节对业已包括在原始经验中的题材的进一步的经验"(杜威,傅统先译,2012:16)。另一种是"主观主义"。所谓"主观主义"是从主体是经验的中心出发的一种哲学派别,其基本方法论是"从粗糙经验之最后性"(杜威,傅统先译,2012:14)出发,即从经验当中的理性成分出发来进行理论推演:"对于现实经验中的某一个因素进行了反省的分析,然后把反省分析的结果当做是原始的东西。结果,虽然在分析的每一个步骤上都要承认有现实经验的题材,而且承认分析的结果是从它所推演出来的,但它却变成可疑的和有问题的了。"(杜威,傅统先译,2012:16)

认知语言学的基本方法论是从源于语言使用的体系性语言证据出发来推演人类的概念系统组织结构。由于语言体系性证据本质上是源于对原始语言经验的观察和抽象,是对从原始语言经验之中有意识地选择出来的部分材料进行理论概括和抽象的结果,因此,它实质是杜威(傅统先译,2012:17)所言的"第二级反省产物的结论"。由此,认知语言学的基本方法论——从第二级反省产物的结论出发进行概念系统组织结构推演——并非一种真正的经验法,其方法论在很大程度上是一种"主观主义"。

在哲学上,主观主义经常诱惑着哲学家把认识对象和研究客体等同起来:"哲学经常诱惑着人们把反省的结果本身看作具有优越于任何其他经验样式的材料所具有的真实性。各派哲学最普通的假设,即使彼此分歧很大的哲学派别也有共同的假设,就是把认识的对象和最后实在的客体等同起来。"（杜威，傅统先译，2012：17）很不幸的是，认知语言学也没能抵制住这个哲学诱惑：它把认识的对象——概念系统——和"最后实在的客体"——语言结构——完全等同起来了，提出了"语言结构即概念结构"的基本理论假设。

6.3 体验现实主义的物理主义倾向

体验现实主义强调心智、概念、推理和认知根本上源于身体和环境之间的互动体验；我们的心理主要是由身体以及身体和环境之间的互动所结构的；且概念生成主要源于我们的身体所能直接经验到的体验。从研究路径上看，体验现实主义试图在理智这种非物质心理活动和人类生理这种物质活动之间建立起密切联系。换句话说，它意图把理智这种概念化行为最终主要降解为以生化反应为基础的神经系统行为。体验现实主义所采取的这一研究路径明显带有物理主义倾向。

体验现实主义的物理主义倾向主要源于其生物学、心理学和心理语言学基础。心理语言学被认为属于认知科学和语言学的交叉学科范畴。它关注并研究"个体如何理解、产出和习得语言"（Carroll，1994：6）。心理语言学研究证明，语言结构受制于人类的生物和解剖结构。心理语言学所关注的是语言使用过程中所涉及的各种心理过程和各种语言知识。如新语法学派[1]在研究音变时，把所有规则变化的音变看成是机械和生理动因的结果。除此，他们在解释音变规则时，也寻求一些基本的心理学解释（McMahon，1994）。简而言之，心理语言学把语言看成是各种心理过程的结果。由于基于生物、心理维度的语言学研究主要致力于以人类心理过程的各种生化反应为语言研究基础，很多研究者认为此类研究具有简化主义（reductionism）倾向。

学界对实证主义哲学家所提出的把理论看作构造的物理主义研究方

---

[1] 新语法学家在德语中意为"年轻语法学家"。该学派包括 Paul, Brugmann 和 Osthoff 等一批学者。19 世纪的后 25 年，他们聚集在德国的莱比锡以及其附近区域，以致力于印欧语言的研究为己任。他们的理论目标是试图重构原始印欧语（Proto-Indo-European）。另外，他们描述了一些影响印欧语言或者其"次谱系"（subfamilies）语言变化的因素。此外，语言变化规律也得到了描述。更多相关知识请参见 McMahon（1994）。

法素有争议。Greenberg（1983：28）质疑其有效性：

> 理论的观念与规律并不是直接从所观察的现象中构造出来的，也不是根据这些现象加以规定的。尽管最终有必要和经验的观察相印证。但是理论本身并不是从所观察到的事物加以简单概括形成的。理论是比较自由的，凭借想象力构成的，它们与所观察到的现象之间的联系是极其复杂而且间接的。

理性或者理智研究的物理主义方法论所面临的问题是："如何用脑过程这种低层次的现象去说明心理过程这种高层次的现象？"（袁毓林，1996：2）或者说如何把感知（perception）这种"低"认知过程与语言处理和理解这种"高"认知过程联系起来？

从目前认知科学的研究趋势来看，认知语言学期望从神经计算角度解决这个问题，即寄希望于通过语法神经理论的发展以最终解决意义如何由低层次物质活动创生而来的问题。如 Shastri & Ajjanagadde（1993）提出了一个新方法解决类人脑（brain-like）机制如何能进行实时逻辑思维（logical reasoning）的问题。Feldman（2006）也提出一个把语言体验本质考虑在内的计算理论——语言神经理论——以解决神经网络如何能表征各种概念的意义问题。但是，Frank（2008）在《计算语言学》上撰写书评指出，Feldman（2006）的语言神经理论存在诸多问题，其中最大的问题是，Feldman 虽然宣称他的理论模式是基于体验认知的，但实质上他的理论模式里并没有"体验"（embodiment）的位置。因而 Feldman 的理论模式没法很好地解决物理主义所面临的理论问题。鉴于目前语法神经理论研究进展缓慢，认知语言学的物理主义倾向问题可能最终成为制约其发展的理论瓶颈。

6.4　体验现实主义的"世俗性"

体验现实主义支持知识体验论和演进论，即知识不是自在之物，而主要是基于对社会—心理世界的体验。体验现实主义的知识基础是常识形而上学。所谓常识形而上学实质是指一种基于日常思维或者常识基础之上的理性思辨。虽然在爱因斯坦看来,"整个科学不过是日常思维的一种提炼"(转引自霍金和蒙洛迪诺,2011:341)。但是,日常思维并不等同于科学思维,这是毋庸置疑的。由于日常思维并非严格意义上的科学思维,因此,不少学者质疑体验现实主义的科学性。作为一门带有强烈人文色彩的"世俗"学科,认知语言学面临的一些重要问题是:如何看待科学知识和常识形而上学之间的界线?两者之间的界线到底是模糊的,抑或是泾渭分明的?再者,如何把常识形而上学纳入现存的知识体系之中?此外,常识形而上学能在多大程度上影响现存的知识表征系统?Karmaker(2006)提出了两个认知语言学在目前阶段似乎无力解决的、关于科学和常识形而上学之间界限的理论问题:

1)某一概念的意义被理解为概念结构的一种推理行为,由此,我们是否可以模糊科学知识和常识形而上学之间的界限呢?

2)对概念结构的探索能否被降格为对身体本身的研究?认知语言学认为,像所有其他自然语言的范畴一样,科学范畴也是一种心理推理行为,是我们身体(身体本身受到感觉—运动系统制约)的一种自发现象。由此,"身体"成为21世纪认知语言学探索的基本客体,且对概念结构的探索也被降格为对身体的研究。但是,这种降格真的能解决概念结构问题吗?

6.5 "体验"所内含的"人本中心主义"思想

体验现实主义的核心概念——体验——并不是一个全新的概念。德国存在主义哲学家海德格尔(孙周兴译,1999:106)在和日本东京帝国大学手冢富雄教授的一次对话中说过,在20世纪20年代,"人们到处都在谈论体验,就连在现象学中情况亦然"[1]。狄尔泰的一本名著的标题就是《体验与诗》[2]。海氏(ibid.)把体验看成是一种客体对于主体的归

---

[1] 此为海氏所言。
[2] 此为手冢富雄教授接续海氏话题时所言。

溯关系:"体验始终意味着归溯关系(Zuruckbeziehen),也即把生命和生命经验归溯于'我'(Ich)。体验指的就是表示客体对于主体的归溯关系。就连人们常常讨论的我—你体验(Ich-Du Erlebnis),也在形而上学的主体性领域内"。

海氏(ibid.)对"体验"之于人类思想的决定作用持保留意见:"那些在'表达'、'体验'和'意识'的名称下规定着当代思想的指导观念,就它们所起的决定性作用方面来看,或许是大可追问的"。在我们看来,海氏质疑"体验"之于思想的决定作用主要在于"体验"所意味的客体对于主体的归溯关系过于强调"人化"经验对于"我"的决定性作用,而忽视"物化"(见海德格尔,孙周兴译,1999)经验对主体性的决定作用。海氏把"物"对世界的主导性操纵命名为"物化"。与传统上把人看成是取得经验的主体不同,海德格尔所提出的"物化"思想强调客体在经验获取中起主导作用,并进而把"物"看成是获取经验的主体。

海德格尔(孙周兴译,1999:137)所理解的"经验"是建立在"物化"基础之上的。他把"经验"理解为过程性的通达:"按词语的准确意义讲,经验意味着eundo assequi,亦即在行进中、在途中通达某物,通过一条道路上的行进去获得某物"。海氏认为经验的潜含意义是:经验必有通达,必有获取。在此基础上,海德格尔(孙周兴译,1999:127)进一步阐述了"取得经验"这个概念:"在某事(可以是物、人或神)上取得一种经验意谓:某事与我们遭遇、与我们照面、造访我们、震动我们、改变我们"。从"物化"思想出发,海德格尔所理解的"经验"与认知语言学所理解的经验大相迥异。"经验"在海氏那里,强调的是"物"对经验获取的操纵性和主导性,而认知语言学所探讨的"经验"强调的则是我们的身体与环境之间的互动。学界有不少学者担忧,体验现实主义虽然强调意义源于我们的身体和环境之间的互动,但其重点在于探讨身体对环境的操纵或者改变,而较少关注或者说忽视环境对身体的操纵或者改变。由此,认知语言学对主体性的过度关注可能使其滑入"人本中心主义"的理论泥沼。

7 体验现实主义反思性建构批评

7.1 体验现实主义哲学思想继承问题再反思

Harari（1999）认为 Lakoff & Johnson（1980b；1999）所提出的"体验现实主义"思想是受到两个当今不太时髦的哲学家 John Deway 和 Maurice Merleau-Ponty 的影响。Lakoff（2007）也承认这一点，他指出在西方长达 2500 年的哲学研究中，只有两位哲学家——John Dewey 和 Merleau-Ponty——持与体验哲学相融的观点：

> 我对 Mark Johnson 说："西方有什么哲学契合我们的发现[1]吗"？他说："噢，可能有一点。有两个哲学家 Merleau-Ponty 和 John Dewey"。他又说："噢，他们说了这些事情之中的一些，但是说得不是很清楚，有点模糊，他们的观点不太深入，但是他们确实接受并理解这些事情中的一些。但是，事实上，西方哲学史上的所有其他哲学都反对这个"（Lakoff, 2007：181）。

从西方哲学发展史来看，Lakoff（2007）关于 John Dewey 和 Merleau-Ponty 是西方长达 2500 多年以来的哲学研究中仅有的两位持与体验现实主义相融观点的哲学家这一论断有失公允，他忽视了叔本华的"生命哲学"思想。

溯本清源，体验现实主义的哲学基础是具体形而上学。具体形而上学的哲学渊源可以追溯到叔本华的哲学思想。基于对启蒙理性和黑格尔绝对理性主义的批判，青年时代的叔本华深感哲学之思必须落在对生活本身的思辨之上："传统形而上学试图把世界的本质归结为固定不动的'实体'，而近现代理性主义则追求世界的规则性和知识的逻辑规律性。他（指叔本华）认为，那些抽象的理性和逻辑，远离真正的生活本身。'返回生活本身，这才是真理的所在'。"（高宣扬，2011：第6版）"叔

---

[1] 主要指 Lakoff & Johnson（1980b）的各种理论创新，如概念隐喻、概念借代和意象图式理论的提出。

本华的卓越贡献，就在于扭转传统形而上学对生活的背弃，把哲学研究的重点转向生活本身……他认为，西方哲学从柏拉图开始越来越远离生活，把思索的中心转向与生命无关的抽象论题，叔本华大胆地扭转传统哲学的研究方向，具有划时代的意义（ibid.）。"

基于对生活本身的荒谬性、虚幻性、混沌性和动态性的理论考察和思索，叔本华提出了有别于传统形而上学的"生命"概念。叔本华所理解的"生命"具有"'身体/精神心灵'的双重性、交错性及其不可分割性，同时强调生命本身的悖论和矛盾性"（ibid.）。由此可见，体验现实主义和叔本华的"生命哲学"思想一脉相承。

7.2 体验现实主义哲学贡献再反思

关于体验现实主义对哲学的贡献，学界素有争议。Haser（2005：122）认为 Lakoff & Johnson（1999）两人的著作对哲学的贡献并不大："Lakoff 和 Johnson 对客观主义的批评就像他们对哲学的贡献一样，还有很多值得期待。"且她抨击体验现实主义对意义哲学研究的有效性："Lakoff 的理论没有给我们提供一种有效的意义哲学理论"（Haser，2005：139），它不但"没有解释意义本身的本质"，而且"对内在性意义结构的推论不是对'什么是意义'这一问题的哲学回答"（Haser，2005：141）。

但是，Lakoff（2007：204）坚称体验现实主义是他与其长期合作者 Mark Johnson 教授所创立的"一种新的哲学"，并意图最终完全以体验现实主义取代西方分析哲学。Lakoff（2007）强调，虽然他和 Mark Johnson 所提出的体验现实主义学说是受到 John Deway 和 Maurice Merleau-Ponty 的影响，但他认为 Merleau-Ponty 和 John Dewey 的哲学思想和体验现实主义的最大不同之处在于，Merleau-Ponty 和 Dewey 只注意到语言和思维是体验性的，他们的学说中没有诸如隐喻、意象图式这类概念。

在有关体验现实主义的哲学贡献这一问题上，由于 Haser（2005）所持的是外部批评立场，因此，我们不赞同其批评。我们认为体验现实主义对哲学的最大贡献在于：它有效揭示了想象力的心理操作模式[1]。事实上，首次揭示理智/意义的想象力本质的并非是以 Lakoff 和 Johnson 为代表的认知语言学者。他们的主要贡献在于借助各种理想认知模式有效揭示了想象力的心理结构和心理操作模式。

"理智/意义的想象力本质"这一哲学思想溯本清源可以上溯到存在主义哲学家海德格尔的语言哲学思想。在 Lakoff & Johnson（1980b；1999）基于语言隐喻的体系性证据推断出理性/理智的想象力本质之前，海德格尔基于存在主义哲学思想而把诗歌这一充满想象力的语言样式看成是理性的最高形式。海氏在法国发表的《关于人道主义的书信》（1947）中提出了著名的存在主义哲学命题："语言是存在（being）之家"，即"任何存在者的存在居住于词语之中"。该命题的哲学意义是："人之本质，通过语言而被带入本己。"（海德格尔，孙周兴译，1999：20）由于海氏把"存在"看成是一种"（哲）思"，因此，基于"语言是存在之家"，我们可以推出"语言是（哲）思之家"这一命题。该命题意味着：是"思"通过语言把人之本质带入本己。海德格尔（孙周兴译，1999：21）强调把人之本质带入本己的不是我们日常所说的或者日常所使用的语言。他认为日常语言或者日常言谈是一种毫无"召唤力"的表达，"始终只能显现为人的表达和活动"，因而无法揭示人之本己。海氏认为，能把人之本质带入其本己的，只有本真的诗歌以及和诗歌一样富有诗意的纯粹散文。

对于日常言语和本真的诗歌之间的区别，海氏（孙周兴译，1999：20）强调："本真的诗从来不只是日常语言的一个高级样式（即 Melos）。毋宁说，日常言谈倒是一种被遗忘了的、因而被用滥了的诗歌，从那里几乎不再发出某种召唤。"海氏把诗歌的这种"把人之本质带入本己"的力量看成是人类的"思"之高地，是人类之"思"的最高位置，是一种独一的、处于"矛之尖端"位置之上的"思"。换句话说，海氏把诗歌之力看成是人类最有力之"思"，代表人类理性的尖端。由于诗歌的

---

[1] 主要指概念映射、概念借代和意象图式等认知模式。

本质是"想象和想象力",因此,海氏把"诗"等同于"思"实质是把想象或者想象力看成是理性的最高形式。

7.3 体验现实主义的发展:模型依赖现实主义趋势

从理论螺旋上升的角度而言,任何理论都是在否定之否定的研究路径中发展和完善的。Rohrer(2001)考察了当今"体验"这一概念用于认知语言学领域中的几种不同的含义,认为有必要通过进一步扩展"体验"这一概念来扩张认知语言学的理论框架范围,以便把认知语言学和认知科学这一更广阔的事业关联起来。Sinha(2002:276)也认为"体验现实主义需要修改,应该朝着他们称之为扩展的体验观去发展,类似于 Jordan Zlatev(1997)的场景化体验(situated embodiment)"。

从"经验/体验的界限"出发,我们认为有必要进一步拓展"经验/体验"的概念内涵,使得它不但涵盖人类身体和其所处环境之间的互动,还应包括模型依赖的建模体验,从而使得"体验现实主义"最终可能朝着"模型依赖现实主义"(霍金和蒙洛迪诺,2011)方向发展。霍金和蒙洛迪诺(2011)在《大设计》这一哲学著作中重新定义了"现实"(reality)这一概念。和经典物理学把"reality"理解为一个看得见摸得着的实体概念不同,他们把"reality"理解为一种模型依赖的想象力结构。他们(2011:34)指出:"不存在与图像或理论无关的实在概念[1]"。他们据此提出"模型依赖现实主义"(model-dependent realism)。他们把"一个物理理论和世界图像(通常具有数学性质)"看成是一个模型。霍金和蒙洛迪诺(2011:5)强调,"我们的大脑通过构造一个世界模型来解释感官的输入",当这一模型能够成功地解释世界时,我们就认为它具有"现实主义"的质地。霍金和蒙洛迪诺特别强调,"模型依赖现实主义"在科学研究中的基础理论地位,并认为它是一个用以解释现代科学的理论框架。

由于两者都强调想象思维在"现实"构建之中的作用,因此,"体

---

[1] 译者吴忠超把 reality 译为"实在概念",我们认为译为"现实"更为合适。

验现实主义"和"模型依赖现实主义"在本质上是相融的。有鉴于"模型依赖现实主义"极大地拓展了"现实"这一概念,"体验现实主义"最终有可能朝着"模型依赖现实主义"的方向发展。

8 讨论

以上我们探讨了认知语言学的哲学基础、体验现实主义的兴起及其相关理论问题、学界对体验现实主义的外部批评以及认知学者所作出的相关理论回应、关于体验现实主义的有关争议、其所面临的诸多挑战以及我们对体验现实主义的反思性建构批评。我们同意 Rakova（2002）所言，Lakoff & Johnson（1999）的体验现实主义不能解决传统经验主义所内在的一些问题。但是，我们不赞同 Rakova（2002）对体验现实主义的近乎全盘否定。我们认为体验现实主义是一个有着可信的实证证据基础的理论假说，也是一个有效的意义哲学理论，有效解决了理智和意义的体验性本原问题。但是，像所有理论一样，除了存在支持性证据之外，也存在诸多反对性证据。此外，它还存在着一些理论问题且面临诸多理论挑战："经验"和"意义"之间的界限不像想象的那么泾渭分明、主观主义、物理主义、世俗性和人本中心主义。虽然问题和挑战尚不能动摇体验现实主义的理论根基，但值得引起学界的足够重视。

第八章　认知语义学反思性批评

1　引言

基于 Lakoff（1990）所提出的认知语言学的"两大关键任务"：概括性任务（the generalization commitment）和认知任务（the cognitive commitment），Evans et al.（2006）[1] 相应地把认知语言学研究大致划分为两个主要的研究领域：语法的认知研究和认知语义学。他们认为这也是认知语言学中发展得最好的两个领域。语法的认知研究属于"概括性任务"范畴，主要致力于构建语言系统的心理模型（即"心理"语法），针对的是语言系统的认知研究，而非对心理本质的研究。认知语义学则属于"认知任务"范畴，主要研究经验或者说概念结构如何影响语义结构。

在认知语义学家看来，语言因素所直接引发的是我们共享的认知模式知识，而不是关于世界的信息。认知语义学家主要研究概念系统的组织结构和意义构建（概念化）的心理操作过程。其理论目标是通过研究语义来构建人类认知心理模型。我们专门花一章的篇幅对认知语义学进行理论批评，主要的原因除了认知语义学研究是认知语言学领域内发展得最好的两个领域[2]之一（Evans & Green, 2006）之外，另外两个主要原因在于：

1）认知语言学的基础和核心是认知语义学，认知语言学的各种理论框架都是建立在认知语义学基础之上的。Langacker（2007：1）强调："语法的认知观必须建立在语义基础之上"。他（2000：2）还强调，因"语法在本质上是象征的（symbolic）……它象征意义。所以我们必须从语义学开始"。

---

[1] 网址为：http://www.port.ac.uk/departments/academic/psychology/staff/downloads/filetodownload,68131,en.pdf
[2] 另一个领域是语法的认知研究。

2）意义研究对人类自身的发展意义重大：意义是"一个对思考着、行动着的人类而言有意义的问题"（Lakoff，1987：xi）。

本章主要是对认知语义学进行建构性反思批评。我们首先对学界的主要意义理论如意义对应论、Frege（1892）的意义观、Frege（1892）之后的各种意义理论和语义学的兴起作了简述。然后，我们探讨诸多有关认知语义学兴起的理论问题：认知语义学的哲学基础、意义体验论、认知语义学兴起的理论动因、认知语义学的兴起、认知语义学的"理论颠覆性"、认知语义学的指导性原则、认知语义学的语义观和各种意义认知分析工具。除此，我们还将探讨认知语义学的主要理论贡献：对语词本质的重新定义、对语法研究的独特贡献、对意义的再阐释和揭示概念结构的复杂性。最后，我们对认知语义学进行了建构性批评。我们指出其在术语方面存在基本核心术语的理论内涵泛化问题、概念—域和概念—意象图式两组概念的区分乏力问题；此外，认知语义学的诸多意义分析工具也面临一些问题；最后，认知语义学对一些理论问题的回答无能为力。

2 主要的意义研究理论

"'意义'这一术语在语言学领域内外都引起了很多的争论，迄今为止，语言学家已经提出过许多种看法，以建立前后一致的意义理论"（哈特曼、斯托克，1981：210）。语义学主要涉及两个问题：一是，意义从哪里来？；二是，意义是什么？不同的语义学理论对此提出了不同的看法。

2.1 最朴素的意义理论——意义对应论

意义对应论是一种最朴素的意义理论。其理论渊源可以上溯到柏拉图和亚里士多德的客观主义思想。意义对应论的核心是把意义等同于客观世界中的各种事物。最早把语言和世界现实挂起钩来并且在两者间划起等号的是我国先秦的哲学家们。我国先秦哲学中的"名实观"，探究的就是语言形式和现实世界中各种事物之间的对应关系。孔子主张"正名",提出"名不正,则言不顺;言不顺,则事不成。"孔子之言,不但揭示了语言和事物之间的联系,而且揭示了语言和行动之间的关系。

语言学界早期影响极大的"指称论",其实就是"名实观"的理论升级和改进版。指称论者把意义看成是"名"和"实"之间的直接对应关系。所谓"名"指的是语言对事物的指称,而"实"指的则是世界事物。"Plato(柏拉图), Augustinus(奥古斯汀), Wittgenstein(维特根斯坦)的前期理论以及罗素等都认为,语言与现实之间有着直接的对应关系,即语言形式与其所代表的事物之间存在着一种直接的指称关系。罗素是'指称论'的集大成者,提出了著名的'意义即指称(对象)'理论"(王寅,2001:33)。

Palmer(1976,参见王寅,2001)将指称论称为命名说,并将其分为两派:唯名论(Nominalism)和唯实论(Realism)。前者认为形式和指称之间没有什么内在联系,是约定俗成的结果;后者认为形式和指称之间存在一种自然的联系,比如拟声词就是对现实中各种声响的象似模拟。

西方哲学中的"真理对应理论"(the correspondence theory of truth)实质也属于意义对应论范畴。该理论强调:"真理(truth)是意义的基础,意义基于真理,真理是语词和世界之间的关系。"(Lakoff,2007:178)从"真理对应理论"出发,意义本质上是一种独立于人类认知且具有"真理"性质的绝对客观关系。意义对应论所存在的缺陷是明显的:

1)强调意义与认知主体之间的全然割裂,完全忽视认知主体对意义的"主观操纵性"。

2)强调意义和客观世界之间的直接对应,完全忽视意义对客观世界的"临摹失真",甚至"构拟变形"。

2.2 Frege的意义观

正是看到了意义对应论,尤其是指称论的缺陷,语言哲学家弗雷格于1892年发表《论意义和指称》(On Sense and Reference)一文。在该文中他首次提出,一个符号、语词或者字母的意义由两部分组成:一为"意义"(sense),一为指称(reference):"现在自然会想到,和一个符号（名称、表达式、字母）相联系的，除了符号所指之物外，即符号的指称（reference）之外，也包括我所称之的符号的意义（sense），意义当中包含陈述方式（mode of presentation）。"（Frege，Gearch & Black 译，1970：37）弗雷格所言的指称，并非我们所一般理解的客观实体，而是客观物体的"内部意象"（internal image），它源自人们记忆中对物体的印象，源自人们的内外部行为。

Frege（Gearch & Black 译，1970：38）进一步论述了意义和指称之间的关系："一个符号与其意义和指称之间的常规联系是这样一种关系，即符号对应一个特定的意义，特定的意义相应地对应一个特定的指称，但是，对某个特定的指称（物体）而言，它所对应的符号不止一个。"但凡常规都有例外，Frege 所指的这种常规关系也不是没有特例。有的表达式有意义，但没有指称，如"离地球最近的天体"，我们都懂其义，但我们不敢肯定真有那样的一个天体存在。Frege 的意义观在很大程度上丰富了我们对意义的理解，其对意义研究的主要贡献有二：

1）Frege 把"指称"理解为客观物体的"内部意象"，不但丰富了"指称"这一概念，而且首次把心理维度引入了意义的考察之中。

2）他提出的"意义当中包含陈述方式"的思想，包含了"视角决定意义"的"视/识解"思想萌芽。

弗雷格的意义观不但对意义研究产生了重大的影响，而且为语义学的兴起准备了必要的理论基础。

2.3 一些重要的意义理论

既 Frege 之后，哲学家、逻辑学家和语言学家相继提出了多种意义理论。基于语言研究的内、外部视角分立，我们可以大致把各种意义理论分为两类：内部视角下的意义研究和外部视角下的意义研究：

1）内部视角下的意义研究。主要包括四类：意义命题论认为意义就是使得句子之陈述成真的语义内容；观念论（idealism）认为语词的意义等同于和语词内在关联的观念或概念、内容、思想或本质等，且认为语词所代表的观念就是语词固有的、内在的意义；内部关系论认为意义由语言成分之间的横组合和纵聚合之关系网络确定;语义成分分析法把意义等同于语词内在的基本语义特征的加总。这四种意义理论的意义指向性都是内向性的,直接指向语言系统本身或者系统内部的各种关系,而无关乎语言系统之外的因素。

2)外部视角下的意义研究。此类研究主要包括:把句子意义等同于确实的可证性或者可验证性原则或者方法的逻辑实证主义意义理论[1];把意义等同为真值条件的真值语义论;把意义等同为语词所实现的功用或者功能的功用论;把话语的意义等同于说话者言语行为之含义的言语行为论;认为意义是受到语境因素定义和限制的语境论;把意义等同于说话者的意向或者意图的意向论;把意义看成是同义词的替代论;把词语的意义看成是由语言内、外部的整个"关系网络"(包括主体和客体之间的互动关系)加以界定的外部关系论;把意义看成是一种价值评价或者评估的意义价值论。这些意义理论的指向性是外部的:它们普遍把意义等同为语言系统之外的"他者",或者认为意义由语言系统之外的因素所确定。

上述各种意义理论的提出和发展为真正意义上的语义学的兴起准备了充分的理论养料。

2.4 语义学兴起

作为哲学和语言学之间的桥梁学科,"语义学在历史上不可避免地展示出两张面孔:一方面,作为语言学的一部分,它研究语词意义及其演化和演变;另一方面,作为哲学理论的一个分支,它关注符号(signs)对客体的所指功能(signifying functions)"(Albertazzi,2000:1)。Albertazzi的论述阐述了这样一个事实:在历史上,语义学在很长一段时间内并没有独立的学科地位,它素来以其他学科的附庸身份出现。Albertazzi所说的语义学的第一张"面孔"实质指的是,语义学一直是历

---

[1] 因逻辑实证主义意义理论是从实在事实和经验事实出发来证实句子意义的逻辑可能性,因此,从本质上来说,它是一种语言研究外部方法。

史语言学研究的一部分；而第二张"面孔"则指语义学一直属于哲学研究范畴，特别是属于客观主义哲学研究的一部分。

语义学的独立学科地位得到确认的标志性事件是1897年法国学者Michael Bréal（1832—1915）所著的 *Essai de Sémantique*（《语义学探索》[1]）一书的问世。该书出版之后，虽然哲学家，逻辑学家，社会学家和语言学家开始关注语义研究，但受当时结构主义语言学思潮盛行的影响，大多数语言学家依旧将主要精力集中在对语言结构的描写上，很少注意语言的意义方面。意义研究直到20世纪30年代还是语言学研究的一个"软肋"："对语义的叙述是语言研究中的一个薄弱环节，这种状况将一直延续到人类知识大大发展，远远超出现有水平才会改变。"（Bloomfield，1933：140）

20世纪30年代，基于客观主义的形式逻辑语义学的兴起，标志着语义学研究的真正起步。因形式逻辑视域下的意义表征手段主要是形式化的数学公式或者形式逻辑公式，因此，逻辑语义学又被称作形式语义学。Lakoff（2007：2）说他1963年开始从事语言学研究时，"意义研究是形式逻辑（formal logic）研究"。所谓形式逻辑，主要是指数理逻辑。而数理逻辑主要是指客观世界的自然逻辑结构，与人类的心理（mind）结构无关。那时的形式逻辑研究被认为是研究"宇宙中所有的理性结构"（ibid.）。而人类的理性思维则被认为是对宇宙结构的客观模拟。换句话说，即理性和逻辑的本质就是对世界自然结构的客观模拟。数理逻辑的思想和亚里士多德的"意义客观论"一脉相承，亚里士多德认为："语词的意义是世界自在之物的本质（essences）。"（ibid.）换句话说，形式逻辑语义学主要研究意义如何契合世界结构，而世界结构则需用逻辑结构表征出来。

20世纪50年代末期，结构主义语言学式微，美国语言学家Chomsky所创立的生成语言学兴起。生成语言学的兴起标志着语言研究

---

[1] 该书的英译本1900年问世，译者是Henry Cust夫人，书的英文译名为 *Semantics: Studies in the Science of Meaning*（《语义学：意义科学研究》）。该书1964年再版。

的认知转向。生成语法中，语言被看成是一个"自治"（autonomous）的符号系统；句子的生成被看成是一系列符号操作的结果，句子的生成不受其他认知过程，如人类的一般认知能力、人类的心理因素、社会因素等的影响；且意义对形式的作用微乎其微，即语义不影响语言形式。由此，意义被完全排斥在生成语言学研究的范围之外。

20 世纪 70 年代中后期，语言学界忽视语义研究的现状在某种程度上得到改变。当时，一批生成语义学家就"语言理论中意义的作用"这一经典命题向生成语言学家发起"针尖对麦芒"式的挑战。在生成语义学家看来，语言并不是一个"自治"（autonomous）的符号系统。符号的操作，即句子的生成不但受到其它认知过程的影响，而且受到意义的影响。他们强调，在语言系统中，语义和语言形式密不可分，且语义影响语言形式，即意义是句子生成的主要动因。由此，意义不但被重新纳入语言研究的范畴，而且逐渐成为语言研究的核心议题。

3 认知语义学兴起

3.1 认知语义学哲学基础：意义体验论

认知语义学的哲学基础是"意义体验论"。根据 Johnson（2006）的研究，在西方哲学传统中，对心理和语言持"自然观"（naturalistic theory）的是 John Dewey 和 Maurice Merleau-Ponty 两位哲学家。Dewey 从实用主义（pragmatism）视角出发，Merleau-Ponty 从法国现象学（phenomenology）视角出发，试图打破基于身—心二元对立的意义阐述传统，而致力于论证意义如何根植于我们的身体和环境这一互动过程中的方方面面。Merleau-Ponty（转引自 Johnson，2006：4）认为"意义不是我们称之为'心理'（mind）的'自发'（spontaneous）构建，也远不是我们称之为'身体'（body）的机械产品。反之，它是杜威称之为'身体—心理'（body-mind）这一整体方式中的一部分。意义是我们居住于世界的方式"。Johnson（2006：6）把 Dewey 和 Merleau-Ponty 的这种自然语义观称之为"意义体验论"（the embodied theory of meaning），并把其主要特征归纳如下：

1）人类意义与人类与其所处环境之间的各种互动特点和重要性相关。

2）在某些更广的、连续的（ongoing）经验中，其某个特定面或者特定维度的意义是那个面与过去、现在或者未来（可能的）经验的其他部分相联系。意义是相对的。意义是关于一件事情、一种质量或者一个事件和其他事物有关或者相联系。意义是我们居住于世界之各种方式的重要发展。

3）有时候，我们的意义是以概念或者命题形式编码的，但那仅仅是内在义（immanent meaning）的一面，是内在义那巨大的、连续的、无意识的、或仅能意识到的过程中那意识性更强的、选择性更强的一面。内在义涉及结构、模式、质量、感觉和情感等。

4）意义体验观是自然的。它把意义置于一种经验流之中，这种经验流是生物机体和其环境互动的结果。意义的产生是"自下而上"（bottom-up）地经历多种由简到繁的组织活动层面而产生的。它们不是非体验心理（disembodied mind）产生的结构。也存在一种"自上而下"（bottom-down）的结构，这种结构塑造和限制什么是有意义的以及怎样才有意义。但是"自上而下"的东西，在其起源上，是"自下而上"的。目的是提出一种非一维的或非简化主义（reductivist）的非二元对立意义体验观。

3.2 认知语义学兴起的理论动因

认知语义学兴起的语言学动因主要有二：

1）生成语义学家对形式语义学的挑战和否定。Lakoff（2007）指出，他早在20世纪70年代中期就已经彻底抛弃了形式语义学，原因是他认为形式语义学是错误的。他（2007）提出了多方来源的证据以证明形式语义学的研究路径是错误的。归结起来，主要涉及两类证据：语言证据和实验证据。

语言证据显示，形式语义学无法对一些关涉到人类理解力、认知、或者虚拟情况的特殊句法结构的合理性作出有力的解释。如Lakoff

（2007）观察到，形式语义学无法解释为何在 *I dreamt that I was Brigitte Bardot and that I kissed me.*[1]（我做梦自己是 Brigitte Bardot 且我亲吻了自己。）这个句子中，我们可以违反反身代词的使用规则，用 *I kissed me*，而不用反身代词结构 *I kissed myself*。他还观察到，形式语义学同样没法解释为何在 *If I were you, I'd hate me.*（如果我是你，我会恨我。）这个句子中，我们也可以违反反身代词的使用规则用 *I hate me*，而不用反身代词结构 *I hate myself*。Lakoff（2007）认为，形式语义学之所以对这两个句子的解释无能为力，原因在于：形式语义学只关注语言和世界或者世界结构之间的关系，一旦语言表达的内容超出现实世界范畴而和人类的理解力或者说认知、抑或虚拟情况相关，它就无能为力。

来自认知科学的实验证据表明，意义并非完全是客观的。事实上，我们的大脑、身体以及身体和环境的互动都参与了意义的构建。Paul Kay 对颜色的实验研究和 Russell Diveley 对颜色视觉（color vision）的神经生理学研究表明，颜色是一种互动特征（interactive property），而不是一种自在于世界之中的"本然"特征[2]。换句话说，颜色并非一种真正客观地存在于我们所居住的世界之中的波长，而是人类的一种主观内在经验。颜色感知是波长刺激人眼的颜色视锥（color cones）所产生的神经回路（neural circuitry）所体验到的一种内在经验（Lakoff，2007）。

2）认知语义学家对经典范畴化理论的"理论反动"也是认知语义学兴起的重要动因。作为一种人类基本的认知能力，范畴化可以被定义为一种比较，即一个已被确立为某种标准的结构单位和一个全新的目标结构之间的比较（Langacker，1999；2000）。Lakoff（1987）把范畴化理论简单地分为两种：一是，基于特征集合的特征语义学；二是，基于原型、概念隐喻和借代的认知语言学方法。前者属于经典范畴化理论，而后者则属于范畴化的认知研究。Lakoff（2007）把亚里士多德思想看成

---

[1] 这个例子最早是由 Jim McCawley（吉姆·麦考利）提供的。
[2] "本然特征"是个哲学术语，指客体所拥有的、不受人类影响的"自在"特征，它和"互动特征"相对。

是特征语义学（即经典范畴化理论）的理论根源[1]。

所谓经典范畴化理论其实就是必要充分条件定义法。其中必要条件是针对概念的每一个成分（constituent）所编码的条件而言的，必要条件的集合构成概念的充分条件。经典范畴化理论中的代表性理论模式是成分分析法。以 bachelor（单身汉）的定义为例，成分分析法认为 bachelor 有三个主要的语义成分：UNMARRIED（未婚），ADULT（成年）和 MALE（男性）。这三个成分实质指明了成为 bachelor 的三个必要条件，而这三个条件的全部满足就是成为 bachelor 的充分条件。经典范畴化理论虽然盛行一时，甚至时至今日仍然在某些领域（如词典编纂）极有影响。但是也受到诸如 Wittgenstein（1953）和 Fodor et al.（1980）等学者的批评。该理论的局限性主要有三点：

一是，如何确定概念的基本语义成分，并如何保证基本语义成分的不可再分性？

二是，语义成分的数量到底以多少为宜？

三是，基于必要充分条件的范畴化理论无法解决范畴成员之间的地位不平等问题。

基于20世纪70年代认知科学领域的诸多新发现，特别是基于 Rosch（见 Rosch，1973；1978；Rosch & Mervis，1975）和她的同事们关于原型理论的一系列实证研究，生成语义学家们开始挑战经典的基于特征集合的范畴化理论。基于原型理论，认知范畴被认为具有内在的原型结构或者辐射范畴结构（Lakoff，1987）。原型被定义为一个范畴的最佳成员，即认知范畴的原型成员拥有与范畴中的其他成员最多的属性共性，而与其邻近（neighbouring）范畴成员的共享属性最少。辐射范畴由一个中心次范畴（subcategory）和多个非中心延展（extension）或者变体构成，它关涉的是范畴原型成员和边缘成员之间的关系。原型范

---

[1] 虽然 Lakoff（2007）认为经典范畴理论的理论根源可以追溯到亚里士多德的思想。但是，Turner（2006：222）认为："亚里士多德本身对范畴化的观点比我们所通常认为的要更为复杂，他区分了'基本'（essential）和'偶然'（accidental）属性（attributes）。首次引入了并非所有的特征都具有同等的重要性这一思想"。也就是说，亚里士多德的思想里实质包含着原型思想的萌芽。

畴化理论认为范畴之间的界限是模糊的,且范畴彼此之间会相互融合(Langacker,1999;2000)。

3.3 认知语义学兴起

从学科本质上来说,认知语义学是认知语言学的分支学科。作为认知语言学的研究基础,认知语义学的发展对认知语言学的整体发展功不可没。认知语义学是整个认知语言学运动的先行者。其前身是从生成语言学阵营里脱胎而来的生成语义学研究。作为生成语义学派的先驱人物之一,Lakoff 教授在接受 Brockman(2007:2)采访时说,语义是句法的基础所在:"回溯到 1963 年,语义学意味着逻辑——演绎逻辑和模式理论——我们一组人提出了生成语义学理论,我们把形式逻辑和转换语法整合在一起。语义学(以逻辑形式为基础)被认为先于句法,依据是语义和语用进入了管约句法结构的一般规则"。

在形式逻辑和转换语法的整合框架里进行了十几年的意义研究之后,1975 年,Lakoff 开始接触到诸多来自认知科学[1]的新成果,如"色觉的神经生理学研究、原型和基本范畴、Talmy 对空间关系概念的研究、Fillmore 的框架语义学"(Brockman,2007:3)等等。"这些认知科学成果颠覆了统治西方学界长达 2000 多年的西方分析哲学对"意义"的看法"(王馥芳,2012c:111)。基于身—心二元对立说,西方分析哲学把意义看成是我们称之为"心理"(mind)的"自动/自主"(spontaneous)构建,且意义的构建和"身体"(body)本身的感知—运动活动毫无关联,即意义本质上是观念的和命题的(Johnson,2006)。反之,Lakoff(2007)所接触到的认知科学新成果则指向一种"意义体验论"(the embodied view of meaning):意义植根于人类和其环境之间的互动,意义本质上是体验性的,是对互动经验的体验。意义不但和身体所经历的感知—运动活动有关,而且受制于这些活动(ibid.)。

1975 年之后,Lakoff 和他的同事彻底摒弃了形式框架下的逻辑语义

---

[1] 认知科学是 20 世纪 70 年代兴起的一门新兴学科。

学（即生成语义学）研究，而开始从事被纳入认知语言学框架下的语义研究（即认知语义学研究）。从研究立场来说，认知语义学本质上反对形式语义学、逻辑实证主义语义学、真值条件语义学和经典范畴化理论这四种意义理论在对待意义问题上的简化主义（reductionalism）立场。四者的"这种简约化（作者注：即简化主义）的趋势是要将语言的形式和意义最大程度地抽象为最一般的表征，而将一些明显表现出特异的情况归结为'边缘'"（黄缅，2006：155）。认知语义学的最大优势恰恰在于对"语义特异"或者"语义异常"这类"语义边缘"或者"语义乖戾"现象能作出有力阐释。

3.4 认知语义学的"理论颠覆性"

认知语言学在1975年兴起之初，是以颠覆性的"理论反动"面目示人的。其所意欲颠覆的是当时语言学界所谓的"正统"语言研究方法，即形式语义学框架下的语言结构规则的描述、筛选和提炼。其"颠覆性"是多维的，主要表现在以下几个方面（王馥芳，2012c：116—117）：

1）对"概念"这一术语的颠覆性理解。

① 概念是意义的一部分，不是意义的全部。概念是意义的更高级层面，它是对意义的基础层面——感知运动过程——的理论抽象。意义的基础是人类的感知运动过程，而不是概念本身。

② 概念的本质不是观念的，而是体验性的。概念是对我们感知运动（sensorimotor）经验的体验。

③ 概念不是纯理性的，想象力（如隐喻、借代和意象图式等等）在概念的建构中发挥着重要的作用。

④ 概念的结构不是"原子性的"[1]，而是原型性的、隐喻性的、借代

---

1 Fodor（1998：前言）认为："概念理论应该是原子的（atomistic）"，意即概念的结构是原子性质（atomism）的。Fodor（ibid.）认为，学界对概念内容的阐述多是基于概念的"推理功能"（inferential role）。他认为这种关注概念内容之推理功能的观点是错误的，且概念结构的反原子观（the anti-atomist view）也是错误的。他进一步指出，概念不是定义，不是规约模式，不是原型，不是对信仰系统的抽象，等等。由此，Fodor提出了和认知语言学相悖的"概念原子理论"。

性的、图式性的和拓扑性的。

2）对词典经典意义观的"颠覆性"挑战。传统上，我们可以把词典编者对意义的理解概括为以下五个方面的内容（ibid.）：

① 意义是一个常项。意义是语词内在的特征，意义可以独立于语境而存在。词典所提供的是语词的无语境意义。

② 意义的基础是观念性的。

③ 语词通过表达概念来获得意义，概念是意义和思维的基本单位。概念主要被理解为对"客观事物"固有的"本质特征"的反映。

④ 概念是人类所有言语行为（speech-acts），如提问、发出命令、请求、开玩笑、表达忏悔等的基础。

⑤ 概念生成的机制是逻辑形式规则。概念生成和组织跟人类身体的感知运动活动毫无关联。

认知语义学所提出的"意义体验论"颠覆了词典经典意义观。针对上述五点，"意义体验论"提出了截然不同的看法：

① 意义不是一个常项。Croft & Cruse（2004）认为词语本身没有固定不变的意义，其意义是在实际运用中通过不同的心理过程而形成的。而且，意义并非语词的内在特征。相反，意义是语词的层创特征，意义受制于人和环境的互动。词典所描述的意义不是独立于语境而存在的意义，而是对典型语境进行概念化抽象之后而得到的语境内化意义，即意义本身含有抽象的内化语境。

② 意义的基础是经验性的。Lakoff & Johnson（1999：3）认为："意义植根且贯穿于我们的身体。"

③"语词的'意义'并不等于对'客观事物''固有'的'本质特征'的反映，而是人与所指事物、人与生存空间在互动中的共同建构，亦即两者在相互遭遇、相互'对话'、相互作用的过程中的产物。语词的'意义'当然要揭示所指事物的区别性特征，但是其中还融进了人对所指事物的需要和应对，还融进了人对所指事物的态度和联想"（周光庆，2009：24）。认知语义学认为，语词通过表达体验性经验（embodied experience）来获得意义。体验性经验是在特定的时代背景下人和其所处

环境的互动。

④ 体验性经验是人类所有言语行为（speech-acts），如提问、发出命令、请求、开玩笑、表达忏悔等的基础。

⑤ 概念的生成机制是各种概念化视/识解机制，如隐喻、转喻（借代）、范畴化、原型、意象图式、心理空间和概念整合等。思维和想法跟人类身体的感知运动活动密切相关。

认知语义学所倡导的"意义体验观"从理论上解决了意义的起源、本质和构建问题，极大地丰富了我们对"意义"本身的理解。

3.5 认知语义学的指导性原则

Talmy（2000：4）指出："认知语义学研究是对概念内容及其在语言中的组织进行研究。"正如不存在一个统一性的认知语言学理论框架一样，亦不存在一个统一性的认知语义学研究框架。认知语义学家聚拢在"意义与认知相关"这一旗帜下开展研究重点及兴趣迥异的工作。Clausner & Croft（1999：1）认为，尽管认知语义学中有诸多不同的理论观点，但公认有五大基本的理论构体（construction）：

1）基本语义单位是一个心理概念。

2）概念不能脱离其所在的域（domain）得到解释。

3）概念结构代表一种经验视/识解（construal），即一种积极的心理操作。

4）概念范畴关涉原型且（至少）由分类（taxonomic）关系组织、结构。

5）意象图式（反复发生的基本概念结构）是域的一个次类型（subtype），被称作意象图式（image schematic）域。

Langacker（2008：38）认为认知语义学公认的理论假设有四：

1）意义被看作是语言的主要目的。

2）意义被认为是由我们和真实世界的互动经验所决定的。

3）意义被看作是一般认知不可分割的一部分。

4）意义融于语法之中。意义和形式不可分，它们共同组成语法的两个不同的域（pole）：语义域（semantic pole）和音系域（phonological pole）。音系域是语义域的象征，两者是对应关系。

Evans & Green（2006：153）则总结出了各种认知语义学研究方法所共同遵守的四条指导性原则（guiding principle）：

1）概念结构是体验性的。
2）语义结构等同于概念结构。
3）意义表征是百科性的。
4）意义建构是概念化。

3.6 认知语义学之语义观

认知语义学认为语义结构代表概念结构的一部分，而非全部。认知语义学力求寻找一条意义解释的中间道路：一条介于纯粹的主观主义和纯粹的客观主义之间的道路。Lakoff & Johnson（1999：497）认为认知语义学的重要理论主张有二：

1）概念本质上源于、且必须通过身体、大脑和世界经验来理解。概念通过体验（embodiment），特别是通过视觉和运动能力获得其意义。直接体验概念包括基本层次概念（basic-level concept）、空间关系概念、身体行动概念（bodily action concept，比如手运动）、体（aspect，即行动和事件的一般结构）、颜色和其他。

2）概念生成主要使用大脑的想象力方面：框架（frame）、隐喻、借代、原型（prototype）、辐射范畴（radial category）、心理空间（mental space）和概念整合（conceptual blending）。抽象概念主要通过来自更为直接的体验性概念（比如视觉和运动概念）的隐喻投射产生。正如我们所看到的，我们有一个极其广泛的概念隐喻系统，这个系统主要通过更为直接的体验性概念来生成抽象概念。这一隐喻系统不是随意的，而是同样根植于经验。

认知语义学的哲学基础是"意义体验论"。"意义体验论"重视人类语言的语义丰富性和语义理解对思维和百科知识的依赖性，并试图基于经验的体验性来建立更有心理现实性的语义学。Lakoff（1987）认为语言只有和思维及经验联结才有意义。Lakoff（1987：266）把经验主义者（experientialist）的策略描述为："以思考者的本质和经验来描述意义。"这里的经验不是狭义层面的个人经验，而是指"人类经验的整体以及任何在其中起作用的东西"（ibid.）。换句话说，认知语义学认为意义主要源于人类身体、大脑和世界环境的互动。确切地说，主要源于互动过程中的各种经验图式、视觉—空间模式、心理意象、理解的前概念或者体验方式等。Evans & Green（2006）以"梨子"为例说明意义如何源于心理意象。他们认为"梨子"这一概念的产生是来自外界的各种感知信息被整合而成的一个单一的心理意象（mental image）。Evans & Green（2006）把意义描述为一个整合过程，而不是一个结果。

Evans & Green（2006：7）通过"表征层次"图例勾勒了语言意义的生成途径："'自在的世界'（the world 'out there'）通过和感知器官的互动作用，产生感知（percept（ion）），感知进一步提炼为概念（concept（ion）），概念转化为语言意义。语言意义产生之后，再生成形式。" Evans & Green 实质上是把语言意义等同为概念这一源于感知的"特殊心理表征"。概念是认知科学的主要研究对象。"在认知科学中概念通常被理解为有子命题内容的（subpropositional content）结构性心理表征（structured mental representations）……概念理论除了解决别的事情，主要旨在解释这些过程（作者注：指各种心理操作过程）的性质以及所涉的表征结构。与此相关的是一些解释什么是概念内容以及概念如何拥有内容的项目"（Margolis & Laurence，2006：817）。有鉴于此，认知语义学的主要任务有二：一是，解释语词的概念内容（即意义）；二是，解释概念内容的心理操作机制。

认知语言学的代表人物 Langacker（1987；1991a；1991b）同意 Jackendoff（1978）把语义结构等同为概念结构的思想。在其提出的认知语法中，他把语词的概念内容（即意义）等同于概念化（conceptualization）："在认知语言学中，意义被等同于一种概念化。"（Langacker，2007：1）他区分了两个概念：一般性概念化和基于表达目的的概念化。前者和后者的区分在于：前者是一般性的人类认知能力，而后者是一种特定的、与语言表达相关的概念化，它等同于语言意义。前者是后者的上义概念，后者是前者的一部分。前者是个极其宽泛的概念："我们心理经验的任何一个方面都能被称作概念化，而不仅仅是最为抽象的那些概念，也包括直接经验：感知经验、运动经验和情感经验。再者，还包括在所有这些维度上的语境理解：物理、语言、社会和文化语境。"后者是一种特定的"为表达目的服务的概念化，这种概念化与语言传统相一致"（Langacker，2007：2）。

因Langacker（1990；1991a；199b；2009）的认知语法把事件中的概念化者（conceptualizer）视角纳入到事件的描述之中，因此认知语义学视角下的意义研究本质上是一种"主体性视/识解"（subjective construal）行为。又因认知语义学的哲学基础是常识形而上学，因此，认知语义学视角下的意义观带有浓厚的"人文"色彩。

3.7 认知语义学研究重心

目前，认知语义学的研究重心主要在于对"概念化"的研究，相关研究主要包括以下几个方面：

1）概念化结构研究，如意象—图式理论（Talmy，1978；1988a）认为概念化结构是意象—图式性的。

2）其他概念化视/识解方式的进一步发掘及其心理操作机制研究。在传统的凸显、焦点、注意力、侧面化—基底及图形—背景组织模式之外，认知语言学者开始借鉴认知科学中的其他心理操作机制如"绑定"（binding）来研究意义的有意识心理表征。在认知科学研究中，作为有意识处理（conscious processing）的认知机制，"绑定"研究引起了一些学者的兴趣。"绑定"机制解释了隐含表征如何促使明晰表征的形成："在'绑定'这一心理操作中，许多不同模态的隐含表征（指不能被意识到的、言语无法表达出来的表征）被同时激活并被整合成一个统一的明晰表征，整合后的明晰表征以多模态编码保存于工作记忆之中。"（Roehr，2008：81）

"绑定"机制通过大脑不同区域中的许多神经元的短暂性共时

发亮（firing）得到解释。Engel（2003）研究了暂时性绑定和意识（consciousness）的神经联系之间的关系。Timothy & Chalmers（2003）通过研究认知无意识心理操作机制探讨了意识的统一性："各种有意识的经验以一种很深层的方式'捆绑'在一起，它们通过成为一种单一而有包含性的、有意识状态的方方面面而被统一在一起。"（Timothy & Chalmers，2003）[1]Grady（2000：337）指出："绑定有多个层次。在大约三万分之一秒的时间之内，大脑能够把不同的感知信号（cues）整合为一个对一个单一客体的统一感知……在一个更长的间隔内，大约在3秒钟之内，大脑整合多种基本的（primordial）事件，加上目前的情感和意图状态等，导致Edelman（1989）所称的基本意识（primary consciousness）及主观的'现在'（present）经验"。

3）概念化过程的百科（包括文化）维度研究。由于"'概念化'本质上包括任何一种心理经验"（Langacker，2000：2），因此，基于语言概念化的语言意义是百科性质的："语言意义不是自足的或者明确界定的（well delimited）。它们不能和其他种类的知识完全区分开来……语言意义基于我们的概念化，我们的世界知识。语言意义不是孤立的，在什么是语言的和什么是非语言的之间没有特定的分界线（Langacker，2007：2—3）"。有鉴于此，认知语言学者日益重视概念化过程中的社会、文化、心理、交际和功能等因素的综合考察。

3.8 各种意义认知分析工具

认知语义学的基本主张之一是："一个表达式的意义不能简化到只对被描述的场景作客观的刻画。概念化者（conceptualizer）如何选择性地视/识解情景并如何根据表达目的来描述场景对语言意义同等重要。"（Langacker，1991c：315）Langacker（2007：7）认为意义是"内容和视/识解两者的功能"。有鉴于此，认知语义学认为意义在很大程度上取决于我们以不同的方式概念化或者视/识解同一客体、情景或者内容的能

---

[1] 网址为：http://philpapers.org/rec/BAYWIT（2014-1-14）。

力:"视/识解是人们的经验被以多种方式构想(conceived)的过程。"(Clausner & Croft,1999:3)视/识解能力是认知语义学的基础:"说话者以不同方式概念化各种情景的能力事实上是认知语义学的基础。"(Casad,1995:23)认知语义学中的很多研究都致力于各种概念化过程或者视/识解操作过程的分析和分类。

  认知语义学借助于多种认知分析工具来阐释视/识解操作的心理过程。Talmy(1988b)把视/识解看成是意象系统中的一个次系统。Langacker(1987)列出并探讨了各种属于焦点调整(focal adjustments)范畴的视/识解操作方式。Lakoff(1987)把理想认知模式(Idealized Cognitive Model,简称ICM)如隐喻、借代、范畴化、原型和意象图式转换看作是几种不同类型的视/识解操作方式。由于框架(frame)被理解为一个与概念描述相关的概念结构,具体而言是"一个统一的知识框架,或者经验的连贯性图式化(coherent schematization of experience)"(Fillmore,1985:223),因此Lakoff(2007:222)也把"框架"理解为一种视/识解操作方式:"框架(frame)是理解一种情景(situation)的方式。"

  "图形—背景"(figure-ground organization)组织被认为是人类的一种基本认知框架,也是一种有效的视/识解操作方式。Talmy(1978)早在20世纪70年代就把完形心理学中的图形—背景区分引入认知语言学,研究复合句中两个事件之间的关系。此后,"Talmy(1983;2000)又进一步发展完善了这一观点,提出了图形—背景关系理论。图形—背景关系可用来解释某一移动或方位事件中在空间上相关的两个客体及其相互关系。在这种关系中,图形指的是一个移动的或概念上可以移动的实体,背景指的是一个参照实体。图形的路径、位置或方向依据背景而得以确定和描述"(Talmy,1983:232;2000:311—312;转引自张克定,2011:98)。Langacker(1991c:308)认为"图形—背景组织几乎完全是主观的。在某一场景中,虽然选择一个实体作为图形是由某些客观特性(如紧邻性、移动性、对比性等)促发的,但图形—背景关系并不是场景中固有的,而是人们视/识解的结果"。

4 认知语义学主要理论贡献

4.1 对语词本质的重新阐释

关于语言的本质，学界争论不休，莫衷一是。从纯粹的符号学角度而言，语言被看成是由若干发生在喉头和口腔，并与呼吸相结合的运动系列所构成的一个完整的集合，或者是由"诸相似的运动系列所构成的一个类"[1]（罗素，贾可春译，2009：162）的全部集合。而从功能主义的角度来说，语言的主要功能之一是命名，而命名的主要目的是为事物分贴标签。

德国存在主义哲学家海德格尔（孙周兴译，1999：10）反对语言本质上是"为事物分贴标签"的传统看法，他认为"命名并不是分贴标签，运用词语，而是召唤入词语之中"。海氏赋予语言以主体行事能力的语言哲学思想撼动了传统的"语言交际工具论"的思想，从而使得哲学界开始从"思想本体性"的角度重新看待语言的本质问题。

20世纪英国哲学家罗素（贾可春译，2009：163）的语言哲学思想和海德格尔是相容的，他认为："语言的本质不在于用作这种或那种特殊的交流工具，而在于使用一些固定的联想（不管它们可能是怎样产生的），以使某种眼下可感的事物——即一个说出的词、一个图形、一个手势，或诸如此类的东西——可以唤起某种别的事物的'观念'[2]。"

秉承海德格尔和罗素的语言哲学思想，认知语义学家把语词看成是一个个概念"可及点"（points of access），透过它们我们得以触及与某个特定概念或者概念域相关的多种知识（Langacker，1987）。由此，认知语言学认为语词并不"表征"意义，它们仅仅充当概念化的提示（prompt）："语词仅是对意义构建过程的一个'提示'（prompt），并根据话语发生的语境'选择'一种合理的阐释。"（Evans & Green，2006：161）

---

[1] 指一个单一的词，尤其指说出的词。
[2] "这里的'观念'不是柏拉图所说的观念，而是洛克、巴克莱及休谟所说的观念，并且这后一种意义上的观念，是与'印象'相对的（罗素，贾可春译，2009：4）。"

4.2 把"构式"引入语法研究

认知语义学对语法研究的最大贡献在于：把"构式"引入了语法研究。生成语法把词类（如名词、动词、形容词等）看成是语法组织的句法原基（syntactic primitive）单位，而认知语言学则把"构式"（construction）看作是语法组织的最基础（primitive）原则。在认知语法中，"构式要么被定义为一个表达式（长短不限），要么被描述为一个从各种表达式抽象而来并代表其共性的图式。表达式和代表其共性的图式本质上是相同的。区别只在于精度（specificity）不同。特定表达式和抽象图式在心理上都能被固化（entrenched），并能在言语社区中被规约化。在这种情况下，它们构成确定的（established）语言单位。具有单位（units）地位的特定表达式相当于传统意义上的词汇项目，更图式化的单位对应于传统意义上的语法。尽管有区别，但只是一个程度问题，在认知语法中，它们形成一个连续统"（Langacker, 2009: 2）。其后，基于对组合性象征结构（composite symbolic structure）的研究，Langacker又进一步把语词层面以上的更大语言单位界定为"由对应和范畴化关系联系而形成的象征结构集合体（assembly of symbolic structures）"[1]（Langacker, 2009: 12）。

在Langacker（2009: 6）看来，"构式"既包括形式（表达式），也包括语义（图式），且形式和语义之间没有明确的界限："语义成分（composition）和语法没有区别，语义成分只是组成语法的语义域（就像词汇意义和词汇项目没有区别，前者只是组成后者的各种语义域（semantic pole）"，两者形成一个从具体到抽象的连续统。很多认知语言学者因此认为语法本质上是由诸多相互联系的构式所组成的网络系统。

构式语法为语法现象的解释提供了一个很有说服力的理论框架。Goldberg（1995）研究了双宾（ditransitive）结构，她把英语双宾构式——[v]-[np]-[np]——的图式义描述为转移（transfer）和运

---

[1] Langacker（2009: 13）把"象征集合体"和"表达式"看作是可以互换的概念。

动（motion）。她认为是各种多义联系把双宾构式的各个次类联系在一起，并使它们紧紧围绕着动词 give（给予）这一最佳构式示例。Goldberg & Jackendoff（2004）对结果（resultive）构式进行了类似的研究。Turner（2010）在分析"致使性运动小句结构"（caused-motion clause structure）如何通过概念整合生成小句构式义时，指出其构式义是"致使性动词"的力动态和"致使性—运动框架"（caused-motion frame）在心理层面上进行概念整合的结果。

构式语法的应用前景较为广阔。近年来，学者们开始运用构式语法研究语言变异和变化现象。"构式"本质上具有渐变潜势："所有的语法描述层次都关涉构式——规约化的形式—意义配对。构式语法认为词库和句法之间没有明确的分界线，所有的构式都能被置于一个词库—句法的连续统之中。在这一连续统中，构式会发生潜在的变化，它们会慢慢变得'更具词汇性质'（more lexical），或者'更具语法性质（more grammatical）'。"（Hoffmann & Trousdale，2011：2）由于构式的渐变性和语言的共时和历时变异或者变化高度契合，因此，构式语法被认为能很好地解释一门特定语言中的共时和历时形态句法（morphosyntactic）变异。

虽然构式被很多认知学者看成是语法组织的最基本（primitive）原则。但是，Lieven et al.（1997）和 Tomasello（2000a）认为，构式的习得给儿童增添了很大的认知负担，因而不具有心理现实性。认知语言学者则寻求语言认知处理对认知心理学的研究成果予以反驳：人类心理能储存的信息量比我们预想的要大得多，而且心理对句法的在线处理的真正方式也和我们预想的有很大不同。有鉴于此，我们有理由把构式作为语法组织的核心原则（Hare et al.，2004；MacDonald et al.，1994，参见 Acuña-Fariña，2006）。

4.3 开创意义"立体化"和"动态化"研究先河

意义长期以来被等同于定义、指称（referent）、指称和意义（reference and sense）、所指（reference）、命题、解释、观念、概念、思维、本质、功能、使用、证实性、可证原则、真值条件、含义、语义特征的集合、同义词、各种内外部关系、价值评判等等。这些意义研究所存在的缺陷主要有二：

1）导致意义研究的平面化。上述研究本质上都是意义的一维研究，忽视了意义的多维性和复杂性。

2）导致意义研究的静态化。因上述研究均简单地把意义等同为某一具有相对确定性的终端（意义结果），由此忽视了意义的不确定性、即时性、过程性、构建性和动态流变性。

基于"意义是神经模拟（neural simulation）基础之上的心理模拟（mental simulation）[1]"（Lakoff，2007：183）、"意义表征是百科性的"和"意义是概念化"这三个重要的理论假设和前提，认知语义学在很大程度上较好地解决了上述两个缺陷：

1）基于"意义是神经模拟基础之上的心理模拟"和"意义表征是百科性的"这两个研究假设和前提，认知语义学把意义看成是一种语言概念化能力，由此很好地诠释了意义的多维性和复杂性。Taylor（2002）指出 tree 这一概念的构成是百科性的，掌握 tree 这一概念意味着：能够辨认一棵树，知道满足什么条件才算作一棵树，能够得体地运用 tree 这个词去谈论"树"这一客体，知道关于"树"的各种不同事情，如知道树有树干、树枝、树叶和树根等等，且知道鸟在树上筑巢，树木能够用作柴火。通过抽象概括，我们可以看出 tree 这个语词所促发的实质是一种综合的语言概念化能力，具体而言包括：

① 范畴化能力（如辨认树，以及知道满足什么条件才算作一棵树）；
② 语用能力（如能够得体地运用 tree 这个词去谈论"树"这一客体）；
③ 百科能力（如知道关于"树"的各种不同事情……）。

---

1 这是模拟语义学（simulation semantics）的重要假设。模拟语义学的基础是理解，而理解的基础是神经模拟（Lakoff，2007）。Barsalou（2002）对感知模拟（perceptual simulation）的研究显示，当人们思考各种情境时，他们会模拟情境中的"在场"（being there）经验，包括当思考物体相关特征时，目光投射的地方。Matlock et al.（2003）的研究也发现：1）人们会构建与物理空间相似的模式；2）会模拟这些空间模式中的物体和运动；3）且会以一种在某种程度上类似物理运动的规律和感知的方式模拟。

事实上，综合的语言概念化能力除了包括范畴化能力、语用能力和百科能力之外，还包括抽象、概括、推理、归纳、演绎、联想、类推、递归、归溯、想象、心理模拟、虚构/拟和整合等多种能力。

2）基于"意义是语言概念化"这一研究假设和前提，认知语义学把意义看成是一种动态的心理操作和构建过程，而不是任何一个能被语言概念打包的明确终端。意义动态构建论的理论基础是模拟语义学（simulation semantics）。而模拟语义学的神经学机理是一种叫典型神经元（canonical neuron）的东西。当我们行动或者当我们看见我们有能力做某些事情时，这些神经元就会发光（fire）。这些发光的神经元把我们和我们在世界上要做的事情联系起来。同样地，当我们感知某事时，镜像神经元（mirror neurons）也会发光。另外，如果我们看到别人在做某事，那些神经元也会发光。当我们在做别人正在做的同一件事情时，同样的神经元会发光，这些发光的神经元把我们和其他人联系在一起。所以在我们的心理和身体中，有一个神经元机制把我们和世界以及其他一些人联系起来。就是这个机制使得我们的概念生成和构建契合世界，并契合其他人在做的事情，同时使得人际之间拥有共享概念（见 Lakoff, 2007）。

4.4　开创词汇概念范畴化研究

认知语义学诸多意义分析工具的引入，深化了我们对语义范畴和概念复杂性的理解和认知。基于意象图式理论，认知语言学者开创了一种新的词义研究法——词汇概念范畴化研究。我们以"力"（force）这一词汇概念的分析和阐释为例予以说明。Johnson（1987）辨明了不下 7 种力图式：因遭遇外力而导致既定目标被迫移动的强制/迫（COMPULSION）图式、因遭遇外力而导致既定目标受阻的受阻/遇阻（BLOKAGE）图式、遭遇反作用力而导致既定目标处于僵持状态的反作用力（CONTERFORCE）图式、遭遇外力而导致既定目标偏移的偏移/离图式（DIVERSION）、因所遭遇的抗力突然被移除而导致既定目标突然移动的阻力消除（REMOVAL OF RESTRAINT）图式、对具备或者缺乏某种潜在能量有所察觉或感知的使动图式（ENABLEMENT）和被某种力（如磁力或重力）所吸引的引力图式（ATTRACTION）。这七种力图式的提出不但加深了我们对"力"之本质的理解，而且刻画了"力"这一概念的结构复杂性。

基于Johnson（1987）的研究，Talmy（1988a）的概念结构理论进一步提出了"力动态"（force dynamics）概念，并着重论述了几种不同的"力动态"意象图式。"力动态"意象图式系统所结构的是致使性/致使（causativity/causation）概念——语言中一个关涉一系列"力互动"（force interactions）的概念。"力动态"框架的提出，把"致使性/致使"概念分析为一个具有多种语义向度的语义网络。Talmy（2010）的研究至少在两方面深化了我们对"致使性/致使"这一概念的理解：

1）通过与不同的词汇概念建立起更为广泛的语义联系，极大地丰富并拓展了"致使性/致使"范畴的语义内涵、语义可及性和语义联系。传统上，"致使性/致使"被看作是一个单一的、封闭性的一统性（unitary）概念，且对"致使性/致使"这一概念的理解往往局限于对致使结果的关注，而忽略其他相关因素如致使原因、致使过程、致使路径和致使后果等。Talmy（2010）运用"力动态框架"分析"致使性/致使"概念得出的结论是："致使性/致使"不是一个一统性概念，它可以被分解为一系列小的、表面上看似互不相干的概念成分。他指出"让"（letting）、"禁止"（inhibiting）、"阻止"（blocking）、"试图"（trying）、"防止"（preventing）、"不能"（can't）和"保持"（keeping）这类概念实质都属于底层的致使性概念范畴。而我们以前在理解这些词汇概念时，并未把它们纳入"致使性/致使"这一词汇概念范畴之内。

2）通过对多个相关概念的意象图式分析，Talmy把传统上单一的"致使性/致使"概念分析为一个蕴含多种力矢量（vector）——顺应、对抗、意图强加和内在倾向保持——的复杂词汇概念范畴。Talmy（2010）指出，"让"这个概念体现了"致使性/致使"概念的"顺应"内涵。"让"这个概念蕴含一种顺应物体或者事件的自然倾向之力，即对事物的某种内在的自然倾向（可以是行动倾向，也可以是"不动"（rest）倾向）顺其自然，不横加干涉。"禁止"、"阻止"、"防止"和"不能"这些概念体现了"致使性/致使"概念的"对抗"内涵，它们蕴含一种对抗物体或者事件的自然倾向之力，即对事物的某种内在倾向加以干涉，使其不能顺其自然，或者使其自然倾向受阻或受到抑制。"试图"这一概念体现了"致使性/致使"概念对意图的强加，"试图"所蕴含的力矢量（vector）的方向性不明。根据不同的语境，其力矢量可以是顺应性的，也可以是对抗性的，即对事物的某种内在倾向施加某种意图。而"保持"这一概念则体现了"致使性/致使"概念的"内在倾向保持"内涵。"保持"蕴含一种维持事物或者事件自然倾向之力，即维持或者保持事物的某种内在倾向。

词汇概念范畴化研究法的引入，不但丰富了我们对词汇概念的深度理解，而且极大地丰富和拓展了词汇概念的语义内涵、语义可及性和语义联系。在词义的体系性研究方面，词汇概念范畴化研究的深入发展有助于最终构建出较为完备的词汇概念范畴化体系。

5 认知语义学反思性批评

5.1 术语问题

海德格尔（陈嘉映译，2006）在其名著《存在与时间》中说，真正的科学"运动"是通过修正基本术语的方式发生的。由此可见基本术语之于理论构建的重要性。从内部批评的视角来看，剖析一个理论范式的基本核心术语所面临的理论问题，有助于帮助我们看到该范式在理论构建方面所面临的挑战。

5.1.1 基本核心术语理论内涵泛化问题

目前，认知语言学范式中一些基本核心术语的理论内涵泛化问题日益引起学界的批评和重视。以"借代"（metonymy，有学者将它翻译为"转喻"）这一术语的理解为例，姚岚（2003：43—46）指出，认知借代观几乎将各种联系纳入借代范畴，"借代"这一术语的理论内涵出现了严重泛化倾向。而 Haser（2005：41）在全面挑战认知语义学背后的一些基本理论思想时也特别指出："如果对借代研究所采取的方法是使得它得以描述如此众多的不同现象，那么，这就不再是一种借代理论，因为该术语原有的涵义几乎散失殆尽。"

另外，认知语言学中"象似性"概念已经泛化为"任意性"这一概念的反义词之一："所谓象似性实质是指人类经验组构和语法结构间的藕合。在过去的近三十年间，象似性是个极受功能语言学者和认知语言学者欢迎的概念。象似性是个内涵极为宽广的概念，Haspelmath（2008：3）在阅读"象似性"文献时观察到，'许多作者（如 Hockett,, 1958：577—578；Givón, 1985）似乎把'象似性'这一术语用作'任意性'的一个反义词，以至于语言结构中任何非任意性的东西都可置于象似性之下'。"（王馥芳，2010：190）

此外，"隐喻"这一术语的理论内涵泛化倾向令人忧虑。"隐喻"这一概念既可用来指心理空间之间的概念映射，又可用来指多种概念映射和概念整合的表层产品，即语言本身（Grady et al., 1999）。也就是说，既可把"隐喻"理解为一种语言产生机制，又可把"隐喻"理解为"隐喻机制"的表层产品。换句话说，隐喻既可以是解释手段，又可以是目的。当我们用同一个术语"隐喻"涵盖两种对立的语义内涵——手段和目的——时，术语理论内涵的泛化就是必然。这就好比，当一个人身兼运动员和裁判员时，所有的规则都是模糊不清的。由于学界至今未对隐喻这一术语提供一个公认的清晰定义。因此，在很多情况下，认知语言学者把隐喻用作"映射"和"象似性"的同义词。因为语法和语义的不可分割性，隐喻这一术语有时甚至被用作"语义变异"、"语义扩展"或者"标记性"的同义词（见王馥芳，2013a）。

5.1.2 "概念"和"域"的区分问题

"概念"（concept）、"域"（domain）和"视/识解"（construal）是认知语义学中最重要的三个术语。认知语言学界最重要的几位语言学家 Langacker, Lakoff, Fillmore 和 Talmy 对这三个术语的理解各不相同（详见下表）：

术语	语言学家			
	Langacker	Lakoff	Fillmore	Talmy
concept	profile	concept	concept	
domain	base, domain	ICM, domain	frame	
construal	focal adjustment, construal, conceptualization	(metaphor, metonymy, image schema transformation)[a]		imaging system

图2　几位重要的语言学家对三个关键术语的理解差异
（Clausner & Croft, 1999: 4）

我们这里主要探讨"概念"和"域"这两个术语在理论区分上所存在的一些问题。受 Fillmore（1975）框架语义学思想的影响，Langacker（1987）和 Lakoff（1987）使用了"域"这一概念。Langacker（2007）说"域"这个术语是他提出的，他需要一个非常宽泛的术语以解释语义结构或者说语言表达式之意义的认知基础。他（1991c: 3）把"域"等同为概念化："域可以是任何一种概念化，一种感知经验，一个概念，一个概念复杂体，一种完善的知识系统等等"；并把认知域（cognitive domain）理解为实现概念可能性的概念潜势（conceptual potential）区域。换句话说，认知域是语言意义的内容基础，而语言表达式的意义或者说概念是一种以认知域来描述的认知结构。Langacker（2007）进一步把认知域区分为基本域和非基本域，前者在认知上不可再分（irreducible），即在概念上不能进一步把它切分为更基础的东西，比如时间、空间、颜色、音高和气味等与感觉感官相联系的东西都属于基本域。后者则在认知上是可分的。

概念和域都是一种语义结构。所不同的是，"域"是比"概念"更大的知识构件或者知识结构（knowledge structure）。Taylor（2002: 196）把"域"（domain）定义为"任何为某一语义单位的概念化提供语境的知识结构（knowledge configuration）"。Clausner & Croft（1999: 2）则把"域"定义为一种背景知识结构："认知语义学一个中心原则是，概念不是发生在心理中被割裂的原子单位，概念只能在预想的（presupposed）

背景知识结构语境中得到理解。给予这一背景知识结构最一般的术语是域（domain）。"

Langacker（1991c；2009）把"域"看成是决定语词之语义值的"概念基底"（conceptual base）。他把"概念"看成是"侧面"（profile），而"域"看成是"基底"（base）。"侧面"的描述是相对于"基底"而言的，即一个语词的语义值是由域决定的。相对于"基底"这一背景性的概念知识构件而言，"侧面"是其中具有认知凸显性的一部分。

"概念—域"之间的语义关系本质上是一种部分—整体关系。Clausner & Croft（1999：6）认为"概念—域之间语义关系的本质是任何概念都能相应地充当其他概念的域"，而反过来"域是至少为一个概念侧面（profile）充当基底的语义结构"（ibid.）。这里有一个问题，是否存在概念和域完全重合的可能性？换句话说，是否存在这样一种可能性：至少有一个概念的域是它自身？或者反过来说，是否存在这样一个域，它为之充当基底的那个概念侧面实质是它自身？如果答案是肯定的，那么，"概念—域"之间的语义对立则不像 Fillmore（1975）和 Langacker（1987）所认为的那么分明。

Langacker（1987）举例说，*Arc*［弧（度）］这一概念的域是 *circle*（圈），而 *circle* 这一概念的域是 *space*（空间）。他没有继续说 *space* 这一概念的域是什么。若我们一直探究下去，就会发现在最抽象的层面上（如哲学层面上）概念和域最终可能完全重合，从而导致"概念—域"之间的语义对立完全消失。若继续深究下去，我们可以说 *space* 这一概念的域是 *physical universe*（物理宇宙）；*physical universe* 的域是 *universe*（宇宙）；*universe* 的域是 *existence/world/nature*（存在/世界/自然）；*existence/world/nature* 的域是 *everything*（世界万物）；*everything* 的域是 *being*（存在）。由于学界普遍认为 *being*（存在）这一概念是世界的最高层次概念范畴，是一个包含世界万事万物的范畴："*being*（存在）是包含所有存在之物的范畴。"（Lakoff，2007：198）因此，*being* 这一范畴的域只能是其自身——*being*。由此，从分析 *arc*［弧（度）］这一概念的认知域出发，我们看到认知语言学所声称的"概念—域"之间的"部分—整体"关系，在最高层次的概念范畴上会演变为完全的同一关系。当"概念—域"之间的"部分—整体"关系演变为同一关系时，概念和域之间的区分就存在理论问题。

另外，处所（locationality）—配置性（configurationality）的区分到底是适合概念还是域的问题，也从侧面证明了"概念"和"域"两个概念之间的界限不像我们想象的那么分明。Langacker（1987：153）区分了两类不同的域：处所（locational）域和配置（configurational）域。通过在 space（空间），pitch（音高），time（时间），loudness（音响）和 similarity（相似性）五个域中解释处所和配置两个概念，Clausner & Croft （1999：1）认为："是域当中的概念是处所的或者配置的，而不是域本身。"（Clausner & Croft, 1999：1）换句话说，他们认为"处所—配置"的区分适合于域当中的概念，而不适合于域本身："处所和配置是概念特征，而不是域特征。"（Clausner & Croft, 1999：13）

5.1.3 "概念"和"意象图式"的区分问题

意象图式是对相似经验的一种理论抽象。Lakoff（1990）认为意义和抽象理智是基于意象图式，而意象图式则主要源于人类的感知运动这类前概念经验（pre-conceptual experience）。意象图式被认为是概念、意义和推理的基础。Lakoff（1987），Johnson（1987）和 Lakoff & Turner（1989）把意象图式看成是"域"的一个次类（subtype）。因此，意象图式和认知域一样，都是语言意义的内容基础。事实上，语言表达式的意义或者说概念实质上是一种基于意象图式的认知结构。"概念—意象图式"之间的语义关系本质上是一种"部分—整体"关系。为了更为清晰地区分"概念"和"意象图式"这两个术语，Evans & Green（2006：179—187）列出了意象图式的十大特征：

1）在起源上，意象图式是前概念的，即意象图式不是先验概念，而是经验性的。

2）意象图式能产生更为明确的概念。比如容器图式所产生的概念包括：in（在……里面），into（进入……），out（从……出去），out of（从……出去），out from（从……出去）等。

3）意象图式源于对世界的互动及对世界的观察。

4）意象图式在本质上是有意义的。其意义在于意象图式是对互动经验的概念抽象。

5）意象图式是类推性表征。意象图式反映在概念系统中是被表征的感觉经验。

6）意象图式本质上可能是复杂的。意象图式可能不是一个不可分的基本单位，它常包括可单独分析的、更为复杂的方面。

7）意象图式不同于心理意象（mental image）。前者更抽象，而后者具有更为丰富的细节表征。

8）意象图式是多模态（multi-modal）的。意象图式的构成源于多向度的体验性经验，不是某个单一模态所能刻画的。

9）意象图式是可以相互转换的。经验的连续性导致了意象图式之间的相互转换。如 COUT（单数）和 MASS（复数）两个图式就可以相互转换。

10）意象图式能够成群出现。指相关意象图式能够构成意象图式网络。

可是，如果我们仔细考察，我们发现"概念"这一术语同样具有以上十大特征：

1）在起源上，概念本质上也是前概念的。认知语义学的"意义体验论"认为概念源自体验性经验。

2）概念本身也能产生更为明确的概念。比如容器概念能产生杯子、桶和碗这类更为明确的概念。

3）概念的产生也源于对世界的互动及对世界的观察。

4）概念在本质上也是有意义的。

5）概念也是类推性表征。

6）概念本质上也是复杂的。概念也不是一个不可分的基本单位，它常包括可单独分析的、更为复杂的方面。

7）概念也不同于心理意象。前者更抽象，而后者具有更为丰富的细节表征。

8）概念是也是多模态的。概念的语义构成同样源于多向度的体验性经验，也不是某个单一模态所能刻画的。

9）概念也是可以相互转换的。概念范畴之间边界的模糊性导致了概念之间的相互转换。

10）概念也能够成群出现。相关概念同样能够构成概念网络。

因此，Evans & Green（2006）所列出的意象图式的十大特征并不能把"概念"和"意象图式"这两个术语完全区分开来。更为关键的问题是，就像"概念—域"之间的"部分—整体"关系在最高层次的概念范畴上（如being）会演变为同一关系（详见本章中的5.1.2节），"概念—意象图式"之间的"部分—整体"关系在being这一最高层次的概念范畴上同样会演变为同一关系。而"概念—意象图式"之间的"部分—整体"关系一旦演变为同一关系，两个术语之间的理论关系就变得模糊不清，从而导致它们之间的区分存在理论问题。

5.2 对各种意义分析工具的反思性批评

不少学者对认知语义学领域中的各种意义分析工具提出了理论批评。以基于原型的范畴化理论为例，学界对其理论批评主要集中在以下四点：

1）原型理论对基本层次范畴的解释最为有力，而对其他抽象层面上的概念范畴的解释力则有所不足。

2）无法通过"原型"有效确立一个范畴的边界："我们不太容易看出来如何利用原型确定一个范畴的边界。"（Cruse，1990：388）

3）并非所有的词汇概念范畴都有原型特征，某些范畴存在原型缺失（见 Evans & Green，2006：268）。

4）原型结构不一定对所有的构式而言都是一条压倒性的范畴化原则。也就是说，并非所有的构式都通过原型结构互为联系（Acuña-Fariña，2006）。

另外，认知语义学家把意义等同为概念化，而概念化实质是一种心理状态或者过程。而目前认知科学普遍存在的一个问题就是缺乏对心理状态,特别是无意识心理状态的精确刻画。Fodor(1998:前言)指出:"认知科学的问题在于,严格来说,那里根本没有任何心理状态(mental states)。或者,严格来说,那里除了有意识的心理状态外,根本没有其他任何心理状态……"。对心理状态缺乏精确刻画所导致的问题之一是对"意图/向性"(intentionality)的阐释莫衷一是(见 Fodor, 1998),且明显带有个人主观色彩:"严格来说,意图/向性(intentionality)是因人而异的。要不因阐释者而异,要不因翻译者而异。或者它只是一种姿态,或者是基于神经网络工作的一个粗糙的系统网络。或者是其他什么东西。"(ibid.)因"意图/向性"在很大程度上和概念化的心理操作机制——"视/识解"操作——高度相关,因此,若"意图/向性"只是一种个人的主观随意选择,那么,对意义的描述和阐释势必也会带上较为强烈的个人主观随意色彩。

5.3 认知语义学面临的几个理论问题

Geeraerts(1999)指出,当今认知语义学在方法论上有两个极端:"经验主义"[1]倾向(如语料库分析、心理语言学分析、神经生理学建模)和"理想化倾向"[以 Wierzbicka 和她的同事为代表,她们诉诸哲学和柏拉图主义观念来确定普遍的概念原基(conceptual prime)]。另外,Sandra(1998:368)认为认知语义学视角下的一词多义研究是"极端的一词多义立场",可能导致"一词多义谬论"。此外,Rakova(2002)从理性主义的意义先验论出发,批判 Lakoff & Johnson(1999)所提出的体验现实主义是"极端经验主义",试图以此撼动认知语义学的"意义体验论"的哲学基础。除此,我们认为,从语言的显著性特点之———任意性——出发,认知语义学的"象似性"原则对如下几个问题的回答似乎无能为力:

1)如何在不创造新的规则类型的基础上,用正常的人类心理过程

---

1 Lakoff & Johnson(1999)指出,他们所提出的体验现实主义并非是本质上和"理性主义"对立的、传统的"经验主义"的复兴,而是超越了传统的"理性主义"和"经验主义"二分对立的第三条哲学道路。

来解释最小的象征结构示例（instantiation）——词库（lexicon）和词形（morphology）——之间的象似性。

2）如何用正常的人类心理过程（如人的经验结构方面）来解释语法结构的体验性/临摹性与抽象的句法规约性之间的背离或者冲突。

3）在语法层面上，如何解释同一体验性结构中分句之间的语序结构原则和短语语序结构原则这两者间的背离或冲突。戴浩一（1989）试图通过内省分析来说明汉语语序结构原则的自然性，并试图证明汉语语序结构符合"时间顺序原则"。但是，袁毓林（1994：191）发现他的"观察不够全面，论述不够清楚"："时间顺序原则对两个分句之间的语序有较大的解释力，但对短语之间的语序的解释力就大为降低了"（ibid.）。

有鉴于语言任意性是语言的一大显著特点，认知语义学所主张的"象似性"原则到底在多大程度上是语言结构的一条最高认知管辖原则还有待进一步验证。

6 结语

Talmy（2000）在其所著的《通向认知语义学》一书的开篇说，他不太明白为什么要用"认知"一词，因为语义学理所当然总是认知的。因此，他说他本该把书名定为《通向语义学理论》。由此，我们可以看出认知语言学家对认知语义学研究的合法性深信不疑。但是，通过以上讨论我们可以看出，认知语义学研究也存在一些问题，如在术语方面，存在基本核心术语的理论内涵泛化问题、"概念—域"和"概念—意象图式"两组概念的区分乏力问题；此外，认知语义学的诸多意义分析工具也面临一些问题；最后，认知语义学对一些理论问题的回答无能为力。本章主要是从内部批评（建构性批评）视角对认知语义学进行反思性建构批评。建构性批评的目的旨在说明：认知语义学虽然面临这样那样的理论问题，但它仍然不失为一种有效的意义分析工具。

第九章　意象图式理论反思性批评

1　引言

本章主要对认知语言学范式中的一个重要的理论框架——意象图式理论——进行反思性建构批评，以更好地反观认知语言学所面临的问题和挑战。我们之所以选择意象图式理论作为主要的理论批评对象，主要是基于如下考虑：

1）它和概念隐喻理论一样，也是认知语言学研究的先驱和发端，其整体发展基本上和认知语言学范式的发展同步，能较好地反映该范式的纵深发展状况。

2）基于意象图式理论的图式化词义表征法是认知语言学最有代表性的词义分析和阐释方法，不但在学界的影响巨大，而且产出的相关研究成果极为丰富。

我们首先探讨有关意象图式理论兴起的几个理论问题。在指出意象图式的理论基础是罗素对"意象"概念之论述的基础上，我们将探讨意象图式理论的提出、本质以及其独特的理论贡献。本章的重点是在承认图式化词义表征法的理论优势的前提下，指出其三个理论局限性："直观"陷阱、词义描述精度问题及其对抽象概念的表征乏力。最后，鉴于意象图式理论是认知语言学范式中的一个重要理论框架，意象图式理论在词义描述方面所面临的问题实质也是认知语言学在词义研究方面所面临的普遍问题。

2　意象图式理论的提出

2.1　意象图式理论的理论基础

最早把语言意义和"意象"联系起来的是语言哲学家弗雷格

(1892)。他于1892年发表《论意义和指称》(*On Sense and Reference*)一文,在该文中他首次提出语言意义由"意义"(sense)和"指称"(reference)两部分组成。弗雷格所言的指称,并非我们所一般理解的客观实体,而是客观物体的"内部意象"(internal image)。"内部意象"源自人们记忆中对物体的印象,源自人们的内外部行为。

最早把"意象"和"观念"联系起来的可能是著名的经验主义者休谟,他把观念定义为"思维和推理中关于这些东西(即印象)的微弱意象"(转引自罗素,贾可春译,2009:123)。罗素(贾可春译,2009)在其名著《心的分析》一书中,用了整整一讲(见第八讲)来探讨感觉与意象之间的区别。基于对物理世界和精神世界之因果律的区分,罗素首度从因果律的角度对感觉和意象作了区分。他(贾可春译,2009:116)把"拥有物理的原因与精神的结果的事件"[1]定义为"感觉"。他(2009:118)认为感觉"本身不是知识,但它为我们关于物理世界(包括我们的身体)的知识提供材料",即"感觉是我们关于世界(包括我们自己的身体)的知识的来源"(ibid.)。但他指出为知识提供材料的并非只有感觉,同样为知识提供材料的另一个"唯一成分是意象"(贾可春译,2009:122)。

虽然罗素认为要区分"感觉"和"意象"并不是一件容易的事情,但他认为两者的区分还是必要的。罗素(贾可春译,2009:121)认为感觉是"精神世界与物理世界所共有的东西,它们可以定义为心灵与物质的交叉部分",而"意象只属于精神世界"(罗素,贾可春译,2009:16)。他认为"意象"是想象性的和非实在的,而且意象有各种各样的类型,比如有身体运动意象、视觉意象和听觉意象等等。罗素还区分了"记忆意象"和"想象意象"。

罗素(贾可春译,2009:130)认为:"意象的存在是人们公认的,而且它们是通过原因,并在更小的程度上也是通过结果,而从感觉中区

---

[1] 罗素(贾可春译,2009:116)指出,由于对物理的和心理的因果关系的区分不是清晰而鲜明的,因此,这个定义不具备完全的精确性。

分出来的。"罗素（贾可春译，2009：132）把意象看成是感觉的一个特殊种类："大体说来，意象是对先前已出现的相似的简单感觉的复制，并且在所有关于同单纯的想象相对的记忆的情形中，复合意象也是如此。根据感觉不到的东西作出行动的能力，主要就来源于意象的这个特征，尽管随着教育的进步，意象倾向于越来越多地为语词所取代"。

罗素（贾可春译，2009）在《心的分析》一书的第十讲"词和意义"中，进一步论述了意象问题。他着重探讨了两种使用语词的方式，即记忆的方式和想象的方式。他把（贾可春译，2009：174）它们看成是"词在'思维'中的使用"，且他把"意象"看作是"词在思维中使用"的起源："假如我们是正确的［注：指"词在思维中使用"的说法］，那么词在思维中的使用，至少在其起源上是依赖于意象的，并且无法依据行为主义的路线而得到充分的处理"。基于罗素的研究，我们总结出"意象"的以下六个重要特征：

1) 它是想象性的和非实在的。
2) 意象本质上是对先前出现的相似的简单感觉的"复制"。
3) 它是感觉的一个特殊种类。
4) 它是一种能促发行动的认知能力。
5) 人们越来越倾向于用语词来取代意象。
6) 意象使得词在思维中的使用成为可能，即言语思维源于意象。

罗素（贾可春译，2009：128）还对行为主义的代表人物 Watson 教授"全然否认任何可观察的现象能被设想为意象"的观点进行了理论批判。罗素指出，Watson 教授错误地否认了意象存在这一明显的事实。罗素对"意象"概念的理解和论述为日后"意象图式"理论的提出准备了理论基础。

2.2 意象图式理论的提出

罗素之后，"意象"开始成为认知心理学的一个核心概念。Lakoff & Johnson（1980b）在《我们赖以生存的隐喻》一书中首次把"意象"和另一个重要的完形心理学术语——图式（schema）——整合在一起，提出了认知语言学的一个重要理论框架——意象图式理论。有些学者把意象图式这一概念的首先提出归功于 Langacker，但 Langacker（2007：4）指出，意象图式这一概念确实是 Lakoff 首次提出的："认知语言学里一个重要术语是意象—图式这一概念。这一概念源自 Lakoff，尽管 Lakoff 实际上把这个术语归功于我。但这个术语是他的，确实不是我的想法。事实上，我对它有点批评意见。"

Lakoff（1987：267）把意象图式看成是"我们日常身体体验中反复出现的较为简单的结构"。Johnson（1987：xiv）认为它是"感知互动及感觉运动活动中不断出现的动态模式，这种模式赋予我们的体验以连贯性和结构性"。Langacker（1988：7）声称："语言表达式和语法结构体现规约性意象。"Evans & Green（2006：184）认为，意象图式表征为"储存在我们记忆中的感知状态（perceptual states）的综合"。从语言神经理论出发，Johnson & Lakoff（2002：219）把意象图式看成是"一个赋予我们的经验以意义的、居于感知运动系统中的神经结构"。可见，意象图式是一种较低层次的概念结构，不但是意义和概念的基础，而且是它们的一部分。意象图式理论主要致力于解决的问题是：概念结构如何反映体验性经验。Talmy（2010）把图式义（schematic meaning）等同于结构义（structural meaning），且认为图式义和人类的体验性经验直接相关，也和语词指称的结构特征及语词所发生的场景相关。

Evans & Green（2006）认为对意象图式理论的发展作出最大贡献的是 Johnson（1987）。他在其1987年出版的经典之作《心理中的身体》一书中指出，体验性经验在认知层面表征自身的方式之一是意象图式，是体验性经验促使概念系统中的意象图式形成。Johnson（1987）基于人类的体验性经验概括出27个基本意象图式，如 UP-DOWN（上—下）和 CONTAINER（容器）图式等。

有鉴于意象图式"充当确定词汇单位的概念表征"（Evans & Green，2006：210），且意象图式结构词汇概念，即词汇概念在概念系统中表征为意象图式。因此，Lakoff（1987；1990；1993）和 Johnson（1987）都认为，*container*（容器），*contact*（接触）和 *balance*（平衡）这类基本的体验性概念的功用是充当"概念积木":它们的作用是帮助构建更为复杂的概念,并且其作用能延伸到系统性地为更抽象的概念和概念域提供结构。比如 container 这一"容器"图式,能帮助我们结构更为复杂的抽象概念如 in love(在恋爱),in trouble(有麻烦),in deep crisis(处于很激烈的冲突状态)。Johnson(1987)认为,container 这一意象图式具有"限制活动"这一内在含义,因此,它才可以被用于构建"爱"、"麻烦"和"冲突"这类"隐性致使性"概念。

另外,Johnson(1987)指出,一些情态动词如 must(必须),may(也许)和 can(可能)的基本义或者"根义"是源自 FORCE(力)图式。他指出"力"(force)的意象图式是经由人们的日常互动经验而产生的"互动派生"(interactional derivation)。Johnson(1987)至少区分出不下 7 种"力"图式:强制/迫图式(compulsion schema)、受阻/遇阻图式(blockage schema)、反作用力图式(counterforce schema)、偏移/离图式(diversion schema)、阻力消除图式(removal of restraint schema)、使动图式(enablement schema)和引力图式(attraction schema)。他声称 must 的根义(物理必须性)源于 FORCE(力)图式中的一种——COMPULSION(强制/迫)[1]图式。May 的根义(允许)源于另一种 FORCE 图式——REMOVAL OF RESTRAINT(障碍移除)[2]图式;而 can 的根义(物理能力)源于 FORCE 图式的另一种——ENABLEMENT(使动)[3]图式。

此后,Talmy(2010)的研究进一步发展了意象图式理论。他发现语言的注意力系统对意象图式的形成具有重要的作用。Talmy(2010)专门花了一个章节来探讨语言的注意力系统如何影响意象图式的形成。语言的注意力系统以一种系统的方式指示听者有效地分配其注意力。注意力是一种"意愿性或者有意识的意识(consciousness)……意识不一

---

[1] 该图式源于一种被外力逼迫着移动的经验。
[2] 该图式描述了这样一种力作用场景:外力所遭遇的抗力突然被移除了,外力的能量因此被无阻碍地释放出来。如倚靠在一扇突然打开的门上,反映的就是该图式所描述的场景。
[3] 该图式源于我们对具备或者缺乏某种潜在能量的察觉或者感知。

定需要被聚焦,但是注意力需要……注意力只是有一些参数值的意识,否则它们是同一种东西"(Talmy,2010:185)。Talmy(2010)发现语言使用 50 多种注意力因素(attentional factors),他把它们分成 10 个不同的组别。每个因素根据语言使用的实际情况,引导听者相应地分配注意力。通常来说,听者能有意地使用其中的一些因素,或者说他至少能主动地选择注意力的分配情况。他能自行决定把什么前景化,把什么背景化。注意力一旦得到合理分配,听者便根据注意力配给的高低情况来形成相应的意象图式。

意象图式理论的提出,使得我们得以更深刻地把握一些词汇概念的实质。比如传统上我们对介词的理解仅限于某种时空关系。但是意象图式概念引入后,我们对介词的功能有了更深刻的理解,我们知道介词 *in*(在……里面)、*into*(进入……里面)、*out*(在……外面)、*out of*(从……中出去)、*out from*(从……中出来)一般除表示方位和位置外,还隐含"容器"之图式义。图式实质是对相关词汇概念之共性的概括化和抽象化,正是我们对 *in*、*into*、*out*、*out of*、*out from* 的共性抽象生成了"容器图式",从而使得这些介词隐含"容器"之图式义。"容器图式是一个包括内部、界限和外部因素的概念"(Evans & Green,2006:206)。

图式的形成得到习得证据的支持:"所有的学习最初都是基于最佳示例(exemplar-based)的。当我们的输入经验慢慢增加,且当我们和已知最佳示例的反复遭遇慢慢改变我们对这些示例的心理表征,我们相信,对这些示例的抽象最终会发生。这些抽象事实上就是图式。"(Kemmer and Barlow,2000;Taylor 2002,转引自 Roehr,2008:74)

2.3 意象图式的本质

意象图式理论假定:图式是人类理性能力的核心(Johnson,1987;Lakoff & Johnson,1999),且语言本质上是对概念化的意象—图式化编码。因此,在意象图式理论看来,每个语词所引发的意义实质是某个特定意象—图式框架中的一个侧面或者一个方面。

认知语言学的基本假设之一是:意象图式具有体验基础。认知语言学认为，概念系统根植于人类身体与环境的互动经验。换句话说，概念系统是由"我们身体经验的普遍性"塑形（Lakoff & Johnson，1999：36）。由于意象图式是概念系统的一部分，因此，认知语言学认为意象图式也直接来源于人类身体和环境的互动经验（Johnson，1987）。Lakoff & Johnson（1999：6）坚称"意象图式源于个人的身体图式化经验"。Johnson（1987）指出，"局限/限制"（containment）这一前概念肌肉动觉意象图式来源于我们的身体作为容器（container）这一概念隐喻所获得的日常经验。

意象图式理论的基本观点是：我们的经验由我们的感知运动能力结构，且意象图式是我们在世界中身体操作的基本原则。在认知语言学中，"意象"不仅仅限于视觉感知，它包括触摸、听力和运动等所有感觉—感知（sensory-perceptual）经验。而意象图式是"相对抽象的概念表征，它直接源于我们和周遭世界的日常互动及我们对世界的观察。也就说，它们是源自体验性经验的概念"（Evans & Green，2006：197）。具体而言，"意象图式是从前概念身体经验（pre-conceptual bodily experience）中抽象出来的图式和想象概念，是构成更为复杂概念的成分，并提供结构以便隐喻性地投射到更为抽象的域中"（Langacker，2007：6）。意象图式和感知经验的区别在于，前者可以产生"意识上可及的概念"（Mandler，2004；转引自 Evans & Green，2006：184），而后者是意象图式的基石。

从本质上来说，意象图式成型于概念系统，是对物体共性的一种理论抽象，是经验之于感知的一种心理类推或者心理抽象，它具有"类推性"（analogy）。换句话说，虽然我们用语词和图画来描述图式，但我们脑中所表征的意象图式概念却不是以语词或者图画形式存在的。相反，我们脑中所固有的一些意象图式是以整体性的心理结构（mental structure）形式存在的，它是对我们记忆中各种感知状态的综合和理论抽象。

Evans & Green（2006：179—187）认为，意象图式具有诸多特征：1）生发上具有前结构性；2）能产生更多具体的概念；3）源自和世界的互动以及对世界的观察；4）本质上是有意义的；5）本质上是类推表征；6）其内部可能是复杂的；7）意象图式和心理意象（mental image）不同；8）本质上是多模态的（multi-modal）；9）是可以相互转换的[1]；10）能成群发生（occur in clusters），即相关意象图式可以构成网络。

意象图式本质上是神经的、认知的、共享的、主体间性的。"意象图式是一个居于感知运动系统中的神经结构，它使得我们所经历的东西变得有意义"（Johnson & Lakoff，2002：250）。另外，意象图式本质上是复杂的："意象图式经常地，也许典型地，由一些可以分别分析成更为复杂的方面组成。"（Evans & Green，2006：185）此外，意象图式具有层级性。概括性和抽象性越强的意象图式，其层级性越高，反之越低。

2.4 意象图式理论的独特理论贡献

意象图式理论的独特理论贡献在于较好地解决了以下几个理论问题：

1）较好地解决了语法的基本矛盾对立，即所指（即我们拟传达的意义）的无限性和能指（即语言结构）的有限性之间的矛盾对立。意象图式理论（见 Evans & Green，2006）解决这一矛盾对立的方式是：图式对其相关示例（instantiation）的部分允准（partial sanction）。意象图式理论认为，图式是语言使用的动因，即每一个语言表达式都是某个相应图式的示例，而示例作为特殊的语言使用实例，其产生是源于某个图式的部分允准。也就是说，我们所使用的语言单位只能是构式（construction）的部分允准。图式的部分允准契合认知经济原则："人类认知常常与最大经济性相吻合。"（王馥芳，2006：Ⅲ）由此，不存在绝对意义上的语言创新，通常意义上的语言创新多半是基于已有结构基础之上的部分创新。

2）解决了概念/隐喻映射的概念基础问题。Lakoff & Johnson（1980b）指出，隐喻映射的基础是意象图式（image-schema），而不是单纯的心理意象（mental image）。Gibbs（1994）的研究支持概念隐喻的意象图式基

---

[1] Dewell（1994）探讨了语义分析中的意象图式转换。

础。在研究了人们对身体局限/限制（containment）经验的直觉和几个其他的意象图式之后，Gibbs 指出那些意象图式充当了几个重要的概念隐喻（如 ANGER IS HEATED FLUID IN A CONTAINER，愤怒是容器中的热液体）的源域。这些概念隐喻是我们理解诸如 blow your stack（大怒），flip your lid（发脾气；狂怒）和 hit the ceiling（大怒）这类成语的下层认知机制。后续研究显示，人们之所以能够精确理解 blow your stack 这类成语之义，跟人们对其源域（身体局限/限制域）的准确分析和理解密切相关。这点可以从人们对 blow your stack 的运用之中看出来。blow your stack 在语言实践中的运用总是和其源域中的因素相关。也就是说，我们在使用 blow your stack 时，通常总会带上一些和其源域相关的具体内容。如人们会这样说："当某人感觉到强烈的内部压力时，他会愤怒（blow your stack）并以猛烈的方式无意识地发泄这种愤怒。"或者说"当他感到忍无可忍时，他会大怒"。

3）不但较好地解决了概念生成的心理基础问题，而且较为信服地揭示了概念的生成路径：感知—运动经验 => 感知 => 意象图式 => 概念。认知语言学把意象图式看成是概念生成的初级加工阶段，是概念结构或者认知系统中埋得"更深"的一部分，其源于对多种感知经验的抽象和结构。有鉴于此，意象图式不能靠有意识的内省得到（Evans & Green，2006）。意象图式理论认为，意象图式只能通过我们的身体和我们所处的环境之间的反复互动获得。

4）基于意象图式的图式化词义表征法是意象图式理论的一大独特理论贡献。所谓"图式化词义表征法"，实质是借助意象图式对某些相关概念群或者相关概念网络的词义进行共性抽象或者概括之后得到的相关整体性心理结构。心理图式的言语表征通常为图形或者图表。

3　图式化词义表征法的理论局限性

虽然图式化词义表征法有诸多的理论优势，如直观易懂、能够描摹某些特定语词所不能准确传达的格式塔结构或者形状特征，并具有文字所无法比拟的高度抽象性和概括性。但是它也存在一些理论局限性：直观"陷阱"、词义描述精度问题以及对抽象概念的表征乏力。

3.1 图式化词义表征法的优势

意象图式理论的基本词义表征手段是图式化词义表征法。图式是人们对世界认知的一种高度抽象的直观表征，是我们描述人类概念化行为的一种有效路径。在揭示概念理解方面，它们有着纯文字表征所无法比拟的优势：

1）直观易懂，表征信息丰富。一般来说，人们普遍认同这一点：相比较文字描述而言，图式或者图形不但更直观易懂，而且表征的信息更为丰富。

2）能够描摹语词所不能准确传达的格式塔结构或者形状特征。语言中的一些空间和维度概念如 *before*（以前）, *after*（以后）, *above*（在……上面）, *below*（在……下面）, *in*（在……里面）, *at*（在……地方）, *on*（在……上面）, *big*（大的）和 *small*（小的）等，用图式表征它们要比用文字描述它们清晰得多。另外，图式表征对一些具体概念（如各种物体）以及一些具体关系（如部分整体关系）的描述也非常有用。

3）具有文字所无法比拟的高度抽象性和概括性。这种高度的概括性能够帮助有效确立不同词汇概念范畴之间的框架性联系。

3.2 图式化词义表征法的"直观"陷阱

图式化词义表征法的最大问题是其"直观"陷阱。图式化词义表征法本质上是一种技术性表征手段，虽然表面直观，但理解起来却不像我们想象的那么容易，其中涉及到对诸多背景性概念的有效理解。Goddard（2006：195）指出，图式化表征形式在"符号层面上并非是自足的"。也就是说，图式在很多时候并非其意自明，读者往往需要借助于诸多的背景性概念方能明白其义。尤其是认知语法中的图解，因其涉及的背景性概念众多，不但普通读者难以明白其义，就是语言学研究者也觉得理解上不是那么容易。我们下面以 *throw*（扔、抛、投掷）的词义图解为例予以说明：

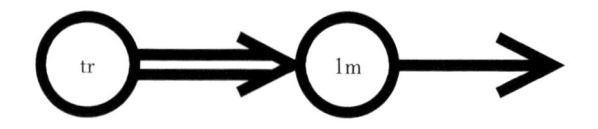

图3 动词throw的词义图解（Langacker，2009：8）。

Langacker用这一图式化表征来描绘 *throw* 这个概念的意象—图式格式塔结构。要理解这个图式表征，我们必须具备几个重要的背景性概念：作为主要焦点参与者的射体（trajector，简写为tr）、作为次要焦点参与者的地标（landmark，简写为lm）、力矢量（vector）以及力矢量对客体做功。图中的实线箭头代表某种具体的"力矢量"。基于这些背景性概念，我们可以把 *throw* 的图式义解读为："射体"这一经历者通过对"地标"这一客体做功的方式使得其移动自身并脱离原位。

在认知语法中，单个语词的结构图解法相对于组合象征结构（composite symbolic structure）的结构图解来说算是简单的。比如Langacker（2009）对 *smart woman* 这一象征集合体（即表达式）之结构生成过程的图解极为复杂：

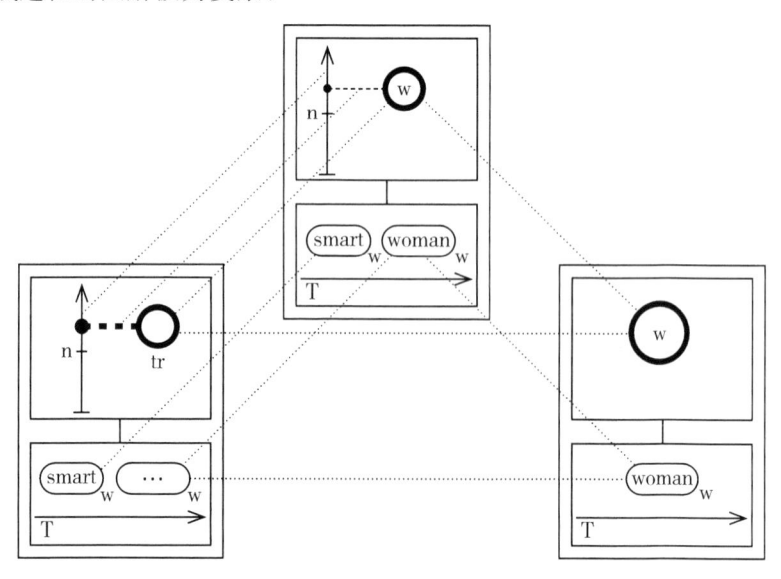

图4 表达式smart woman的语义结构图解（Langacker，2009：10）

在图4中，他把 smart woman 看成是成分结构 smart 和 woman 在语义域和音系域整合或者融合的结果。融合是至下而上发生的。Langacker 把两个代表 smart 和 women 之语义结构的长方形框置于图中的底部；而把代表组合表达式 smart woman 之语义结构的长方形框置于顶部。每个长方形框都有两个域：语义域和音系域，两者互相对应。组合在两个域中同时发生，音系组合象征着语义组合。在每个域中，组合由两个成分结构中特定元素之间的对应和投射决定。在处于左下方的、代表 smart 之语义结构的长方形框内的语义域中，smart 的图式义[1]被侧面化为一种仅由"射体"自身性质[2]决定的关系："射体"被认定为 smart，源于其智商高于标尺上那个通常用于判定正常智商的判定点（即图2中标尺上标示的、字母 n 所在的那个点），而名词 woman 则被侧面化为一个物体（thing）。Smart 和 woman 的语义融合取决于形容词的射体和名词的侧面（profile）之间的对应和投射。当形容词 smart 的射体和 woman 所侧面化的物体（thing）融合在一起，并且 woman 所侧面化的物体变成 smart 的射体之后，我们得到了 smart woman 这一组合性语义结构："一种被描述为女人的客体被置于智力标尺之上。"（Langacker，2009：10）

图4的认知复杂度，远远超过一般读者所能承受的认知负荷，非语言学专业人员根本不能解其义。对于超过两个成分结构的象征结构集合体来说，因其在结构生成过程中涉及多个组织层面，其图解就更为复杂。比如 Langacker（2009：15）把 smart woman with (a) PhD（有博士学位的聪明女人）这一名词短语的结构生成过程描述为四个成分（component）结构——smart（聪明的），woman（女人），with（和……在一起），(a) PhD（博士学位）——在两个组织层面上的组合。

Talmy（1988）对力动态概念如 keep（保持），make（使得）和 cause（导致）等概念的图解，同样需要借助于诸多背景性概念如

---

[1] 关于 smart 的图式义，详见本章3.4节的论述。
[2] Langacker（2009：8）把 smart 的图式义高度抽象为"一种由单个参与者决定的关系"。我们并不赞同他的看法，认为 smart 本质上是一种由一个射体和一个隐性地标所共同决定的关系。详见本章3.4节的论述。

vector（矢量），*path*（路径），*force*（力）和 *tendency*（倾向/倾向性）方能理解。认知语言学家一般把上述背景概念看作内化的背景知识，无需再给予任何进一步的解释。Goddard（2006：196）对这些背景性概念的本质及其在整个图式表征系统中的地位表示质疑：

> 这些背景性术语在整个表征系统中的地位到底如何？它们是表征系统的原基（primitives）吗？如果不是，它们自身的概念内容如何才能得到分析？如果这些术语是技术性的，而言语社区中的大多数人对它们一无所知，这对词义分析要紧吗？如果这些术语在世界上的大部分语言中可能找不到对应词，由此，这一表征系统仅仅只和英语这一门语言联系在一起，这对词义分析要紧吗？"

Goddard 的质疑触及到图式化词义表征法的"技术"本质问题。作为一种技术性释义手段，图式化词义表征法并非"见图明义"，也并非不会造成曲解和误解。

此外，Goddard 的质疑还触及到另一个重要的问题——图式化词义表征法的西方文化局限性问题。哪怕最简单的图式，依据的实质都是具有文化局限性的西方阐释和图解传统。众所周知，世界上有很多文化并没有西方的这种图式表征性技术和传统。根据 Goddard（2006）的研究，澳大利亚西部沙漠的传统土著文化的图解方式和西方传统完全不同。因此，西方的图式表征在那种土著文化看来就另有他意。此外，认知语言学家一般用水平方向的箭头（→）表示运动方向，但在澳大利亚中部传统文化中，它表示的是鸸鹋（emu，产于澳大利亚的一种体型大而不会飞的鸟）的活动踪迹。也就是说，图式化词义表征法可能导致西方强势概念系统对弱势语言系统的强加和"强势改写"问题（详细探讨见本书第 6 章第 4 节）。

3.3 图式化词义表征法的词义描述精度问题

图式化词义表征法所面临的另一个理论问题是：无法精确刻画语词在各个精度层面上的细微语义差异。认知语法认为表达式和语义之间没有明确的界限：语义是对表达式之共性的理论抽象，而表达式是语义在各个精度层面的具体例示。两者形成一个从具体到抽象的连续统（Langacker，2009）。由此，认知语言学所惯用的图式化词义表征法所揭示的实质是语词的图式义（schematic meaning），而非语词在各个精度层面所展示的具体语义。图式义又称构式（constructional）义或者骨架（skeletal）义，其所揭示的是语词在各个精度层面所展示的各种具体语义的抽象共性。Langacker（1991；2009）用射体/地标组织模式对 like 和 please 两词的语义进行了图解：

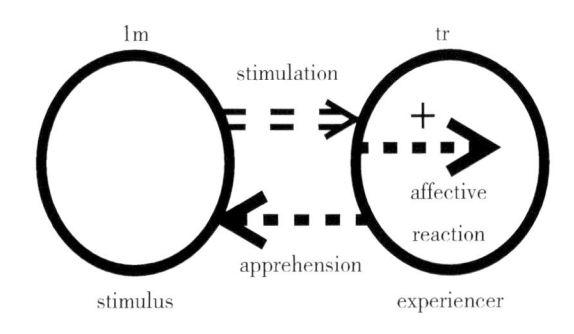

图5　动词 *like* 的词义图解（Langacker，2009：9）

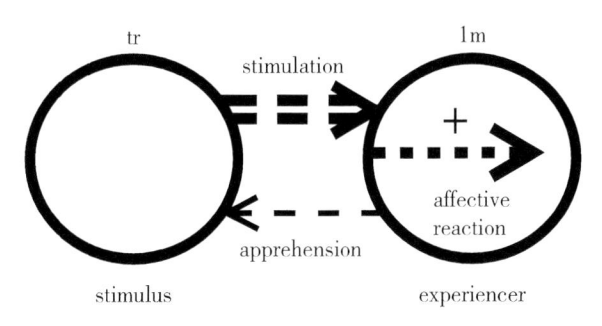

图6　动词 *please* 的词义图解（Langacker，2009：9）

作为一个二价动词，*like* 关涉到两个参与者——经历者（experiencer）和刺激物（stimulus）。其中，"经历者"是"主要焦点参与者"（primary focal participant），即 *trajector*（射体，缩写为 tr），而"刺激物"是"次要焦点参与者"（secondary focal participant），即地标（landmark，缩写为

lm)。在图 5 和图 6 中,"经历者"和"刺激物"分别用黑体圆圈代表。

在图 5 中,作为"射体"的"经历者"通过"理解"(apprehension)这一认知行为和作为"地标"的"刺激物"建立某种主观性的情感联系。需要说明的是,图 5 中之所以用单虚线箭头,表示的是:"经历者"对"刺激物"的"理解"本质上是一种抽象的精神行为,而非一种具体的实在行为。另外,之所以把单虚线箭头涂黑,意图表明的是:"经历者"对"刺激物"的理解是一种有意识的主体性行为。情感联系建立之后,"刺激物"反过来可能通过某种潜在的"刺激"(stimulation)在"经历者"的心理中引发某种正面的[1]情感反应(affective reaction)。同样需要说明的是:图 5 之所以用双虚线而不是双实线箭头,原因在于"刺激物"对"经历者"的"刺激"是一种抽象的精神行为,而不是一种具体的实在行为。另外,双虚线箭头并未被涂黑的原因在于:"刺激物"对"经历者"的刺激本质上是一种潜在的可能性。由此,我们可以把 *like* 的图式义表述为:经历者通过理解这一认知手段与刺激物建立起某种情感联系,并享受刺激物可能通过刺激带给经历者的正面情感反应。

同理,作为一个二价动词,*please* 也关涉到两个参与者——经历者和刺激物。所不同的是,在图 6 中,"刺激物"是"主要焦点参与者",即 *trajector*(射体,缩写为 tr),而"经历者"是"次要焦点参与者",即地标(缩写为 lm)。在图 6 中,作为"射体"的"刺激物"通过"刺激"(stimulation)这一物理行为和作为"地标"的"经历者"建立某种情感联系,并在"经历者"的心理中引发某种正面的[2]情感反应。需要说明的是,图 6 中之所以用双虚线箭头,表示的是:"刺激物"对"经历者"的"刺激"本质上是一种抽象的精神行为,而非一种具体的实在行为。另外,之所以把双虚线箭头涂黑,意图表明的是:"刺激物"对"经历者"的"刺激"是一种可感知的物理行为。情感联系建立之后,"经历者"可能通过对"刺激物"的"理解"(apprehension)而强化其与

---

[1] 图 5 中"射体"圆圈中的"+"号表示某种正面的情感反应。
[2] 图 6 中"地标"圆圈中的"+"号表示某种正面的情感反应。

刺激物之间的情感联系。同样需要说明的是：图6中之所以用单虚线箭头，表示的是："经历者"对"刺激物"的"理解"本质上是一种抽象的精神行为，而非一种具体的实在行为。另外，之所以没有把单虚线箭头涂黑，意图表明的是："经历者"对"刺激物"的"理解"是一种潜在的可能性。由此，我们可以把 please 的图式义表述为：刺激物通过刺激这一物理手段引发经历者的正面情感反应，同时经历者通过对刺激物的理解而强化其与刺激物之间的情感联系。

Langacker 对 like 和 please 的图解，所刻画的实质是两词的图式义。图式义本质上是对多种具体语义之共性的抽象概括。比如 like 的图式义至少可以例示为四种具体语义：喜欢；愿意；希望和适合，而这些具体语义是 like 的图式义所无法刻画出来的：

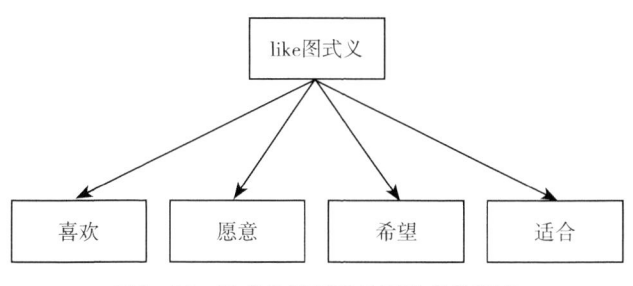

图7　Like图式义所例示的四种具体语义

Please 的图式义至少也可以例示为四种具体语义：使高兴；使合意；使满意和愿意，同样，这些具体语义也是 please 的图式义所无法刻画出来的：

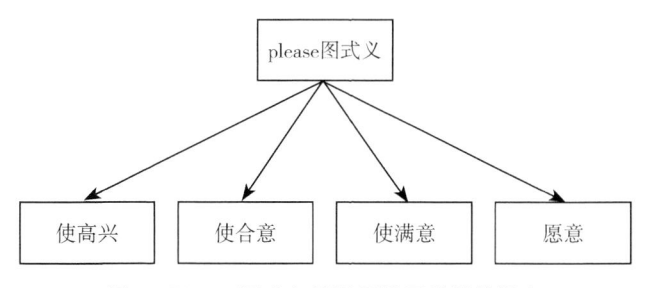

图8　Please图式义所例示的四种具体语义

图式义的优势在于其高度的抽象和概括性；其缺陷则是无法精确刻画语词在各个精度层面上的细微语义差异。Langacker 对 like 和 please 两词词义的图解，不但无法揭示它们在各个精度层面上的具体语义，而且无法有效区分两个语词之间具体的语义差异。

Goddard（2006）指出，如果不辅以一个更为完善的言语阐述（verbal explication）理论，认知语言学所惯用的图式化词义表征法很难取得更为满意的效果。他通过分析英语中的 sincere（真诚，在英语中主要表坦率而真实的感觉）和马来语中的 ikhlas（真诚，在马来语中主要表示善意）这对所谓的"对应词"（实质为词典学意义上的"假朋友"）的重要语义差异，指出图式化词义表征法对跨语言词义对比分析毫无用处。图式化词义表征法只有和言语阐述方式有机地结合起来，才能较好地完成词义刻画工作。因此，Goddard（2006）建议在 Wierzbicka（1988）所提出的自然语义元语言（natural semantic metalanguage，简称 NSM）理论框架下进行跨语言词汇语义对比工作。

3.4 图式化词义表征法对抽象概念的表征乏力

图式化词义表征法还面临一个问题：对一些抽象概念——那些缺乏物理或者感知关联的抽象概念——的图解表征不太令人满意。图式表征法"这一处理方法肯定不是对所有的概念都合适。时空维度概念合适用图式来表征的原因在于：人们可以依据图式和被模式化的现实之间的类推或者象似（iconic）关系……但是，我们如何用纯视觉媒介来表征评价性概念 good（好）和 bad（坏）？又如何用纯视觉手段来区分 know（知道）和 understand（理解）？"（Goddard，2006：193）尽管 Goddard 对用图式表征法处理抽象概念的做法存疑，Langacker（2009：8）还是用图式法图解了 smart 这一评价性词汇概念的意义：

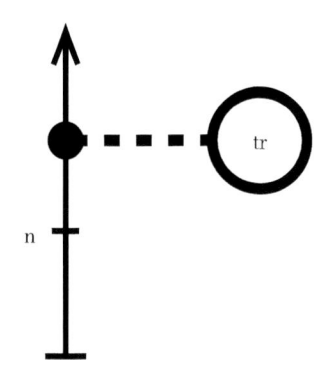

图9　形容词smart的词义图解（Langacker，2009：8）

在图9中，粗体圆圈中的 *tr* 代表射体（trajector，即为主要焦点参与者），垂直向上的箭头线代表"智商标尺"（intelligence scale），轴上的n是norm（标准）的简称，代表通常认定的正常智力评估标准。射体和智商标尺之间的虚线代表射体与智商标尺之间的一种抽象关系。标尺上的粗原点代表射体在智商标尺上的位置。由于这一位置超过了正常智商标准，因此，射体被认为是smart（聪明的）。根据图9，Langacker（2009：8）实质是把 *smart* 的意义高度抽象为"一种由单个参与者决定的关系"。这种非过程性的关系"把射体置于智力标尺之上"（Langacker，2009：10）。由此，基于Langacker，我们可以把 *smart* 的图式化意义表述为：若某个单个参与者的智商水准超出通常所认定的正常智商水准，那么其就是聪明的。但仔细分析 *smart* 的意义，我们发现Langacker的阐释未能真正揭示 *smart* 的词汇概念内涵。他所图解的只是 *smart* 语义概念的一个侧面，未能涵盖 *smart* 丰富的语义内涵：

首先，*smart* 作为一个特征形容词，其比对维度并非只有智商一项。在语词的实际使用中，*smart* 的比对标准是多样的。评判一个人是否 *smart*，除了看其智商是否超出正常水准之外，也可以看其行动、行为、言语表达、视野等是否超出通常设定的正常标准，如果超过，他就被认为是 *smart*。

其次，*smart* 所表示的并非是一种客观的比对或者评估关系。Langacker对 *smart* 意义的图解给我们一种错觉：似乎任何参与者（射体）只要超出通常认定的正常智商标准，就可以被称作是 smart。但在语言实际使用中，smart 所反映出来的语言用法事实却可能是：在很多情况下，人们往往并不依据客观的智商标准去判定一个人是否 smart，而更倾向于用诸多主观的标准去判定。

再次，在 smart 所关涉的参与者中，表面上似乎只有一个主要焦点参与者，没有作为"地标"的次要焦点参与者。可事实上，作为一个具有价值评判取向的词汇概念，smart 隐含着一个隐性的次要焦点参与者（可以是个体，也可以是社会群体，还有可能是言语社团），即存在一个"隐性地标"。"隐性地标"可能会通过其所设定的某种隐性的主观性评价标准干预 smart 的客观判定，从而使得 smart 的判定带上较强的主观色彩。更有甚者，"隐性地标"还可能置通行的客观智商评判标准于不顾，而重新设定自己的主观化评判标准。

最后，smart 并非一种仅由"射体"自身性质决定的关系，而是一种由一个"射体"和一个"隐性地标"共同决定的关系。事实上，smart 的理解不但关涉到主体性，更关涉到某种隐性的主体间性。

基于以上四点，我们把 Langacker 对 smart 的词义图解修正为：

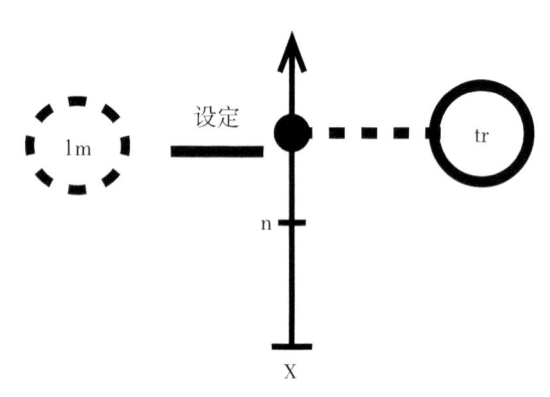

图10　对形容词 smart 的词义图解表征的修正（基于Langacker，2009：8）

在图 10 中，左边的虚线圆圈代表一个隐性的次要焦点参与者，即隐性地标（缩写为 lm）。中间垂直向上的箭头线为 X 标尺（可以是智力标尺、也可以是行动、行为、言语表达或视野标尺，还可以是某种综合性标尺），虚线圆圈和 X 标尺之间的虚线代表隐性地标和 X 标尺之间的一种抽象关系。虚线上的"设定"表示隐性地标有可能对 smart 的客观判定标准（通行的智商判定标准）施加主观影响：隐性地标设定的判定标准有可能和通行的标准相同，也可能不同，甚至有可能重新自行设定全新的判定标准。相对于 Langacker 对 smart 图式义的图解，图 10 的改进之处主要有三：

1）X 标尺的引入，丰富了我们对 smart 判断标尺的理解。

2）隐性地标的引入，较好地刻画了 smart 的语义复杂性。

3）有效揭示了 smart 所内含的"隐性主体间性"。Langacker（2009：8）认为 smart 所展示的仅仅是一种客观的"单个参与者关系"。而我们指出，表面上看，smart 所展示出来的是一种客观的"单个参与者关系"。但实质上，其所内含的是一种"隐性主体间性"关系。

我们对形容词 smart 的语义图解表征的修正虽然较 Langacker（2009：8）的图解有所改进，但从语词实际使用中的语义复杂性来看，我们的修正仍然不足以全面揭示 smart 的丰富语义：

首先，smart 的图式化词义表征无法揭示 smart 的多种示例意义。如 smart 除了表"聪明的；机灵的；高明的；机敏的；精明的"之义外，还可表多种意义：1）〈主美〉取巧的、说话机灵但无礼的；2）漂亮的；时髦的；巧妙的；3）整齐的；整洁的；4）（引起）剧痛的；厉害的；剧烈的；5）轻快的；敏捷的；6）〈口〉〈方〉相当的；可观的；7）智能的，智能化的；8）〈美军俚〉"灵巧的"（指由精密传感装置制导的）（陆谷孙主编，2007：1895）。

其次，smart 的图式化词义表征把该词所蕴含的情感联想完全排除出去了。一般来说，smart 多和正面的情感联想相关联，如欣赏、喜爱、羡慕和爱慕等。但在有些情况下，也可能引发隐性地标的负面情感如嫉妒、厌恶和憎恨等。而图式化词义表征则没法把这些情感联想展现出来。

由此可见，图式化词义表征法在词义描述的精度和丰富性上有着难以克服的理论缺陷。

4　讨论

本章主要从内部批评或者说建构性批评的角度探讨了意象图式理论在词义描述方面所存在的理论问题。鉴于意象图式理论是认知语言学范式中的一个重要理论框架，意象图式理论在词义描述方面所存在的问题实质也是认知语言学在词义阐释方面所面临的普遍问题：

1）图式化词义表征法的"直观"陷阱从侧面反映出认知语言学惯用的意象图式词义表征法可能并不像我们所认为的那样见图明义。

2）图式化词义表征法的词义描述精度问题反映的是认知语言学在词义描述方面的笼统性和模糊性倾向。

3）图式化词义表征法对抽象概念的表征乏力反映了认知语言学有"解释选择性"倾向（见第 6 章第 3.3.1 节）。

此外，在意象图式理论中，"意象图式"这一术语的理论界定存在问题。Langacker（2007：4）说他对意象图式这一概念"有点疑虑"，原因是他认为"这一概念很模糊（vague）"。我们认为其模糊性主要表现在两个方面：一是，学界至今未对"意象图式"这一术语提供一个公认为界定清晰的定义；二是，认知语言学无法对"意象图式"和"概念"这两个术语的理论内涵作有效区分（详见第 8 章 5.1.3 节）。"意象图式"这一术语所面临的理论内涵模糊问题反映出这样一个事实：术语的理论内涵模糊和泛化问题是认知语言学研究的一个普遍问题。

第十章 认知隐喻学反思性批评

1 引言

本章主要采用内部批评法对认知隐喻学，尤其是 Lakoff & Johnson（1980b；1999）所提出的概念隐喻理论进行反思性或者说建构性批评，以此反观认知语言学范式所面临的理论问题和挑战。我们之所以选择概念隐喻理论作为主要的理论批评对象，主要是基于如下考虑：

1）概念隐喻理论是认知语言学研究的先驱和发端，该理论的发展基本上和认知语言学范式的发展同步，能较好地反映该范式的纵深发展状况。

2）从理论的影响力而言，概念隐喻理论是认知语言学范式中影响最大的理论框架，不但追随者无数，而且理论的纵深发展程度高。

3）从理论应用层面来讲，概念隐喻理论的应用面最广，产出的相关研究成果最多。

我们的论述主要从以下几个方面展开。首先，我们论述了认知隐喻学的兴起，探讨涉及以下几个问题：隐喻研究的纯语言传统、隐喻认知研究的发轫、概念隐喻理论的兴起、认知隐喻学理论的最大理论贡献。其次，我们阐述了认知隐喻学理论的发展：认知心理模式对隐喻研究的影响、Grady（1997）的基本隐喻理论、MetaNet 的创建、认知隐喻学理论应用研究。再次，我们对认知隐喻学理论进行了反思性批评，指出其所面临的五个理论挑战：指认—推理模式质疑、Haser 对概念隐喻理论的解构性批评、"跨域概念映射"的局限性、隐喻机制普遍性假设所面临的理论挑战以及学界对概念隐喻理论合法性的质疑。然后，我们指出概念隐喻理论发展和挑战并存的现状在很大程度上代表了认知语言学近四十年来的整体发展状况。最后，我们指出：概念隐喻理论所面临的主要理论问题实质反映了认知语言学范式所遭遇的主要理论挑战。从建构性批评的初衷出发，我们的观点是：概念隐喻理论研究尽管在诸多方面存在问题或面临挑战，它仍然不失为一个科学有效的理论分析和阐释工具。

2 认知隐喻学的兴起

2.1 隐喻研究的纯语言传统

隐喻用法源远流长。古希腊哲学家如德谟克利特、伊壁鸠鲁和斯多葛派的古代哲学都将精神比作风或精细的物质（见哈特费尔德，尚新建译，2007）。著名法国哲学家笛卡尔在其早期的著作中写道："人了解自然界的方式只有通过他们对事物相似性的感知。"（转引自哈特费尔德，尚新建译，2007：12）笛卡尔甚至认为精神事物最好也运用"某些能为感觉感知的形体，如风和光"（ibid.）。按照他的解释，"风表示精神，光表示知识"（ibid.）。

隐喻研究则最早可以追溯到 Aristotle："任何严肃的隐喻研究，几乎都必须从 Aristotle 的作品开始。"（转引自 Ortony，1979：3）Aristotle 在《诗学》中所提出的"隐喻是语言使用的异化"观点，或者说"隐喻装饰论"奠定了隐喻的"纯语言"研究传统。Cameron & Low（1999：9）认为："Aristotle 在讨论政治诗学这一特殊言语类型中的隐喻时，为了取得一种特殊的互动效果，提出了一种社会语境观以研究使用中的隐喻。隐喻理论的历史显示，这种早期对使用中的隐喻的关注持续延续到比如 17、18 世纪 Vico 和 Tesauro 的论著中。"事实上，直到 20 世纪后半期，"大部分隐喻研究强调的都是隐喻在日常交谈中及在印刷媒体中无处不在，以反对早期理论家试图否认隐喻普遍性的观点"（Mahon，1999：79）。

2.2 隐喻认知研究的发轫

隐喻认知研究发轫于 20 世纪 60 年代。根据 Johnson & Lakoff（2002：257）的研究，Max Black（1962）和 Mary Hesse（1966）最早把隐喻和概念联系起来。他们不仅仅把隐喻看成是想象的助力（imaginative aid），而是把它看作"关键概念的构成（constitutive）"。Black（1962）不但首次把隐喻与系统的观念联系起来,而且把投射概念引入思维结构的生成:通过筛选、过滤、聚焦或其他方式,一个领域的思维被投射到一个或者另一个领域。

Lakoff & Johnson(1980b)所批评的两种在早期隐喻研究中影响较大的隐喻理论,因其致力于探究隐喻和概念之间的关系,本质上也属于广义的隐喻认知研究:1)隐喻抽象理论:语词的字面义和隐喻义之下均存在一个中立且抽象的概念;2)隐喻同形异义理论:同一个词可以有多种不同的隐喻性用法。

其后,Schön(1979)的研究也跳出隐喻的"纯语言"研究传统。他(1979:254)的"框架过程"隐喻理论认为,隐喻不仅仅是一种既定的看待世界的视角或框架,更是一种连续的、使某种新的世界视角得以产生的"框架再结构(frame restructuring)过程":"关于隐喻概念有另外一种很不相同的看法,这种看法认为隐喻在解释我们的世界视角这一任务中起着中心作用。隐喻解释我们如何思考,如何理解现实,如何解决我们日后想解决的问题……'隐喻'既指某种特定的产品——一种视角或框架,一种看待事情的方式,也指某种特定的过程——一种使新的世界视角得以产生的过程"。根据Block(1999)的研究,Schön的隐喻观源于Neisser(1976)所提出的"感知圈"(perceptual cycle)观点。Lakoff & Johnson(1980b)的概念隐喻理论提出之后,Schön的隐喻理论相比而言不但影响较小,而且未能引起学术界的足够重视。

1979年,Ortony编辑出版《隐喻和思维》一书,标志着隐喻研究的认知转向:隐喻开始被看成一种思维模式。该书的出版为其后认知隐喻学的奠基之作《我们赖以生存的隐喻》(Lakoff & Johnson,1980b)准备了理论基础。该书收录了Reddy(1979)的一篇论文。该文所提出的"管道隐喻"思想遂成为Lakoff & Johnson(1980b)所著的《我们所赖以生存的隐喻》一书的灵感。

2.3 Reddy的"管道隐喻"

1979年,Reddy发表《管道隐喻——关于我们的语言之语言中的一个框架冲突个案》一文。在文中，他提出一个著名的概念隐喻——管道隐喻（conduit metaphor）。Taylor（2007：178）把"管道隐喻"及其下辖的基本隐喻表述如下：

  管道隐喻
  想法和思想是客体
  词和句是容器
  语言交流包含把（灌满的）容器递送给听者
  理解是从容器中获取内容

  在文中，基于一些新事实和新证据，他提出了一个重要观点：英语使用者概念化语言交流（communication）基本过程的方式在很大程度上受到"管道隐喻"的影响。更确切地说，人类语言交流的不畅、困难或失败在很大程度上要归咎于"管道隐喻"对我们思维过程的深刻影响。不仅如此，"管道隐喻"对我们的社会和文化问题也产生了相当大的影响。

  在该文中，Reddy（1979：285）强调语义结构对人类思维的影响："英语使用者关于语言交流所讲述的各种故事在很大程度上是由语言自身的语义结构所决定的。"他（1979：296）进一步指出："管道隐喻是英语中一个真正强有力的，且能影响我们思维的语义结构。"

  "管道隐喻"思想对概念隐喻理论的发展起着中心作用。Lakoff & Johnson（1980b）把 Reddy（1979）对管道隐喻的创见看成是《我们所赖以生存的隐喻》一书的灵感。正是基于 Reddy 的这一奠基性工作，他们确立了概念隐喻理论的诸多原则。"在这本书中，他们把管道隐喻作为重要的例子来例示概念隐喻的特征。后来，管道隐喻被看作是最为明晰的、同时也是构建得最好的概念隐喻之一：它关涉言语行为的理解（Johnson，1987）、隐喻的心理现实性（Gibbs，1994）、语法构式的动因（Goldberg，1995）以及词汇意义的演变（Sweetser，1990）等等"（Grady，1998：1）。

2.4 概念隐喻理论的兴起

认知隐喻学是一个很宽泛的范畴，包括各种从认知视角研究隐喻的理论研究工作。从最广义的层面上来说，认知隐喻学包括所有隐喻认知研究。除非特别说明，认知隐喻学一般并不等同于概念隐喻理论："正像 Steen（1994）指出的那样，'隐喻的认知观'（cognitive view of metaphor）并不等同于 Lakoff 和 Johnson 所提出的概念隐喻理论"（Rakova，2002：216）。概念隐喻理论属于广义的认知隐喻学范畴。

在隐喻的认知研究成果中，最有影响力的当属 Lakoff & Johnson（1980a；1980b；1999）所提出的概念隐喻理论。1980 年，Lakoff & Johnson 在《哲学期刊》上发表题为《日常语言中的概念隐喻》一文，首次提出概念隐喻这一术语。他们把隐喻看成是一种思维或者说认知现象，具体而言是一种基于跨域操作的、定义我们的概念系统本质的人类思维能力："我们赖以思考和行动的普通概念系统本质上是隐喻的。"（Lakoff & Johnson，1980b：3）即隐喻不仅仅是一种修辞手段，而是一种影响我们行动和思维的心理和神经映射机制。他们首次揭示了语言隐喻现象和隐喻认知能力之间的密切关系，并认为用隐喻思维是大脑用经验丰富理解的一种手段。由此，他们在彻底颠覆隐喻的纯语言研究传统的基础上，提出认知语言学范式中最早的理论框架之一：概念隐喻理论。

概念隐喻理论兴起之后，传统的修辞学意义上的隐喻被看作是一种基本的认知机制，其在帮助我们了解概念结构的本质特征方面起着至关重要的作用。Gibbs（2006a）认为 Lakoff & Johnson（1980b）提出的概念隐喻理论是隐喻研究的一个重要革命。对概念隐喻理论的创立和发展贡献最大的是 Lakoff & Johnson（1980b；1999），Lakoff（1987；1990；1993），Lakoff & Turner（1989），Sweetser（1990），Johnson（1987），Gibbs（1994）和 Lakoff & Nuñez（2000）。

1993 年，Ortony 主编的《隐喻和思维》一书再版，收入了 Lakoff（1993）撰写的《当代隐喻理论》一文。1993 年因此成为概念隐喻理论研究的一个重要分水岭。Lakoff（1993）之前的研究被认为属于经典的概念隐喻理论范畴；而 Lakoff（1993）之后，概念隐喻理论出现了一些新的发展动态：一方面，Lakoff（2008a）开始研究概念隐喻的神经本源（neutral substratum）并提出隐喻研究的神经理论；另一方面，一些学者把动态和多维研究视角引入认知隐喻学研究，提出了一些认知隐喻学研究新框架。

2.5 认知隐喻学的最大理论贡献

认知隐喻学的核心思想是，隐喻不是单纯的语言现象，而是一种神经认知机制，该机制使得我们得以运用控制着感知运动行为的神经系统来进行各种抽象理智思维。认知隐喻学的最大理论贡献主要在于：

1）揭示了人类概念系统的隐喻本质和概念映射操作机制。传统上，西方分析哲学把人类的概念系统看成是一个把一切经验和想象力排除在外的、超验的纯粹理性系统。而认知隐喻学颠覆了传统西方分析哲学对概念系统的看法，它把概念系统定义为一个体验性的、以概念映射为操作机制的想象系统。

2）为学界提供了一个有效的意义分析和阐释工具。概念隐喻不但是一个有效的语言研究工具[1]，而且为其他学科如哲学、心理学、人类学、文学和历史学研究提供了新的理论阐释工具。Lakoff（2007）甚至用概念隐喻理论来解释爱因斯坦的相对论。爱因斯坦把"时—空"（time-space）看成是第四个空间维度。他认为根本不存在牛顿所说的地球引力（gravity），而认为引力是"空间—时间"（space-time）维度上的一种弯曲（curvature）。他认为在巨大的物体旁边，空间自己必须弯曲，而不是受到引力的吸引。如果引力是一种弯曲，那么所有的力都会变成一种弯曲，且宇宙中的一切都仅仅是几何结构（geometry）。Lakoff（2007）认为爱因斯坦的相对论是建立在"时间是空间的一个维度"这样一个概念隐喻基础之上的。Lakoff & Johnson（1999）还运用概念隐喻阐释了心理

---

[1] 概念隐喻是诸多语言结构或者现象的认知动因。如 Lakoff（1987）指出许多习语（idioms）事实上具有部分可分析性，且他把成语的结构动因归因于概念隐喻。此外，学界还运用概念隐喻研究一词多义现象、语词抽象义的生成以及语篇的组织结构模式等。

(the mind)、自我(the self)和道德(morality)三个抽象概念系统的隐喻本质,并揭示了概念映射机制如何参与构建这些抽象的概念系统。

3 认知隐喻学的发展

3.1 认知心理模式对隐喻研究的影响

认知心理学领域中的各种心理认知模式如 IP(information-processing paradigm,信息处理范式)、PDP(parallel distributed processor,平行分布处理器)、连接主义(connectionist model)、建构主义、模拟理论(simulation theory)和基于理论的概念模式(theory-based concepts model)对相关隐喻研究产生了重大影响。

IP 范式把信息处理看成是一个线性传导过程:发送者或者来源(source)通过一个渠道(channel)把一个信号或者拟传达的信息发送到某个目的地或者接受者。由于 IP 模式背后的大脑—计算机类比假设明显和大脑的思维机制相悖,后人工智能领域的学者多用 PDP 代替大脑—计算机类比假设。虽然 PDP 较 IP 更有说服力,但由于 PDP 和大脑的思维机制仍然存在距离,学界后又提出了人类信息处理的连接主义模式。

在连接主义模式中,信息被表征为节点之间通道网络的激活。连接主义模式把语言表征的本质看成是类似于规则行为的统计学习过程:"孩子习得的语义表征的发展和演进归因于体现在连接主义网络或相似的统计学习机制的简单或然(probabilistic)过程之中。"(Li, 2006:109)同时,连接主义强调直觉对复杂语义关系的隐性表征,并通过权重连接(weighted connection)、分布性表征和非线性动态性(nonlinear dynamics)来描述直觉机制。另外,连接主义还强调语言表征可以源自基本处理能力,即处理自然语言中音系和语义特征、词汇项和形态装置之间复杂关系的能力。

模拟理论主要致力于研究"人们如何把其心理状态归属于(attribute)他人。心理状态归属(mental-state attribution)有多种名称:'民间心理学'(folk psychology)、'心理理论'(theory of mind)、'读心'（mind reading）或者'心理化'（mentalizing）。它是一种'元表征'（metarepresentation），是一种活动，在这种活动中，各种心理状态（信仰）代表着多种其他的心理状态。"（Shanton & Goldman，2010：527）Simmons et al.（2008）认为概念和概念系统本质上是模拟性的。基于FMRI（functional magnetic resonance imaging，功能磁共振成像）证据，他们指出：语词联想（word association）和场景模拟（situated simulation）在概念处理中起着至关重要的作用。

而Cameron（1999）则认为基于理论的概念模式与人类大脑的复杂性更为契合。基于理论的概念模式认为，个人是以结构信息的方式，亦即通过解释性"理论"来对基于其经验基础之上的信息进行概念化、分类和存储的。当基于理论的概念在言语处理中被激活，其理解因使用了连接概念特征的解释关系而变得更容易。

3.2　Grady的基本隐喻理论

Grady（1997，参见Gibbs，2006a）和Grady等人（1999）对"基本隐喻"（primary metaphor）的研究在很大程度上发展了认知隐喻学理论。该理论指出，概念隐喻实质并非处于存在于人类思维和经验中的隐喻系统的最基（本）层或者最底层。由人类的直接经验所导致和生发的是另一种隐喻——基本隐喻（primary metaphor）。这类隐喻具有独立且直接的感知—运动经验。多个基本隐喻可以组合形成更大的隐喻单位——复合或者复杂隐喻（compound or complex metaphor）。这种复合或者复杂隐喻可以是我们通常所说的概念隐喻，也可以不是。如 PERSISTING IS REMAINING ERECT（坚持不懈是保持向上），STRUCTURE IS PHYSICAL STRUCTURE（结构是物理结构）和 INTERRELATED IS INTERWOVEN（相关的是互为交织的）这三个基本隐喻的不同组合可以生成不同的复合或者复杂隐喻。

若我们把 PERSISTING IS REMAINING ERECT 和 STRUCTURE IS PHYSICAL STRUCTURE 整合在一起，可以得到复合隐喻—— THEORIES ARE BUILDINGS（理论是建筑物）：首先，由于理论构建是一种坚持不

懈的活动，因此，基于基本隐喻 PERSISTING IS REMAINING ERECT，我们得以把"理论"等同于一种抽象的"向上结构"。其次，基于基本隐喻 STRUCTURE IS PHYSICAL STRUCTURE，我们得以把"理论"这种抽象的"向上结构"隐喻性地看成是一种"向上"的物理结构——大楼（building）。

而把 INTERRELATED IS INTERWOVEN 和 STRUCTURE IS PHYSICAL STRUCTURE 组合在一起，可以生成复合隐喻——THEORIES ARE FABRICS（理论是纤维结构）：首先，由于理论是一种"内部关联结构"，因此，基于基本隐喻 INTERRELATED IS INTERWOVEN，我们得以把"理论"这种抽象的"内部关联结构"看成是一种抽象的"经纬结构"。其次，基于基本隐喻 STRUCTURE IS PHYSICAL STRUCTURE，我们得以把"理论"这种抽象的"经纬结构"看成是一种"纤维结构"。借助基本隐喻以及它们之间的复合或者说整合，Grady 等人（1999）成功地揭示了概念隐喻的生成机制及其复杂的整合结构。

基本隐喻理论的提出，较为成功地解释了为什么某些特定的从源域到目标域之间的映射不可能发生这一问题：由于概念隐喻一般由两个基本隐喻复合而成，所以，概念隐喻的映射结构在很大程度上取决于两个基本隐喻的复合性映射结构。由于两个基本隐喻在组合过程中自动屏蔽了一些特定的映射，所以，某些特定的映射无法进入最终的概念映射。Gibbs（2006a）认为，Grady 等人对基本隐喻的研究是对概念隐喻理论的一个重要发展，夯实了概念隐喻的理论基础。

3.3 MetaNet的创建

认知隐喻学的最新发展是 MetaNet（metaphor net 的缩写，隐喻网络）的创建。根据国际计算机科学学院（International Computer Science Institute，简称 ICSI）的网站[1]介绍，来自 ICSI、加州大学圣迭戈分校、南加利福尼亚大学、斯坦福大学和加州大学默塞德分校的一个大型研究

---

1 网址为：https://www.icsi.berkeley.edu/icsi/gazette/2012/05/metanet-project

团队正在创建一个能理解四国语言——英语、波斯语、俄语和西班牙语——中所使用的隐喻的计算机系统。其中，MetaNet 是智能高级研究项目活动（Intelligence Advanced Research Projects Activity，简称 IARPA）资助的一个隐喻研究项目。

MetaNet 实质是一个多语的隐喻提取、表征和验证系统。该系统旨在创建一种隐喻分析和验证方法，并通过隐喻自动提取技术创建一个跨文化的隐喻资源库。它由 ICSI 的人工智能团队负责人 Srini Narayanan 教授领衔，旗下包括四个研究小组：以 Lakoff 教授领衔的认知语言学小组负责隐喻初步分析和特征提取、框架指认和隐喻植入（seed）；以 Shutova 领衔的隐喻提取小组负责隐喻提取；以 Narayanan 领衔的资源库（repository）小组负责资源库设计和规模；以 Boroditsky 领衔的验证小组负责隐喻验证。

Narayanan（2012）在网络上发布了一个题为《MetaNet：一个多语隐喻提取、表征和验证系统》[1]的 PPT 文件，详细介绍了 MetaNet 项目。根据他的研究，MetaNet 的目的是创建一个能从文本中提取隐喻性语言并在四种语言当中对它们进行自动阐释的系统。研究者们主要致力于通过构建一个包含概念隐喻与其语言实现之间的各种联系的概念隐喻表征网络来创建一个多语隐喻资源库。使用者将来不但可以浏览、查看这个资源库，也可以对它进行标注，还可以利用系统程式化地完成隐喻提取、分析和推理等任务。

IARPA 准备分两步走，在项目的头几年，准备让系统分析一系列的目的概念。然后，系统将被要求对 IARPA 所设计的一些测试案例和场景作出反应。对目的概念的分析将主要部分地依赖于 ICSI 依据框架语义学所完成的框网（FrameNet）项目。该项目由 Collin Baker 和 Charles Fillmore 教授领衔，致力于创建一个人机共用的、能显示语词如何在文本中使用的词汇资料库。基于框网所提供的信息，系统把隐喻分析为一个联系框架、框架角色、填充词（filler）和其他映射的，且具有结构

---

[1] 网址为：http://www.icsi.berkeley.edu/pubs/ai/BEARS2012_narayananslides.pdf

性、层级性和关系性的网络。系统还能够显示各种隐喻框架和各种框架因素之间如何紧密联系，并形成一个凸显隐喻与其本义之间关系的网络。这些信息将被系统用作隐喻提取的基础信息，亦可据此发现文本中的新隐喻。

3.4 认知隐喻学应用研究

3.4.1 隐喻应用研究概述

认知隐喻学理论兴起之后，隐喻研究引起了如心理学、哲学、人类学、社会学和文学等相关研究领域很多学者的极大兴趣。较早的隐喻应用研究可以追溯到 Cohen（1977），他试图借助语义场理论或成分语义学（componential semantics）来解释隐喻。Schön（1979）多年来则运用其"框架再结构过程"隐喻理论来解决诸多人类情景和人类经验中所出现的问题，并提出在隐喻应用领域具有深远意义的"问题框架化"（problem framing）理论。该理论的主旨是："在专业人士作出解决问题的决定这一过程中，三个关键步骤起着重要作用"。

首先，某种情景或经验存在某种问题。

其次，为那一情景或经验创立一个基于"把 A 看作 B"的重要"隐喻框架"。

最后，"隐喻框架"产生解决问题的方案，或者确定解决问题的方向。

运用这一理论，Schön（1979）考察了从 20 世纪 50 年代至 70 年代这 20 多年间美国政府的公共住房观如何发生变化；他也把它应用于各种教育语境以解决一些教育问题。此外，他还把它运用于公众事务领域，通过语用手段解决似乎不可能解决的争端，比如德国早期的退休项目，美国马萨诸塞州的无家可归状况，以及教育语境中的新技术应用问题。

然而，相对于"语言中的隐喻"这一主流研究课题而言，"语言使用中的隐喻"这一应用语言学课题的研究相对要冷门许多。针对过去二十多年来应用语言学界忽视隐喻研究的事实，1997 年，John Benjamins 公司出版了由 Gibbs 和 Steen 合编的《应用语言学中的隐喻：第五届国际认知语言学研讨会精选论文》一书。随后的 1999 年，剑桥大学出版社出版了由 Cameron 和 Low 编辑出版的《研究及应用隐喻》一书。两书的宗旨都在于提升和鼓励认知隐喻学应用研究。

《研究及应用隐喻》事实上是一本专著格式的论文集。全书十二篇论文构成十二个章节，其中九个章节，也就是九篇论文来自于为 1996 年 1 月在英国约克大学召开的同名研讨会所提交的会议论文，但它们在成书之前经过重要修改。该书所涉及的隐喻应用研究主要包括：教师和学生如何使用隐喻概念化其教学和学习工作；隐喻研究的调查方法；不同语境（如学术言语、二语教学、一语使用、词典编纂和病人的语言使用等）下的隐喻使用，特别是隐喻如何定义言语中很多话题的描述；以及隐喻如何描述我们的生活经验及隐喻在人类互动中所起的作用。

应用语言学关注的是实际生活场景中的语言使用，特别是那些有问题的语言使用。在外语教学领域，应用认知隐喻学研究主要致力于揭示和理解语言学习或使用的各种下层（underlying）认知过程，并力图采取一些必要的理论干预。在 Cameron & Low（1999：3）编辑出版的《研究和应用隐喻》一书中，所有研究者的出发点都是把"隐喻作为一种语言使用现象"来研究。基于使用中的隐喻这一研究基础，Cameron & Low（ibid.）认为："从元理论（meta-theoretical）意义上来说，隐喻应用研究要注意两点：首先，所采取的研究方法必须既是语言的，又是社会的和认知的；其次，必须给用于经验研究的理论框架设限，使它们和所知的隐喻处理一致。"Cameron & Low（1999：7）把隐喻应用研究分为三个层面，其中第一个和第二个层面之间必须一致：

1）理论分析层，该层面主要关注：隐喻指认、隐喻类型的范畴化、言语中隐喻产出、隐喻理解和隐喻注意的目的和逻辑。

2）处理分析层，该层面主要关注概念激活、隐喻如何被理解、某个特殊隐喻如何开始被使用、隐喻如何结构概念域、隐喻使用如何导致概念变化等；

3）神经层，导致第二个和第一个层面的隐喻处理的神经活动。

3.4.2 隐喻在教育话语中的应用研究

隐喻在教育话语中的应用是目前隐喻应用研究的重心和热点所在。

2003年，Boers和Littlemore为学术期刊——《隐喻和符号》(总第18期，当期第4期)编辑了一期题为《教育语言学中的隐喻与文化》特刊。把隐喻在教育话语中的应用这一研究课题推到了研究前沿。目前这一领域的研究主要集中在隐喻在教育话语中所起的作用上（Cameron, 2003）。

关于隐喻在教学话语中的应用，目前的研究重点在于概念隐喻对各学科的学习，尤其是对语言教学的积极作用。Cameron（2003）从话语焦点的角度探讨了隐喻在科学学习中的作用。Holme（2003）着力于把概念隐喻理论运用于改进语言教学方法。他特别关注概念隐喻在词汇积累及在教授和运用构式语法（construction grammar）过程中的运用，并探讨了混合结构（blend-structure model）模式这一语言学习模式的可能性，同时从认知角度批评了二语习得的语言模式。

Littlemore（2001）对二语学习者在目标语中处理隐喻和借代的方式很感兴趣。她的研究主要着力于如何帮助语言学习者正确理解和产出隐喻和借代。她的探讨话题包括：大学教师们所使用的隐喻如何导致海外学生产生理解困难；隐喻能力如何帮助具有整体（holistic）认知风格的人更好地学习语言。

Cortazzi & Jin（1999）通过分析比较从四个来源（sources）中所收集到的有关教师和语言的隐喻来考察隐喻使用的文化—认知因素，并得出隐喻是"学习之桥"的结论。这四个来源是：

1）128名有经验的英国小学教师在阐释学习时所用的即兴隐喻。

2）140名修基础教育课程的英国研究生所写出的有关教学和语言的诱发式隐喻（elicited metaphors）。

3）140名修言语诊疗（speech therapy）课程的人类交际系英国本科生所写的有关语言的诱发式隐喻。

4）5个国家的大学生（113名中国大学生、104名土耳其大学生、93名日本大学生、90名黎巴嫩大学生和60名伊朗大学生）[1]所写的一些

---

1 所有的大学生在大学都学过英语，而且至少在中学学过6年英语，但极少数是英语专业学生。

关于"好老师"的跨文化诱发式隐喻。

对教师教育所涉的隐喻研究表明：隐喻是研究教师认知各个重要方面的一种有效的、间接的方式。有的学者通过研究教师所用的隐喻来探讨教师应该怎样制订教学计划，或怎样做决定，或怎样给他们的经验赋予意义。研究者还发现，教师们的一些更为重要的思维过程与他们的概念隐喻系统密切相关。由于概念隐喻的形成主要与教室事件以及教师们的课堂组织经验相关，因此，了解教师的概念隐喻系统有助于帮助教师更好地了解学生，并更好地组织和评估其教学活动。

4 认知隐喻学反思性批评

4.1 指认—推理模式质疑

认知隐喻学的基本理论研究模式是"指认—推理"模式。该模式主要涉及两个重要的研究步骤：一是，隐喻指认和抽取，即对日常经验层面之下的下层（underlying）或者说概念隐喻进行指认和抽取；二是，基于体系性的语言隐喻证据对大脑思维，或者说概念系统的结构组织模式作出推论。对于隐喻研究领域所惯用的指认—推理模式，Gibbs（1994：202）指出，认知心理学界并不广泛认可这种主要基于直觉且具有浓厚主观色彩的解释方法：

> 一般而言，从分析人们所说的来推断有关科学概念和文化的任何东西都是有局限性的。其主要局限是大部分语言研究所共有的，即个体分析者基于自己推断出来的结论来得到有关现象的结论。比如，认知心理学家通常对基于理论家们的直觉推测而作出的有关人类概念知识的假设表示怀疑，就算这些推测是基于对语言结构和行为的系统分析。对很多人而言，概念隐喻存在于我们的日常经验层面之下，或者说概念隐喻在我们使用和理解各种不同的语言表达方式过程中起作用这一观点不具有"心理现实性"，因为，这一理论的基石是直觉解释。

由于下层或者说概念隐喻的指认和抽取是隐喻研究中至关重要的一环，因此，如何保证隐喻指认和抽取过程中的科学性对隐喻研究者而言是一个极大的挑战。隐喻指认和抽取过程主要涉及两个至关重要的步骤：

一是，表层话语中隐喻语料的系统和有效收集。

二是，下层隐喻或者说概念隐喻的指认和抽取。

由于"隐喻"这一概念缺乏较为确切的理论内涵，加之其理论内涵具有日益泛化之势，学界素来对如何保证上述两个步骤的科学性存在质疑。质疑的焦点主要在于以下三点：

1）基于直觉的调查方法可能导致隐喻语料的"自然性"和"典型性"不足。在隐喻研究中，常用的调查方法主要有：有声思维法（think-aloud protocol）、后验询问技巧（post-hoc questioning techniques）和反思报告（retrospective reports）等，它们都不同程度地存在难以克服的理论"陷阱"（详见 Cameron & Low，1999）。

2）隐喻指认和抽取过程中研究者的单边决定不但可能导致隐喻指认和抽取存在分歧，而且可能导致指认和抽取结果带有较强的主观随意性。Cameron（2003）和 Gibbs（2006）指出，就算仔细阅读，要从语言实践中指认和抽取概念隐喻也不容易。单边决定是最常用的隐喻指认方法："研究者考察文本，单边决定是否是隐喻的做法可能是最常用的指认方法。"（Sayce，1953；转引自 Cameron & Low，1999：49）为减少单边决定的"主体性"和随意性，研究者有时采取第三方（third parties）指认[1]的方法。但是，第三方指认同样有"主体性"和随意性的问题。而概念隐喻的指认和抽取一旦带上较为浓厚的主观随意色彩，势必影响到对概念系统所作出的相关推论的科学性。

3）隐喻分类、指认和抽取标准的学科差异使得共同的研究对象——隐喻在很大程度上具有理论"模糊性"。包括隐喻的定义、隐喻分类、隐喻指认和抽取以及隐喻义的推断等看似基本的问题都可能存在

---

[1] 用第三方指认这种方法时，同样有变量的科学控制问题。

很大的学科分歧,这种分歧部分导致目前的隐喻理论研究成果带有较为浓厚的个人主观色彩。

4.2 Haser对概念隐喻理论的解构性批评

Haser(2005)的专著《隐喻、借代和经验主义哲学:挑战认知语义学》从解构主义的角度对 Lakoff & Johnson(1980b;1999)所提出的概念隐喻理论以及他们著作背后的认知语义学基本思想进行了在 Lukeš[1] 看来似乎是带有个人攻击嫌疑的批评:"她自称是解构主义,但这仅仅使得她得以用从个人攻击到详实分析的方式来进行其每一条可行的批评之路。"Haser 在其书第六章中对概念隐喻理论给予了无情的抨击。她的主要观点是:概念隐喻作为一个理论提出来,这本身可能就是一个"隐喻"。她的批评主要围绕以下三点进行:

1)这一理论缺乏创新性和内部体系性。缺乏内部体系性主要表现在隐喻概念和隐喻表达这一界面上,即源域和目标域之间的映射在很大程度上是研究者的一种随意选择:"各单个隐喻表达式的各种潜在的源域通常都是重叠的,这又一次表明,源域像隐喻概念本身一样很可能只是一种构件(construct)。"(Haser,2005:193)

2)隐喻并不是理解事物的一种特殊方式:"并不能把以另一事物概念化某事本身看作是以任何特殊方式来理解事物,因为对隐喻定义的理解可以是多样的。"(Haser,2005:171)

3)概念隐喻理论不但没能有效地区分借代和隐喻这两个概念;而且它也未能有效地区分"隐喻"和"借代"两种不同的理想认知模式[2]。

Haser(2005)主要采取的是解构主义批评视角,因此,她的批评属于外部批评,本质上属于"批判终结论"范畴[3]。另外,她的批评明显带

---

[1] www.dominiklukes.net/files/ul/Review_of_haser_2005.doc
[2] Moore(2006)指出,很多学者用域矩阵(domain matrix)、框架、图式或者理想认知模式来描写借代。而我们可以用同样的手段来描写隐喻。由此可见,隐喻和借代之间的界限确实难以完全划清。
[3] 因本书的理论批评视角主要是建构性的,因此,我们并不完全赞同 Haser(2005)对概念隐喻理论的解构性批评。关于"批判终结论",请参见本书第一章"绪论"中的相关论述。

有强烈的个人主观色彩。但是，从另外一个角度来说，Haser（2005）所展示出来的浓厚的主观批判色彩，反过来彰显的可能恰恰是概念隐喻理论本身的主观性。

4.3 "跨域概念映射"的局限性

虽然 Boroditsky（2000）的研究显示：Lakoff & Johnson（1980b；1999）在《我们赖以生存的隐喻》和《体验哲学》两书中对时间隐喻的分析基本上是正确的。但是，Moore（2006）通过对三类时间运动隐喻的研究，论述了概念隐喻理论在用"跨域映射"解释时间隐喻时有局限性，未能准确解释时间隐喻的全部语言事实。

Moore（2006）注意到，认知语言学者在研究时间运动隐喻（即把时间视解为运动）时，一般只区分两种类型的隐喻：运动本我型（Moving Ego）和运动时间型（Moving Time）。前者把时间经历者即本我看作是运动的，而时间是相对静止的。如 *We are approaching the Lunar New Year*（我们正走近春节）。后者把时间看作是运动的，而本我则是相对静止的，如 *The Lunar New Year is coming*（春节临近）。他们忽视了第三种隐喻：顺序是路径上的相对位置（SEQUENCE IS RELATIVE POSITION ON A PATH）。

由于运动本我隐喻和运动时间隐喻是从本我视角来概念化时间，因此又被称为"特定视角"（perspective-specific）隐喻，而第三种隐喻因与本我视角无关，遂被称为"视角中立"（perspective-neutral）隐喻。Moore（2006：232）通过大量跨语言证据说明，由于第三种时间隐喻的存在，使得学者们把时间看作是一个单一的抽象目标域的观点有失偏颇：

> 时间运动隐喻不是一个单一的时间目标域，它实质上包括两个目标框架：SUCCESSION（连续性）和 EGO-CENTRED TIME（本我中心时间）。SUCCESSION 和时间顺次发生有关。EGO-CENTRED TIME 与"现在"经验以及时间相对于"现在"不断变化的状态有关。SEQUENCE IS RELATIVE

POSITION ON A PATH 是从顺次运动（ORDERED MOTION）到连续性（SUCCESSION）的映射。本我中心运动时间（Ego-centered Moving Time）和运动自我（Moving Ego）是从相对运动（RELATIVE MOTION）到本我中心时间（EGO-CENTERED TIME）的映射。

Moore（2006：199）的结论是，为了更准确地解释时间隐喻，我们"需要把隐喻描述为一种跨框架而不是跨域映射"。框架（frame）是一个概念结构，是对"经验的连贯性图式化"（coherent schematization of experience）（Fillmore，1985：223）。在此概念结构中，某一概念与之吻合，且这一概念的描述与之相关（Fillmore，1982）。

Moore（2006）认为，概念隐喻理论所面临的一个问题是：未有效区分目标框架（target frame）和源框架（source frame）。在谈时间运动隐喻时，Lakoff & Johnson（1999：142）指出："运动的物体经过观察者（本我）→时间'流逝'（the 'passage' of time）。"[1] Moore（2006：217）注意到以上 Lakoff & Johnson（1999）的论述中存在的问题是："the 'passage' of time 被看作一个目标框架（target-frame）概念，但是，passage 属于源框架（the source-frame）概念……我们应该避免用源框架术语来陈述目标框架概念。""跨域概念映射"所面临的另一个问题在于，域和域之间的对应并非特定地发生在某个特定的源域或者目的域。映射多半是多域—多域（Kövecses，1995；Grady，1997）。

4.4　隐喻机制普遍性假设所面临的理论挑战

Lakoff & Johnson（2003）审视了隐喻这一概念，认为它本身就是隐喻的。撇开"隐喻"定义的模糊性和"隐喻"概念之理论内涵泛化问题不谈，隐喻作为一种普遍认知机制也面临诸多理论问题。隐喻机制的普遍性假设所面临的理论挑战主要有五：

1）因隐喻的普遍性可能并不像我们想象的那么高，故隐喻机制的

---

[1] 原文中 'passage' 用了单引号，表其隐喻性。另外，箭头表示"概念映射"。

普遍性不像我们想象的那么毋庸置疑。概念隐喻理论的重要理论前提之一是：隐喻无处不在。但是，Steen（2011：50）的研究显示，"在自然语篇中，隐喻的平均占比是 13.6%。这一统计是基于 Pragglejaz 小组（2007）开发出的一个基于隐喻指认程序（Metaphor Identification Procedure，简称 MIP）之上的拓展性和优化的 MIP"。

2）因隐喻语言和字面语言的区分可能并不像认知语言学者所认为的那样清晰和快速（Matlock，2006），故隐喻机制的合法性在很大程度上存疑。Gibbs（1990；1994）发现字面和隐喻语言的处理时间没有区别。这可能意味着字面和隐喻语言共用同一个心理操作机制。若果真是这样，那么隐喻机制的合法性就很值得怀疑。

3）经验基础不同的概念隐喻是否也意味着它们的心理操作机制有所不同？Grady（1997）和 Grady 等人（1999）观察到，不同概念隐喻的经验基础并不相同。如 MORE IS UP（更多是更高）这一概念隐喻直接与我们的物体堆积经验相关，即物体堆积得越多，堆积物所达到的高度就越高。但是，也有很多概念隐喻并无如此直接的经验基础，如 THEORIES ARE BUILDINGS（理论是大楼）和 LOVE IS JOURNEY（爱是旅行）这两个概念隐喻就没有直接的经验基础。因为从直接经验层面上来说，理论与建筑物并无多大相关性。同理，我们也很难看到爱和旅行之间的直接关联。不同概念隐喻的不同经验基础问题使得我们必须思考这样一个问题：经验基础不同的概念隐喻是否也意味着它们的心理操作机制有所不同？甚或对那些有着直接经验基础的常规隐喻而言，其生成、构建和理解可能根本就无需借助概念映射这样复杂的心理操作机制，而很可能是一些更为简单而常规的心理操作方式如频率、固化、规约化[1]的结果，甚至可能只是习惯律的结果。罗素（贾可春译，2009：117）指出："习惯律，作为最有特色的规律之一，可以依据神经组织的特性而得到充分的解释，而这些特性反过来又能依据

---

[1] 频率、固化（entrenchment）、规约化（routinization）这类一般性心理操作机制在词义提取中所起的重要作用对概念映射机制的普遍性提出了有力的挑战。

物理学定律而得到解释。"简而言之，一旦隐喻被常规化了，是否就有可能直接把它们从个体的心理词库当中提取出来而无需经过任何额外的心理跨域操作？

4）概念隐喻理论没有解释为什么某些从源域到目标域的特定映射不可能发生。以 THEORIES ARE BUILDINGS（理论是建筑物）这一概念隐喻为例，在实际交际中，基于这一概念隐喻的隐喻表达式有很多。如 *The foundation for your theory is not sound*（你的理论基础不可靠）；*Your theory is likely to collapse*（你的理论可能站不住脚）；*The theory needs to be elaborated*（这个理论需要完善）。但是，*The theory can accommodate 1000 people*（这理论能住 1000 人）这一说法却不成立。由此，我们不得不思考另一个问题：除了概念映射机制之外，是否还存在映射阻止机制？如果答案是肯定的，阻止机制的操作原则是什么？其和映射机制的关系如何？阻止机制除了禁止某些特定映射的发生之外，是否还起着其他的认知结构作用？

5）概念映射作为词汇语义习得的普遍机制受到语言处理计算模式的挑战。孩子的词汇语义习得在过去的三十多年间一直是个备受争议的问题。概念隐喻理论认为，概念映射是词汇语义习得的一个普遍机制，即孩子是通过把源域中的基本"概念功能义"映射到靶域的方式习得更为抽象的词汇义。语言处理计算模式则指出：词汇语义可能是层创（emergent）特征，而且词汇范畴能够通过对内在于输入资料中的统计规律的计算习得。语言处理计算模式在很多方面和强调孩子分析语言输入能力的分布（distributional）实证研究（可追溯到索绪尔的结构主义语言学）是一脉相承的。目前，语言处理计算模式大致可分为两类：一是，对大型文本语料库的统计分析显示，词汇—语义表征可能可以从一个高维度（high-dimensional）空间中的多语境及词汇共现限制之中生发而来；二是，连接主义（connectionist）或神经网络模式显示，词汇—语义结构可以源于对形式—形式和形式—意义的多种映射的统计习得（Li, 2006: 110）。

4.5 学界对概念隐喻理论合法性的质疑

Gibbs（1994）早期研究所提供的证据和概念隐喻思想相融合：即隐喻使用需要激活两个域，然后这两个域需要通过跨域映射相联系。但是，Glucksberg（2001）的研究不支持这一立场，他提供的证据显示，隐喻的工作机制不是跨域映射而是抽象（abstraction），而"抽象"的工作机制是上义范畴化（superordinate categorization）。他还声称，当新隐喻变为常规隐喻之后，它们就不再需要这种基于上义范畴化的抽象，而只是简单地变成了一词多义。Glucksberg（2008）和 Gentner & Bowdle（2008）的研究结论是，新隐喻总是被当作思维中的隐喻来处理，即通过跨域映射机制得到处理，但大部分其他隐喻不需要这种跨域映射。他们认为，这只是因为一旦隐喻义被常规化了，它就能从个体的心理词库中直接提取出来，而无需经过任何额外的心理操作。

Steen（2011）指出，跨域映射机制为隐喻使用所确立的语词具体义处理优先原则，实质是一种认知迂回，而这种认知迂回实质有悖于认知语言学的基本假设：常规词汇语法的使用在很大程度上是基于使用的，即使用者的学习过程不需要模仿语言的发展过程。对语言使用者而言，很多表达式已经具有了特定的常规义，他们要使用它们的时候，只需自动提取就行了，用不着迂回模拟语义的扩展机制或者路径（Tomasello，2003）。Giora（2003）的研究甚至显示，相比较更为基本和更为具体的基本义而言，规约化的隐喻义可能更为凸显，因而也更容易被理解和提取。

刘正光（2001；2003b）指出，Lakoff & Johnson（1980b）的概念隐喻理论存在一些缺陷和值得完善的地方：

1）理论基础缺乏足够的经验主义支持。
2）方法论缺乏确定映射水平或特征的标准。
3）自发、对等映射的观点具有过度概括性。
4）靶域冲突（target-domain override）机制不足以解释缘何映射内容不充分的问题。

5）相似概念结构构成的隐喻之间关系不明确。

6）理论解释缺乏经济性原则。

Murphy（1996；1997），Boroditsky（2000），McGlone（2007），Gentner & Bowdle（2008），Giora（2003），Sandra & Rice（1995）和 Croft（1998）诸多研究指出，支持概念隐喻的不同证据难以汇聚成统一的"汇集/聚性证据"（converging）而共同指向一个结论。相反，支持认知隐喻学的不同证据各自引向关于概念隐喻的不同结论。由于这些结论之间难以相互印证，从而难以保证概念隐喻理论的完全合法性。

5 讨论

本章主要采用"内部批评法"或者说"建构性批评法"审视认知隐喻学理论的理论得失，尤其是 Lakoff & Johnson（1980b；1999）的概念隐喻理论的发展及其所面临的理论挑战。我们指出认知隐喻学所面临的五个挑战：指认—推理模式质疑、Haser 对概念隐喻理论的解构性批评、"跨域概念映射"的局限性、隐喻机制普遍性假设所面临的理论挑战以及学界对概念隐喻理论合法性的质疑。我们认为，概念隐喻理论发展和挑战并存的现状在很大程度上代表了认知语言学近四十年来的整体发展状况。且概念隐喻理论所面临的主要理论问题，实质反映了认知语言学范式所遭遇的主要理论挑战：

1）指认—推理模式所面临的理论问题实质反映的主要是认知语言学基本术语的理论模糊性和基本方法论的主观随意性嫌疑。

2）Haser（2005）对概念隐喻理论的解构性批评，反映的主要是认知语言学内部缺乏体系性、基本术语界定不清晰以及基本方法论的主观随意性嫌疑。

3）"跨域概念映射"的局限性反映的主要是认知语言学解释的笼统性问题。

4）隐喻机制普遍性假设所面临的理论挑战反映的主要是认知动因解释的局限性和认知语言学理论基础亟待进一步夯实的问题。

5）学界对概念隐喻理论合法性的质疑反映的主要是认知语言学的

理论根基不牢以及基本方法论是否合理合法的问题。

除了面临上述五个主要理论问题，像所有认知语言学理论框架一样，不可验证性也是认知隐喻学的一大"硬伤"。目前隐喻理论的研究现状是，哲学家基于思辨，语言学家基于语言证据提出各种隐喻理论，心理学家再从心理学的角度去验证这些理论的心理现实性。可结果却往往让人失望：不但很多隐喻理论得不到心理学证据的支持；就是一些支持性证据也面临"可重复性危机"[1]。

Waggoner（1990）在对近年来隐喻的心理学研究进行了较为全面的理论综述的基础上，从心理学的角度考察了隐喻互动理论[2]（Interaction Theories of Metaphor）是否得到相关的关于隐喻理解和欣赏的实证研究的支持。Waggoner（1990）探讨了隐喻互动理论的六点核心思想，并考察了与之相关的心理学证据之后得出结论说：尽管有几点核心思想似乎具有一些心理有效性（validity），但由于很难把该理论的一些思想明晰地心理现实化，因此，不能就该理论的经验地位得出任何明确的结论。Waggoner最后指出，隐喻理论在心理现实性方面所遇到的验证困难部分地源于：哲学和语言学两个学科所考察的隐喻类型不同。

虽然认知隐喻学强调汇集/聚性证据之于其理论合法性的重要性，但从目前的理论和实践研究来看，认知学者还要继续致力于多方证据的收集和论证，以进一步夯实认知隐喻学的理论基础。

1　详见本书第五章4.5节的论述。
2　该理论主要由哲学家提出。

第十一章　当代认知语言学发展新动态

1　引言

　　我们在探讨认知语言学的外部批评（第五章）和内部批评（第六章）的基础上，分别对认知语言学的哲学基础（第七章）、认知语义学（第八章）以及其两个重要的理论框架——意象图式理论（第九章）和认知隐喻学（第十章）——进行了反思性建构批评。因此，本章主要探讨当代语言学发展新动态。基于对国内认知语言学研究历史简介、国内认知语言学研究特色和国内认知语言学研究趋势，我们首先论述了国内认知语言学发展新动态。其次，我们论述了当代认知语言学发展的六个新动态：夯实哲学基础、夯实理论基础、追求理论简明性、促发哲学革命、语法神经理论趋势和量子神经计算语言研究趋势。然后，我们指出了认知语言学需科学处理的几个问题。最后，我们指出，作为一种强有力的理论分析工具，认知语言学不但在某种程度上对社会学科或者人文学科具有"典范作用"，而且可能对自然学科产生影响。

2　国内认知语言学发展新动态

　　作为一个在国内日益受到重视和热捧的理论范式，我国的认知语言学研究历史如何？呈现出什么样的研究特色？取得了哪些令人瞩目的研究成果？国内当代认知语言学研究具有哪些发展新动态？存在哪些研究局限？

2.1　国内认知语言学研究历史简介

　　"认知语言学是近几十年来西方新兴的语言学思潮，上世纪80年代开始进入我国，现已产生了重大影响"（姚振武，2007：13）。但就笔者所掌握的相关材料来看，我国认知语言学研究的真正起步是在上世纪90年代初中期,且那时的相关研究基本都是介绍性的。事实上,国内的学者最早是通过翻译来了解认知语言学这一理论新范式。如叶蜚声(1990;1991)通过翻译戴浩一的"以认知为基础的汉语功能语法刍议"来介绍汉语语法的认知研究,他(1992)还翻译了谢信一的"汉语中的时间和意象"。

随后,一些学者开始了相关的"消化性"介绍,如熊学亮(1991)论述了语篇研究中的"块构"现象;熊学亮(1993)从认知科学和语言学的交叉研究角度论述了认知语言学的相关研究;沈家煊(1993)和严辰松(1997)对句法的象似性问题作了介绍;徐盛桓(1993)基于认知视角重新考察了常规关系;沈家煊(1995a;1995b)介绍了Langacker的认知语法并探讨了认知语法中"(认知)域"的"有界"和"无界"问题;程琪龙(1995)详细论述了语义的基本概念结构;石毓智(1995)对Lakoff(1987)的一本认知语言学奠基之作:《女人、火、危险事物——范畴揭示了思维的什么奥秘》进行了理论评介;林书武(1995)对《隐喻和象似性》一书作了简单介绍;胡壮麟(1996)介绍了美国功能语言学家Givón[1]的认知语言学成果;熊学亮(1997)对Sperber和Wilson的语用推理逻辑进行了理论介绍;刘绍忠(1997)和苗兴伟(1997)阐释了关联理论的理论精髓;杨忠、张绍杰(1998)从语义关系和认知层次两个角度评析原型理论;沈家煊(1999)区分了转指和转喻;李洪儒(1999)从认知视角探讨了语词的意义及指称对象。

进入2000年后,我国的认知语言学研究呈现蓬勃发展趋势,虽然这时期的研究仍不乏诸多理论介绍,如沈家煊(2000)和王寅(2005)对认知语法的精髓作了理论阐述;熊学亮(2001)、王德春、张辉(2001)、程琪龙(2001;2004)、蓝纯(2001)、赵艳芳(2001)、文旭(2001;2002)和王寅(2007a)对认知语言学的背景、现状和发展作了理论扫描;沈家煊(2004)主要阐释人工智能中的"联结主义"模型和两种语法理论——认知语法和浮现语法——之间的联系,并介绍

---

[1] 学界一般也把Givón看成是认知语言学家。

了一些近年来基于这两种理论的汉语语法研究；王寅（2003）和刘正光（2003a）对认知语言学的哲学基础——体验哲学作了介绍；李福印（2007）介绍了意象图式理论；束定芳（2008）论述了认知语义学的学科本质和学科概况。但此后的研究重点已经渐渐从介绍性为主转向为以理论验证、理论发展、应用研究和质疑研究为主。

2.2 国内认知语言学研究特色

从目前的情况来看，我国学者的研究基本上是以理论验证、理论发展、应用研究和质疑研究这四类研究为主：

1）认知语言学理论验证性研究。所谓验证性研究主要是基于更广泛的（如各种类型学语言证据）语言证据对认知语言学理论的基本原理进行进一步验证。如沈家煊（2003）通过对现代汉语"动补结构"的类型学考察，验证了 Talmy（2000）"核心语构架语言"和"附加语构架语言"的类型区分。熊学亮、刘东虹（2006：52）"通过语料观察，分别从原则与参数类型学和功能类型两个不同的角度，剖析了否定语序的内部形式和外部动因，认为这两种不同的类型学理论的相互补充，可以用来比较全面地解释否定语序的语言共性"，进一步验证了类型学研究的一个重要理论假设："大部分语言所呈现出的 Neg V 语序，反映了人类认知的共性。"任绍曾（2006）从认知的角度，根据 Lakoff & Johnson（1980b；1999）和 Langacker（1987）的理论，通过分析 Robert Penn Warren 的叙事语篇 All the King's Men，验证了隐喻的经验基础，并指出隐喻是统驭语篇的因素，保证了语篇的连贯性，而语篇则体现了概念隐喻。程琪龙（2009）从模式内部的义形关系及其操作可行性的角度出发，重点验证 Goldberg（1995）的小句构式（construction）及其层级模式，并和 Lamb（1999）和 Jackendoff（1990、2002）等的层次模式作一比较。

2）认知语言学理论发展研究。所谓理论发展研究是基于更广泛的（如各种类型学语言证据）语言证据对认知语言学理论的基本原理作进一步阐述和发展。如熊学亮（1999）把认知语言学和语用学研究结合起来，提出了认知语用学概念，并赋予其独立语言学分支学科地位，从而发展了语用学研究。程琪龙（2011）试图基于其所构建的认知功能新模式来表述小句基本构式中的概念语义，其研究在很大程度上发展了相关的理论模式如神经认知语言学的关系网络理论模式、概念语义学及其平行模式以及认知语言学的构式语法。徐盛桓（2005a；2005b）的研究发展了语用推理的认知研究，他（2005b：1）"试图提出语用推理的一种新思路，以心理模型来刻画语用推理的能力，建构了常规推理认知模型"，在某种程度上发展了心理模型理论。陆俭明（2004：15）试图用"词语句法、语义的多功能性"理论来对"构式语法"作理论解释，以期引起大家对"构式语法"的讨论。蓝纯（2003）、胡壮麟（2004a）、束定芳（2003；2004）、王文斌（2006）和刘正光（2003b；2007）的研究进一步促进了认知隐喻学在中国的发展；蒋勇（2001；2003）、王文斌（2007）、陈香兰（2008）和熊学亮（2011）对转喻的探讨加深了我们对转喻操作机制的理解和认知。熊学亮（2008；2009）把构式分成"增效"和"非增效"两种，较好地克服了Goldberg（1995；2006）的构式定义中两个核心思想——"形式和意义配对"和"不可预测性"——之间的悖论或者悖理，从而完善了"构式"的定义。

3）认知语言学在语言实践中的应用研究。这类研究主要侧重于以下四个方面：

一是，认知语言学视角下的汉语语法研究。如张伯江（1999）基于构式语法，研究了现代汉语的双及物构式；将绍愚（1999）探讨了抽象原则和临摹原则在汉语语法史中的体现；张伯江（2000）探讨了"把"字句的句式语义；沈家煊（2001）的题为《跟副词'还'有关的两个句式》的论文，以及题为《如何处置'处置式'——论把字句的主观性》（2002）的论文是将主观语义学引入汉语语法分析的一个尝试；张云秋、王馥芳（2003）运用概念整合理论解释动宾结构的熟语化程度，即熟语化的层级性；沈家煊（2006）在认知视角下研究汉语语法；文旭、刘润清（2007）基于认知语用观研究了汉语的关系小句。

二是，类型学视角下的汉英对比认知研究，特别是汉英两种语言结构中某些语法结构的认知动因或机制分析。如王寅（1998）从话题象似性角度探讨了英汉句型对比；熊学亮、王志军（2001）对英汉被动句进行了认知对比研究；熊学亮、梁晓波（2004：90）对典型致使结构的英汉表达异同进行了研究，指出英汉两种语言的"致使结构句式在很大程度上显示出对客观世界致使现象的象似性，即对客观世界概念化的认知共性"；熊学亮（2007b）探讨和分析了英汉语双宾构式；王寅（2007b）对汉语"动名构造"与英语"VN构造"进行了对比分析和研究；沈家煊（2012）对英汉名词和动词进行了对比研究。钟守满（2008）、钟守满和高乾（2013）对英汉言语行为动词被动（字）句之语义结构进行了认知语义学研究。钟守满和高乾（2013：128）指出："英、汉被动（字）句都有强受事性、弱施事性特性，但在句式和语义上都存在差异。汉语的被动标记'被字句'所涉及的对象多为不如意，语法化后的被动格式，一般只表示被动、消极的事件"。

三是，语言现象的认知机制研究。如石毓智（2004a）揭示了英汉双宾结构差别的概念化原因；熊学亮（2007a）研究了语言使用中的认知推理机制；程琪龙（2007）阐释了语义框架的认知操作机制；钟守满、高乾（2013：122）对网络语"被XX"结构的"产生理据进行归纳、分类和分析，并从认知语义学的角度对这一结构的语义认知结构及语法和语义相互映射的认知语义关系等问题进行探讨"。刘国辉（2006）探究了言语幽默生成的认知机制；文旭、匡芳涛（2004）对语言空间系统的建构作了认知阐释；徐盛桓（2004；2006）揭示了成语的认知生成机制；王寅（2011）解析了"新被字构式"的词汇压制机制。

四是，外语教学的认知研究。教育部2004年1月颁布的《大学英语课程教学要求》体现了当代认知语言学（主要是构建主义）的先进理念（见胡壮麟，2004b），该文件的颁布催生了大量外语教学的认知研究。这些研究涵盖外语教学的方方面面，但不足之处是，这些研究大部分都是"点"状的，"点"和"点"之间缺乏系统性的联系，难以形成有中国英语教学特色的开创性教学研究范式。代表性的研究如文秋芳（2000）从认知角度探讨了诸多英语学习策略；熊学亮、刘东虹（2005）

探讨了英语学习中语法隐喻的迁移；束定芳、庄智象（2000）探讨了认知视角下的现代外语教学，文秋芳等（2014）则探讨了认知语言学与二语教学的关系。此外，还有一些学者尝试进行句法学、词典学、翻译、语篇分析、话语分析、文学批评等的认知研究。

4）质疑研究趋势。直到最近，我国的认知语言学界开始出现质疑研究的趋势。程琪龙（2011）在其著作《概念语义研究新视角》一书中指出构式语法的两个缺陷[1]：

一是，汉语句子中有些无法用动词和结构融合的研究方法来解决，所以Goldberg的理论框架对汉语而言有缺陷。

二是，构式语法的层级组织没有操作可行性，而且它更不是一个完整的语言系统。

程琪龙（2011）还从神经事实出发，指出概念整合理论因有悖于生理真实性而当被舍弃："整合理论没有神经真实性在于神经网络不存在单个能够处理所有有关概念整合的神经环路（但'整合关系'是存在的）。整合理论模式的表述不经济性在于除了概念整合外，相同的联结关系语义、句法、形位等层面都有。"[2] 另外，程琪龙（1997：26）指出Jackendoff的概念语义学在其"理论目标和目前的模式之间仍存在很大距离，符号体现关系可望提供一些补救办法"。

袁毓林（1994：185—186）指出，认知语言学研究方法具有主观随意性，并对其"概念论"和"主观论"色彩提出批评。刘正光（2001）指出了Lakoff & Johnson（1980b）的隐喻理论所存在的一些缺陷和值得完善的地方，认为该理论在理论基础、方法论、映射路径、映射机制、隐喻的概念结构区分、理论解释力等方面存在问题。姚振武（2007）对"认知语言学"的一些基本观点提出质疑，他主要结合语言事实讨论认知语言学有关汉语的诸"原则"，认为这些原则往往存在很多反例。他还讨论了认知语言学的语言观，认为这种语言观不适于解释语言的历史演变及

1　程琪龙教授在2012年12月给笔者的一封私人邮件中特别指出这两点。
2　程琪龙教授2012年12月给笔者的一封私人邮件中如是说。

多样性，有随意性和自相矛盾的嫌疑，所引起的问题比试图说明的问题要多得多。石毓智（2004b）根据我们对汉语的研究经验讨论认知语言学的进步和局限，指出了其八个方面的优点及七个方面的局限性。

姚岚（2003）探讨了借代研究中存在的若干问题。赵彦春（2007：27—34）质疑认知语言学的"许多理论假设和论证经不起逻辑验证"。黄和斌（2005：6）认为"所谓'第一代与第二代认知科学'的划分值得商榷。石毓智（2007）在指出构式语法的八点进步的基础上，指出了其八点局限性。王寅（2008）把对西方语言哲学初期四个主要的代表人物和学派（弗雷格、罗素、维根斯坦前期理论、维也纳学派）的观点分析作为铺垫，指出了体验哲学的"后语言哲学"性质，并基于对其哲学基础的反思对认知语言学理论进行了思考。赵彦春（2009）对认知语言学的认识论和方法论、立论基础和相关命题进行质疑和证伪，以对其学理进行反思。王馥芳（2008；2010）对认知语言学近四十年来的发展进行了批评性回顾，指出认知语言学在理论基石、方法论、解释力和术语界定等方面所面临的一些问题和挑战，尤其对认知语言学理论解释的选择性、笼统性以及解释力过强等问题进行了理论思考。

2.3　国内认知语言学研究趋势

2.3.1　建设性研究主导下的理论创新趋势

本章 2.2 节中提到的四类研究整体而言都属于理论建设性研究，其主要的理论目的是验证、丰富、补充或修正、发展及应用现有的各种认知语言学理论框架，理论创新极度缺乏，目前还没有中国学者开创性地提出自己的认知语言学理论框架。从认知语言学的研究实际来看，我国学者的优势和可能的理论突破点可能是在类型学视角下的语言认知对比研究上。所以，就理论的创新性而言，国内认知语言学者仍然任重而道远。

2.3.2　整合性研究趋势

综观我国二十余年来的主要认知语言学研究成果，虽然从总体上而言，成果数量不在少数，但是成果之间的系统性不强，对相关的成果缺乏有效的整合，导致理论创新极度缺乏。以类型学视角下的汉英对比认知研究为例，该课题的理论目标是在系统地分析两种语言结构的体系性异同的基础上，系统而深入地揭示英、汉两个民族对世界的认知方式或者说对世界的切/瓜分方式的异同，最终揭示出人类概念系统的普遍性组织结构原则。但是，从目前所取得的研究成果来看，离这个理论目标尚远。就同一平面的研究而言，如语言结构的认知对比，目前大部分研究停留在特殊句式的对比上，没有上升到句法层面的系统对比上。就不同平面的研究而言，词汇层面的体系性研究显得薄弱，特别是对英、汉两种语言的词库认知对比做得很不够，而在语音层面的认知对比研究基本上是空白。

要做好词汇层面的体系性对比工作，汉语词库的系统性认知研究必不可少。从目前的情况来看，美国的认知科学家通过 Wordnet（词网）、Framenet（框网）和 Mindnet（脑网）的创建，系统性地对英语词库进行了认知梳理。虽然英语词库的系统性认知研究为汉英词库认知对比研究提供了极大的便利，但是，从汉语界的研究实践来看，目前汉语词库的认知研究基本上还是各自为阵，系统性的整合研究还没有，由此导致汉英词汇层面的认知对比研究的系统性远远不够。如何在理论借鉴的基础上对汉语词库进行全面的认知梳理，从而建立一个动态的汉英平行描写词库将是未来我国认知语言学者的一个学术努力方向。

2.3.3 专题研究日益深化趋势

以汉语语法的普遍语序原则的研究为例，上世纪 90 年代，经由叶蜚声（1990；1991）等学者的努力，戴浩一（1985）的一系列认知视角下的汉语语法研究成果被介绍到国内，产生了很大的影响。但是，此后袁毓林（1994）、蒋绍愚（1999）和姚振武（2007）通过提出诸多很有说服力的反例反对戴浩一（1985）的基本论点：除非有相反的证据，PTS（Principle of Temporal Sequence，时间顺序原则）必须看作汉语语法中最普遍的语序原则。但是，令人遗憾的是，目前我国学界还没有达成关于汉语语法语序的普遍原则到底是什么的共识。而且，我国目前的认知语言学研究似乎也缺乏对这个问题的深入探讨。另外，汉语语法和汉民族思维之间的摹拟性问题也是英汉认知对比研究学者所特别感兴趣的一个话题,但目前为止,这个问题的专题研究也还有待进一步挖掘。此外,汉语语法的隐喻性本质问题也是一个热点所在,目前我国学者对这一问题的研究主要集中在成语和熟语的隐喻机制探讨上,对汉语语法系统的隐喻性本质还需进一步验证。

3 当代认知语言学发展新动态

作为一个较新的主流语言学理论范式,当代认知语言学呈现六大研究趋势:夯实理论基础、追求理论简明性、触发哲学革命、语法神经理论趋势、量子神经计算语言研究趋势和应用认知语言学趋势。

3.1 夯实哲学基础

认知语言学的哲学基础是"体验哲学"假说,具体而言是体验现实主义。为使"体验哲学"最终取代西方传统的分析哲学而成为当今哲学界的统治性哲学思想,认知语言学者一直致力于多方论证"体验哲学"的合法性:

一是,通过哲学批判阐明"体验哲学"的合法性。一方面,Lakoff & Johnson(1980b;1999;2002)和 Lakoff(1987;2002;2007;2012)把西方2000多年的传统哲学思想和现代的西方分析哲学通称为"客观主义"加以批判,以突出"体验哲学"的前沿性和先进性;另一方面,其他一些认知学者则探索"体验哲学"对西方传统哲学的继承性拓展,以阐明"体验哲学"的合法"出身"。如 Karmakar(2006)认为认知语义学是笛卡尔思想遗产的延展,是对笛卡尔基础的继承性扩充。Harari(1999)认为 Lakoff & Johnson(1980b;1999)所提出的"体验现实主义"思想是受到两位大陆哲学家 John Deway 和 Maurice Merleau-Ponty 的影响。Lakoff(2007)也承认这一点。我们在本书第七章的7.1节中指出,"体验现实主义"本质上属于具体形而上学范畴,与叔本华的"生命哲学"思想一脉相承。

二是,大量吸收认知心理学和神经科学在研究记忆力、注意力、范畴化和感官感知(perception)及思维的神经基础(underpinnings)方面所取得的研究成果,以证明"概念和理智都是体验的"(Lakoff & Johnson,1999:16)这一体验哲学的理论基石。Lakoff & Johnson(1999)在《体验哲学》一书中专门花了一个章节(第三章"体验大脑")的篇幅来考察支持"理智根本上是体验的"这一观点的一些神经学证据。他们(1999:16)认为"感官和运动系统在某些特殊概念类型:颜色概念、基本范畴概念、空间关系概念、体概念(aspectual concepts,它们体现事件结构特点)的成型过程中起作用",具体而言:

> 颜色范畴体系结构的成型是由色觉(color vision)的神经生理学、我们的颜色视锥细胞(color cones)和我们的颜色神经回路(neural circuitry)决定的。颜色和颜色范畴并非"自在"于这个世界上,而是相互作用的,一方面,它是物体和照明条件下的波长反射现象的产品,另一方面,是颜色视锥细胞和神经回路的结果。因此,颜色概念和基于颜色的推理是由我们的身体和大脑所结构的。基本范畴是由格式塔感知(gestalt perception)、心理意象和运动图式结构的。我们的身体和大脑感官运动系统就是以这种方式进入我们的概念系统的中心的。世界上所有语言中的空间关系概念都是由相同的原始"意象—图式"构成的,即图式化的心理意象。而这些意象图式似乎又是源于视觉和运动系统结构。这就形成了我们何以能把语言和理智与视觉和运动挂起钩来的解释基础。体概念似乎也是源于控制运动的神经结构……抽象概念大部分都是隐喻的,它们基于那些使用我们的感官—运动能力来进行抽象推理的隐喻。因此,抽象理智,在很大程度上而言,似乎源于身体[1]。

3.2 夯实理论基础

认知语言学者大都从最广义的层面来理解认知,如 Turner(2010)

---

[1] 参见:http://www.edge.org/3rd_culture/lakoff/lakoff_p2.html(2007-9-27)。

把语言、艺术、音乐、舞蹈、时尚、数学发明、科学发现、宗教、精湛的工具使用、高级社会认知等能力全都纳入认知的范畴，并指出它们共同形成一个相互并置且相互合作的能力组或者能力群。能力群的形成不但使得文化成为可能，也使得其他更高层次的心理能力成为可能。Turner（2010：47）特别强调人类更高层次的认知对语言研究的重要性，但也提醒我们不要忽视其他认知能力对语言研究的价值："如果我们要理解语言，我们需要探索人类更高层次的认知使得语言得以产生并运作的方式。这并不是说，这些能力当中的任何一种——艺术、音乐、舞蹈和社会认知——不会发展出对那个特定领域而言更为特殊的结构"（Turner，2010：47）。

Steen（2011）也指出，作为概念结构的一部分的概念隐喻，语言中的隐喻表达式并非其唯一的一类示例（instantiation）。在语言之外，比如在手势、意象和其他的符号化方式之中还存在其他形式的隐喻表达法。在很长一段时间内，认知语言学界的研究证据大都来自心理操作层面，来自艺术、音乐、舞蹈和社会认知的相关证据较少。因此，若要充分证明认知语言学的理论合法性，除语言证据之外，还需要大量收集来自语言系统之外的"汇集/聚性"（converging）证据。

鉴于目前来自"有声语言"的研究证据已经比较丰富，不少语言学者因此另辟蹊径，试图从研究手语和虚拟言语互动（fictive verbal interaction）等其他语言样式来获取新的有效证据。如 Taub（2001）的《来自身体的语言》采集了大量来自手语（sign language）的证据，以证明意义和形式的密不可分。"手语中充满意象（iconic）性语言项目：词、屈折形式、甚至物理形式和指称形式具有结构相似性的句法构式。通过概念隐喻，意象项目既可有具体意义，也可有抽象意义"（Taub，2001）。《来自身体的语言》把意象性和隐喻联系在一个认知框架之中，说明意象性和隐喻项目是正常语言使用的中心，且只有在一个认知或者认知相关框架中，这些项目才能得到正确理解。

Pascual（2006）通过研究一种虚拟的交际类型——虚拟言语互动——探讨了语言、互动和认知之间的交叉（intersection），并试图以此证明认知语法的两个重要理论假设的合法性。所谓"虚拟言语互动"主要是指包含在句子当中的、被概念化为一种自足的话语单位的语法成分，如被包含在下列句子中的 yes, I can do this/it（嗯，这个 / 它我能做）：

1）a. You need to go in with the attitude that yes, I can do this [...]（你应该以**是的，这个我能做**的态度来参与 / 介入……）

b. You'll learn the winning attitude of YES, I CAN DO IT!（你将学到**是的，我会赢**这样一种必赢的态度。）

c. Develop a "Yes, I can do it" attitude.（学会一种"是的，这个我能做"的态度。）

Pascual（2006）声称，"虚拟言语互动"成分内部和外部句法明显不吻合似乎证实了认知语法（Langacker，1987）的一个主要观点：组成图式象征单位的是语法功能和范畴，并不完全由其句法形式决定。同时，虚拟言语互动的发生强化了认知语法的另一个假说：不同的语言"模块"需要在一个连续统上得到理解。

此外，认知语言学者积极寻找来自语言之外的证据。为了证明隐喻思维的普遍性，认知学者除了继续进行语言证据的收集之外，还开始关注非语言证据的收集。Casasanto（2008，见 Steen，2011）的研究显示，当人们在完成各种各样的任务时，他们确实是隐喻性地思考。另外，根据 Southgate 和 Meints（2000）的研究，Barrett（1986）和 Meints, Plunkett 和 Harris（1999）通过让 18 到 24 个月的婴儿完成偏好查看任务（the preferential looking task），证实原型性（prototypicality）在孩子早期的词汇学习中起着重要的作用。通过改变偏好查看的程序，Southgate 和 Meints（2000）进一步证实 18 到 24 个月的婴儿在早期词汇学习中确实显现出了原型效果的作用。

Tomasello（2000b：61）通过采用一个基于使用的语言模式，并在强调关于儿童语言习得的五个基本事实的基础上，证实了意象图式在儿童的早期话语中所起的作用："儿童的早期话语基本上完全是具体的。具体是从这个意义上来说的，即它们是以词汇项为基础的图式（item-based schema）或者构式的示例（instantiation）……孩子们通过基于使用的句法操作来创造新的话语为己所用。他们的创新始于话语层面的图式，然后根据自己手边特殊的交际场景所需来修正那个图式"。

3.3 追求理论简明性

所有的理论学家都希望他们的理论既简明又有说服力。对于认知语言学家而言，这同样是他们所致力于追求的终极理论目标。生成语言学家对"简明"概念的理解是：除非有必要，否则尽量把形式规则的数量减到最少。认知语言学家则认为，一个经济的（economical）理论当是在认知框架下仅用正常的人类心理过程来研究概念系统、意义、推理和语言，而尽量不创造新的规则类型来达到目的。

事实上，考虑到人类心理过程本身是一个极其复杂的研究范式，认知语言学追求理论简明性的努力在某种程度上只能停留在理论层面。在认知科学中，正常的人类心理过程几乎是无所不包的，它可以是"任何一种影响语言、意义、感知、概念系统和理智的心理操作和结构"（Lakoff & Johnson, 1999: 12），因此，人类的感知运动（sensorimotor）过程、视觉过程、听觉过程、记忆力和注意力是心理过程，思维活动（概念系统活动、心理词库和任何一种无意识推理）和语言活动过程的所有方面，不管其是有意识的，还是无意识的，也都是心理过程。正因为人类心理过程不但细微而难以捕捉（认知科学发现，人类大部分心理过程都是无意识的），且其规则类型可能是无穷无尽的。Lakoff & Johnson（1999）转而把复杂多样的人类心理过程最减化为身体（body）、大脑及人类与其环境的体验互动（embodied）三要素，以此达到理论的简明性目的：

> Lakoff 说，我们的感官—运动系统限制着我们所能进行的抽象思维。我们所能想到或理解的任何事物，都因我们的身体、大脑及我们在世界上的体验互动而成为可能，并受其影响和限制。这就是我们必须理论化的东西……（Brockman, 2007）[1]

---

[1] 网址为：http://www.edge.org/3rd_culture/lakoff/lakoff_p2.html（2007-9-27）。

Lakoff 进一步说:"而你一旦开始着手科学地研究大脑和身体,你不可避免地会反复使用隐喻(metaphor)(ibid.)。"由此,Lakoff & Johnson(1980b;1999)把复杂多样的人类心理过程过度简化为"隐喻"这一人类基本神经机制(neural mechanism)[1]。基于同样的理论考虑,Langacker(1991c)则用"概念化"来谈论各种心理过程,使"认知语法"得以用"统一的"(unified)方法论来探索概念结构。同样,Lakoff(1987)把概念等同于理想认知模型(ICM)——框架、脚本、原型阐释或者隐喻延伸——也是一种追求理论简明性的表现。

对任何一种理论而言,其追求理论简明性的过程实质上是一种理论的过度简单化过程。Lakoff 教授曾在讲授"隐喻"课[2]时承认:"概念隐喻理论是对世界经验的过度简单化(oversimplification)理解。"这里有一个理论悖论:对任何一种理论而言,简明性是其终极理论目标。但是,任何一种理论,当它一旦发展到最简阶段的时候,它往往离裹足不前的停滞发展阶段不远了。道理很简单:理论框架的精致简明和语言现象本身的繁复芜杂之间存在着难以调和的矛盾。

3.4 触发哲学革命

作为一个借助语言证据来研究概念结构(conceptual structure)的语言学范式,认知语言学的哲学抱负是其他语言学范式所不敢设想的。Lakoff(2007)明确宣称,西方传统的分析哲学正受到来自认知科学和神经科学领域的各种"汇集/聚性"证据的挑战,而他本人正在为这场新兴的哲学革命添柴加薪:

> 认知科学和神经科学正在触发一场哲学革命。《体验哲学》

---

[1] 对概念隐喻理论的创立和发展贡献最大的是 Lakoff and Johnson(1980;1999)、Lakoff(1987;1990;1993)、Lakoff and Turner(1989)、Sweetser(1990)、Johnson(1987;1992;1993)和 Lakoff & Nuñez(2000)。

[2] 作者 2007 至 2008 年在美国加利福尼亚大学伯克利分校语言学系访学,师从 Lakoff 教授作认知语言学研究。这段话是 Lakoff 教授在 2007 年 9 月 18 日给该校本科生讲授"隐喻"课时所言。

仅是第一波浪潮中的一部分，在未来的十年或二十年中，语言的神经理论将会发展到足以取代乔姆斯基传统语言观的程度，乔氏把语言看作是无意义的、非象征的（disembodied）符号操作。但是，最大的也是最重要的变化之一将是发生在我们对数学的理解上[1]。

Lakoff & Núñez（2000）合著的《数学从哪里来：体验大脑如何使数学诞生》试图通过在具有深厚分析哲学传统的数学界掀起一场哲学革命，以此撬动分析哲学的数理逻辑基石。该书的重要结论是，否认了数学思维的"自在性"就等于否认了数学的分析哲学基础：

> 数学就我们所知是人类身体和大脑的产物；它不是宇宙客观结构的一部分——我们这个宇宙或其他宇宙。我们的结果似乎和我们称之的"浪漫数学"相对，它认为数学独立于有身体和大脑的生物而存在，且数学在不受创造数学的任何体验生物的影响下而结构宇宙[2]。

换句话说，Lakoff 和 Núñez（2000）把我们的身体和大脑看作是概念、理智、数学思维和思想的基础和源泉，他们否认"自在"概念、"自在"理智、"自在"数学思维和"自在"人类思想的存在。这一结论的哲学意义是：数学的哲学基础是大脑体验哲学而不是分析哲学。Lakoff（2007）教授对这场正在进行的哲学革命充满必胜的信念："两千年来，我们一直在通过低估人类身体的价值来渐次降低人类生命的价值。我们可以期待下一个千年，人们会完全接受大脑体验论，并且会更人性化。"[3] 简而言之，认知语言学的终极理论抱负是以大脑体验哲学或者说体验现实主义替代西方的分析哲学。

---

1 参见 http://www.edge.org/3rd_culture/lakoff/lakoff_p2.html（2007-9-27）。
2 参见 http://www.edge.org/3rd_culture/lakoff/lakoff_p2.html（2007-9-27）。
3 参见 http://www.edge.org/3rd_culture/lakoff/lakoff_p2.html（2007-9-27）。

3.5 语法神经理论趋势

语言和认知的神经研究一直对认知语言学研究有着重要的影响，如 Kay & McDaniel（1978）对视觉生理学如何制约颜色术语系统的研究对早期认知语言学的发展产生了重大影响。认知语言学的理论目的是了解人类认知如何促发语言结构。由于认知是神经细胞和环境互动的结果，故认知语言学认为语法本质上是一个神经系统，语法特征是具有人文体验性的神经系统特征。有鉴于此，语法神经理论是认知语言学发展不可避免的趋势。

较早开始语法神经研究的是 Narayanan 和 Christopher Johnson。Narayanan 于 1997 年提出隐喻神经理论，其研究显示："通过明晰的计算神经模式结构，司掌运动控制的同一神经回路也管控抽象推理。"（转引自 Johnson & Lakoff，2002：256—257）Christopher Johnson 的合并（conflation）理论为孩提时代稳定隐喻联系的形成提供了神经解释机制。根据合并理论，我们不仅仅是"具有身体的生物"，而是"神经生物"（Rakova，2002：223）。

George Lakoff 教授在研究神经网络（neural nets）如何与认知语言学的理论构体（theoretical constructs）相联系方面付出了很多努力。Lakoff & Johnson（1999：20）把概念定义为神经结构："我们把概念叫做神经结构，它使得我们得以在心理上描述我们关于它们的范畴和理智……一个体验概念是一个神经结构，它实质上是我们大脑中的感知运动系统的一部分，或者它使用这一系统。"2005 年，Gallese 和 Lakoff 把境像神经元理论和认知语言学结合起来，提出"认知模仿观"这一语言神经理论。其后，Lakoff（2008a）又提出隐喻神经理论。关于语言神经理论这个话题的更多信息可登录 http://www.icsi.berkeley.edu/NIL。Lakoff 教授在接受 Brockman 采访时谈到其下一步的研究打算是在语法神经理论研究上取得突破：

> 我目前正全力以赴投入到我和 Jerry Feldman 过去十年间一直在国际计算机科学学院（The International Computer Science

Institute，简称ICSI）所从事的语言神经理论研究工作之中（www.ics i.berkeley.edu/NTL）。这是目前我大部分技术研究努力的方向所在。Jerry发展了起源于20世纪70年代的结构联结主义理论（the theory of structured connectionism，不是PDP联结主义）。结构联结主义使我们得以了解概念和语言结构的有组织的、精确的神经运算模式。从1988年以来，我们一直在运作一个项目，这个项目涉及到我们两人都感兴趣的一个问题：从神经计算的角度来看，人类大脑是由许许多多的、经特殊方式相联结的、并带有特定运算特征的神经元组成。我们怎么可能从大脑中许许多多相互联结的神经元中获知人类概念的诸多细节、人类理智的诸多形式和人类语言的范围？你怎么从神经元中获取思维和语言？这是我们力图在实验室中通过思维和语言的计算神经模式来回答的问题……Narayanan近来的神经模式研究已经向我们揭示大脑结构可以怎样计算出体概念、概念隐喻、心理空间、整合空间和人类概念系统中的其他基本概念能力。下一个突破，我认为，将是语法神经理论（a neural theory of grammar）[1]。

认知语言学家Leonard Talmy（2010：105）2007年在为"第四届中国认知语言学国际论坛"作第三场讲座时，指出当下神经科学的研究动向是探究"任何一种被人们惯常地看成一个单一事物的连贯性行为之下的、诸多大脑成分之间的互动"。鉴于认知语言学家把语言系统推论为"大脑中一个更小的、神经核心系统"（Talmy，2010：83），且认为不同形式如口语和手语的产生是语言这一核心神经系统与其他外部系统如大脑系统和认知系统[2]之间互动的结果（Talmy，2010）。因此，顺应当下神

---

1 参见 http://www.edge.org/3rd_culture/lakoff/lakoff_p2.html（2007-9-27）。
2 Talmy（2010）认为人类认知（human cognition）包括以下六个相对具有区别性的主要认知子系统：语言系统、一般的感知系统或者其几个模态：视觉、听觉、动觉等，理智—推理—理解系统、情感系统、文化结构认知系统和运动控制系统。Talmy把认知的六个子系统看成是一个相互依存、相互交叠的互动统一体。

经科学的研究潮流，未来认知语言学的研究方向之一势必是从神经科学的角度研究语言系统与其他外部系统之间的多维度和多向度的互动。

国际计算机科学学院（简称 ICSI）的网站[1]对加州大学伯克利分校和 ICSI 的语言神经理论（The Neural Theory of Language，简称 NTL）项目[2]作了较为详细的介绍。该项目的研究前提是："关于人脑如何工作的已知事实可以和可实证观测到的语言现象整合起来为语言习得和使用模式的构建提供重要的限制（constraint）（Narayanan，1997：16）。"该项目成员包括 Feldman、Lakoff 和 Narayanan 三位教授和几个学生。

Narayanan 提出了一个早期的阐释系统——神经计算理论——以说明概念隐喻对思考抽象概念和抽象域所起的作用。其提出的"模拟语义学"（simulation semantics）假设——理解是一个想象性的模拟——为推理本质的考察提供了新思路。模拟语义学对隐喻推理的方式、内容和时间进行了详细的预测。Narayanan 更新的研究工作致力于通过计算机模拟来阐述人类大脑的功能构造（functional architecture）和已知信息的处理限制如何自然而然地产生隐喻。Lakoff 和 Feldman 教授创建了 NTL（Neural Theory of Language）项目，该项目自 1988 年以来一直是 ICSI 人工智能团队不可缺少的一部分。

2006 年，Feldman 出版《从分子到隐喻：语言神经理论》一书。基于人类思维是神经计算这一理论假设，Feldman 发展了一个把语言体验本质考虑在内的计算理论：语言神经理论。在该书中他解释了经常被用作心理语言学模式的局部（localist）神经网络如何能表征各种概念的意义。Feldman 把三角节点（triangle node）这一概念引入神经网络，每个三角节点联系着诸多其他节点，那些节点代表一个概念、一个角色（role）和一个核查机制（filler）。这些神经网络通过一个被称作吸收/补充学习（recruitment learning）的过程得到训练。由此，Feldman 通过整合概念理论和连接主义模型（connectionist model）的方式从神经计算的

---

[1] 网址为：https://www.icsi.berkeley.edu/icsi/gazette/2012/05/metanet-project
[2] 网址是：http://www.icsi.berkeley.edu/LZERO

角度解释了概念和意义的生成和表征。

在我国，程琪龙教授在语言的神经认知研究方面取得了很多研究成果。2002年，他出版《逼近语言系统》一书。该书以神经认知语言学理论为主要研究框架，试图通过对汉语语义结构的体系性证据的收集和考察构拟语言系统的神经认知关系网络模式。2005年，他出版《神经认知语言学引论》一书，确立了神经认知语言学的语言学分支学科地位。

3.6　量子神经计算语言研究趋势

Penrose和Hameroff（参见解光军等，2004）指出，连接量子现象和广义相对论的新型物理学不再诉诸由神经元所组成的网络结构来解释一些脑力活动（如理解、感知和意识等），而是着重分析细胞内部的细微结构，试图通过研究神经元内骨骼支架的微管（Cytoskeletal Microtubule）来揭示脑力活动。将传统神经计算理论与量子计算结合起来的量子神经计算（Quantum Neural Computation）理论是当前人工神经网络理论发展的一个前沿课题。语法神经理论的新趋势是神经计算和量子计算相结合，由此导致量子神经计算语言研究趋势。

Li[1]对量子神经计算研究作了一个较为全面的综述，介绍了学者们在量子计算、量子计算机模拟、人工神经网络方面所面临的问题，以及量子计算和人工神经网络交织的神经网络等方面所取得的学术成果。根据他[2]的研究："自从Beniof（1982）和Feynman（1982）发现了运用量子机械系统来做理性计算的可能性，且Deutsch（1985）定义了第一个量子计算模式之后，量子计算发展成为一个具有广阔前景的交叉学科。"量子计算使用非用显微镜不可见的（microscopic）量子层次效果来完成计算任务，且在某些场合下能以比经典计算快几何级数的"神速"来进行计算。Deutsch（1989）提出了量子计算网络概念。

"神经计算是通过对人脑工作机理的简单模仿、建立在简化的神经

1　参见Li（http://www.cic.unb.br/docentes/weigang/qc/aci.html, 2013-6-6）。

2　参见Li（http://www.cic.unb.br/docentes/weigang/qc/aci.html, 2013-6-6）。

元模型和学习规则基础之上的一种计算模式。他特殊的拓扑结构和学习方式产生了许多计算上的优势，但是随着信息处理量和复杂度的增加，神经计算的局限和不足也逐渐凸现出来（解光军等，2004：700）"。神经计算的局限之一源于"计算机硬件的发展存在极限，当集成电路的线宽继续缩小下去，Moore 定律将会失效，门和连线仅包含几个原子，量子效应就会出现并且发挥重要的作用，那时就不得不涉及到量子计算"（ibid.）。

1995 年，Kak 首次提出量子神经计算的概念。他指出一个量子神经计算机由一个支持量子过程的不同计量系统组成。该系统是一个基于一个外部或者内部生成的刺激所触发的各种联想之上的自我—组织类型系统。同年，Menneer & Narayanan（1995）等人提出量子激发（Quantum-inspired）神经网络模型；Perus（1997）发表了题为《心灵：神经计算加上量子意识》的论文；Ventura 和 Martinez 等人在 1998 年提出量子联想记忆模型；Perus（2000）也撰文探讨基于神经网络的量子联想网络。Chrisley（1995）认为一个量子学习系统可能可以获得某种形式的意图性，且能弥合物理和心理鸿沟。Hu（2001）把基于神经网络的量子计算应用到意象处理和模式再认。

全息/量子神经技术、量子机械包裹（enfolding）概念和量子平行性不仅可以应用于能量和物质，而且可以描述各个单一的神经元细胞如何能实时学习大量的刺激—反应信息，并把这一信息包裹到相同的存储结构上去。现在人们已经意识到或者接受这样一点：一个单一的全息/量子神经元细胞具有快速学习刺激—反应模式的能力，而且精确性比传统的逆繁殖（back-propagation）或者基于遗传的神经网络要高[1]。和基于连接主义（connectionist）概念的渐次衰弱范式（gradient descent paradigm）相比，量子全息（quantum holographic）模式意味着对在一个单一神经元细胞中的各种复杂的刺激—反应联想的极端巨大的学习和表达能力。

1　参见 Li（http://www.cic.unb.br/docentes/weigang/qc/aci.html，2013-6-6）。

Behrman et al.（1996）描述了一个量子点（quantum dot）神经网络。他们指出，一个量子神经网络可能是一个极其强大的计算工具，它能完成传统计算模式不能处理的计算。Wallace（2000）甚至提出量子语言学（Quantum Linguistics）的设想。他认为，由于量子神经网络内在的平行性极大地增强了对各种模式的再认能力，因此，若把一个一般性的量子神经网络减缩为一个把语法和句法参数化的信息源（parametized information source），那么就意味着量子语言学势在必行。

3.7 应用认知语言学趋势

认知语言学是一种旨在研究"语言、概念系统、人类认知和意义构建的强有力方法"[1]。John Taylor（2007）2005年应邀来北京几个大学作了十讲关于应用认知语言学的系列讲座，后来辑录成《约翰·泰勒应用认知语言学十讲》一书。Taylor（2007：2）认为："认知语言学是一个好的语言理论，且很合适用于语言描述和语言教学等等。"20世纪80年代中期以后，认知语言学的研究范围拓展到语义、音系和语篇等许多领域。近年来，更拓展到语音等领域。同时，认知语言学的一些重要的理论框架被当作普遍的理论分析工具被广泛应用于各个领域的学术研究。

以概念隐喻理论为例，"因为隐喻揭示了人类是如何思维和感知的一些事情，因而可以被用作一种实证分析工具。通过审视他们所使用的隐喻，概念隐喻理论为发现人们的想法提供了最大的可能性"（Cameron et al.，2009：63）。Goatly（1997；2007）和Cameron & Low（2007）从认知—社会学的角度对语言和思维中的隐喻进行了研究。

近年来，认知语言学作为理论分析工具被广泛应用于音乐研究。Brower（2000）提出了音乐意义的认知理论，试图运用经验主义的分析方法来揭示音乐意义的本质。长期以来，"哲学家、音乐家、人类学家和社会学家对音乐（意）义的概念化不同。音乐（意）义的审美观在过去的两个世纪中占据统治地位，其他一些观点把音乐（意）义的基础归

---

1 参见 Fauconnier（http://www.cogsci.ucsd.edu/~faucon/BEIJING/cogling.pdf，2011-11-24）。

结于音乐与社会因素和社会力量的关系。也有很多探讨是在音乐的认知理论语境下进行的"（Cross & Tolbert，2008：8）。

音乐界对音乐意义和语言意义之间的关系素有争论，有的认为两者属于相似的意义类型，而有的则认为两者在本质上大相迥异。Cross & Tolbert（2008）在一篇题为《音乐和意义》的综述性论文中提到了对两种观点的实验佐证。在一个有趣的神经科学研究实验中，Koelsch et al（2004）发现，用语言或者音乐把语义上相互冲突的语词呈现出来时，它们所引发的大脑反应类型是相似的。他们（2004：302）因此试图凭此实验说明我们所经验的音乐意义与单个语词意义直接相关："音乐，和语言一样，能够决定语义处理的生理迹象（physiological indices）。"换句话说，音乐意义可能实质上和语言意义同属一个类型。但是，随后，Steinbeis & Koelsch（2008，见 Cross & Tolbert，2008）的实验却得出了不同的结论，认为音乐意义内在于音乐中的冲突和解决（tension and resolution）结构之中，他们由此认为音乐意义和语言意义有着本质的不同。

但是，更多的相关研究证据支持"音乐意义和语言意义同属相似的意义类型"这一假说。Scruton（1997）把概念隐喻理论用于音乐意义研究，认为音乐意义根植于动作的隐喻经验之中。Brower（2000）和Zbikowski（2002）应用身体—意象这一前概念图式研究音乐表达意义的各种不同方式。他们的理论研究是建立在对西方艺术音乐结构的详细分析的基础之上的。他们认为，虽然音乐意义之经验会受到冲突和解决（tension and resolution）结构的影响，但这些结构自身的动因在于底层的身体—意象图式。身体—意象图式的存在使得听者得以理解并连贯性地看待这些冲突和解决结构。

基于一系列实验和分析结果，Larson（1998；2002；2004）调查了经验主义（experientalist）思想在何种程度上能够解释听者对音乐结构的经验。Larson & Van Handel（2005）注意到"物理力图式"（physical force schemas）似乎能很好地解释听者对音乐结束结构的判断，证实了 Brower（2000）和 Zbikowski（2002）的发现：音乐意义并非内在于音乐的冲突—解决结构中，而是源于经验主义图式。这一观点也受到

Martinez（2007）的实验支持。

另外，还有不少学者从认知视角研究手势意义。如 Luchjenbroers（1998）探讨了说话者如何通过发生在 F—空间（F-space）中的手势给自己的话语增添额外的线索性含义。所谓 F—空间，指的是在话语交谈中说话者前面的那块足以供他作各种手势的物理空间。这块空间通常被称作"舒服区域"。若听话者雷越这个区域，说话者通常会感到不舒服。Luchjenbroers（1998）分析了具有不同参数的 F—空间和参与话语处理的心理空间之间的关系。她指出，这个空间的界限会以线索的形式给说话者的话语意义提供额外的注解。在另一项研究中，Luchjenbroers（2002）试图揭示词汇、韵律结构和手势信息如何融合在一起而给话语参与者提供合适的线索用以构建参与话语处理的心理空间。

此外，Gibbs（1994；1996）把认知语言学思想用于心理语言学研究。其他一些学者从认知的角度研究语篇的组织和连贯模式后发现以不同形式和语言创作的故事在话语结构组织、话语连贯构建和事件编码方面惊人地相似。Lakoff（2004；2006；2008b）运用概念隐喻理论分析美国的政治话语，并探讨了美国政治话语的意义构建原则和策略。

4 认知语言学应正视的几个理论问题

虽然目前认知语言学发展迅猛，但也面临诸多问题和挑战。有鉴于此，认知语言学在今后的发展中应该正视以下几个理论问题。

4.1 进一步平衡语言维度和认知维度之间的研究

Lakoff（1990）指出认知语言学有两大任务：一般性任务（generalization commitment）和认知任务（cognitive commitment）。前者属于一般语言研究范畴，后者属于认知研究范畴。虽然 Lakoff（1990）指出两大任务同等重要。但是，基于认知语言学的学科本质和理论目标，"一般性任务"实质是"认知任务"的研究基础和前提，"认知任务"才是认知语言学真正的理论目标所在。换句话说，认知语言学认为，只有在"一般性任务"层面进行尽可能广泛而深入的研究，才能保证"认知任务"的效度和信度。本质上，认知语言学的基本方法论是：认知任务第一，一般性任务第二。由于"一般性任务"的主要目的是语言研究，而"认知任务"的主要目的是概念系统的认知研究，因此，认知语言学的基本方法论实质是：认知第一性，语言第二性。学界对认知语言学过度向认知维度倾斜的方法论有诸多理论批评和质疑（见本书第六章3.5节）。

Haser（2005）强调，认知语言学的立场只有在充分考虑语言表达式的特殊贡献时才能结出最好的硕果，而不应一味地以牺牲语言表达式来强调认知结构和过程。她强调认知语言学应该从进一步的维度上来充实语言分析。言下之意是，认知语言学未能很好地平衡语言维度和认知维度之间的研究。目前，认知语言学在语言维度研究上所存在的主要问题是：

1）未充分重视语言意义和言语互动在概念生成和意义构建过程中所起的重要作用。Falck & Gibbs（2012：258）指出，隐喻的认知语言学研究的缺陷之一是，它"过度关注语言结构和行为的经验基础，而通常对语言意义在隐喻概念的创设和连续使用中所起的重要作用不够重视"。

2）对语言证据的关注主要集中在语言的体系性证据上。认知语言学推翻了如此众多的既有语言学理论和语言理论假设，但实际上，它所能解释的语言现象极其有限，它主要是对语言的体系性证据作出了有力的认知解释。但是，综观语言的整体画卷，体系性证据充其量只是语言证据中的一小部分。语言中还存在大量零星的和潜在的非体系性证据。目前，认知语言学对大量非体系性证据的忽视所付出的代价主要有二：一是，认知语言学研究在很大程度上是后验性的；二是，认知语言学的理论框架对语言的实时处理解释乏力（见 Steen，2011）。

3）认知语言学所考察的语料多是基于内省而得到的理想化语料，难以反映语言的全部事实。Gibbs（2006c）指出隐喻分析中所用的语料不但不够自然，而且有以偏概全的嫌疑。

4）认知语言学对语言现象的分析是重结果而轻过程，由此导致其对语言现象的分析本质上是事后性质（post-hoc）的，或者说是后验性质的。而真正有效的语言研究理论应该至少在某种程度上是具有理论预测性的。

5）认知语言学所采取的主要是语言结构—概念结构的研究路径，其主要的理论分析工具是象似性推论。这种主要基于推论的方法论所面临的最大理论问题可能有三：一是，使得研究结论可能带上浓厚的个人主观色彩；二是，可能无法揭示语言事件发生的真正动因；三是，可能对语言事件的心理操作过程和机制作出不太准确、甚至是错误的推论。

6）认知语言学对语言结构的分析和描写主要是图式性的，缺乏具体而细致的语义分析。以构式语法为例，虽然它偶尔会用框形图（box diagram）和属性值矩阵（Attribute Value Matices）来分析语言结构，但是，大部分构式语法几乎不对语言结构本身进行具体分析：

> 这些图式（指框形图和属性值矩阵）显示结构的关键语义和句法特征，比如情景框架（situation frames）、价要求（valence requirements）以及论旨角色（thematic roles）和句法范畴/角色之间的联系。有些图式也传达关于结构的最少量信息。比如，当使用框形图时，最大的框形图可能代表结构中的一个节点（node），而包含在较大的框形图中的较小框形图则代表结构分支（branching）。除了偶尔使用框形图或属性值矩阵之外，大部分构式语法对我们该如何看待构式的示例（constructs）[1]结构和句子结构几乎不提供任何指导（Osborne & Gross, 2012: 166）。

在我们看来，认知语言学不重视语言结构之具体分析的原因主要在于：

1）认知语义学的基本研究立场使得认知语言学的重心在于意义而不是形式研究。

2）认知语言学认为语言结构的习得并非是短语规则驱动的，而是心理表征驱动的。因此，认知语言学认为没有必要像生成语言学那样利用树形图（trees）对语言结构作详细的具体分析。

---

1 构式示例（constructs）是指构式的具体表现（concrete manifestations）。

3）认知语言学强调语言结构具有"格式塔特征"（gestalt property）（Lakoff，1987：538），即语言结构的整体义完全不同于其各部分意义加总之和。有鉴于此，认知语言学认为具体的结构分析对意义研究的贡献不大。

4）认知语言学所倡导的垂直性整体研究法使得其更看重对语言结构的图式化抽象，而无关乎具体的语言结构分析。构式语法是以构式的具体表现——构造（construct）——为研究基础的。构造的本质是，它不能被细分为各种构成成分（如"成语"就不能被分析为构成成分）。有鉴于此，构式语法强调的是对构造的整体结构的把握，而不是对其构成成分结构的详细分析。在 Langacker（1997）看来，具体语言结构的成分分析于认知原则的推断和提炼无补。他（1997：14）指出经典的成分分析法所面临的问题是："它无法穷尽所发生的与语法结构相关的概念和音系归类（grouping）。"

虽然从其基本立场和方法论出发，认知语言学有充分的理由忽视对语言结构的具体分析。但是，Osborne & Gross（2012：167）认为"缺乏对句子结构的具体探索是构式语法的一个缺陷。构成句子的构造（construct）很明显不是任意地组构在一起的，它们的组构是以结构能被确认和意义能被传达为目的的。"有鉴于此，Osborne & Gross（ibid.）认为构式语法应该充分借鉴依存语法（dependency grammar）对句子结构的详细分析。且他们认为"依存语法的句子结构分析法和构式语法的理论立场、实证观察和实践目标高度相融"。

4.2 正视形式和意义之间的任意性

认知语言学的"语言象似观"提出之后，使得 Saussure（1959）的语言符号任意观似乎完全失去了市场。Householder（参见杜文礼，1996；王寅，2002：86）认为："英语中91%以上的词具有理据性。"Lakoff & Johnson（1999：464）曾以 refrigerator（电冰箱）为例进行分析，认为该词之义可依据五个语素（re-frig-er-at-or）之组合义推出，意为"使东西再次变冷的事物"，由此支持了"语言象似观"。但 Lakoff & Johnson 也提到另一个重要的、但他并未就此作出解释的语言事实："整个语词之义比各语素组合后依据推理得出之义会多些或少些。"也就是说，基于五个语素（re-frig-er-at-or）之组合义推断出的词义最终并不完全等于 refrigerator 这个词的词义，各语素的组合义要么导致整个语词之义在某种程度上"膨大"，要么导致其在某种程度上"残缺"。在我们看来，导致这一现象产生的原因就在于形—义之间不可能完全象似，形—义配对或多或少存在某种随意性。

事实上，对 refrigerator 一词的形—义象似分析恰恰揭示了形—义关系的两面性：一方面形—义配对具有象似性，另一方面又有任意性。也就是说，形—义配对一般只有部分或者很大部分理据性，完全的理据性是不可能的。对形—义不完全理据性的进一步理论解释可能不可避免地会涉及到语言符号的任意性问题。事实上，Lakoff & Johnson（1999：6）也确实承认语言任意性或者说语言的历史偶然性的存在："一定程度上的概念相对性确实存在且历史偶然性确实极为重要。"但是，在他们的理论框架中，他们并未给那些语言的历史偶发性现象以任何理论地位。

不管认知语言学者如何强调语言的象征（symbolic）和体验（embodied）本质，语言具有符号性和任意性是不争的事实："语言具有下述特点，如形式和意义之间的关系是任意性的，语言具有大量基本上是独立的既有声音又有意义的单位，语言本质上是一种基本的代码……在语言学中这种任意性的关系达到了明显的程度。"（Greenberg，1983：30）此外，"形式和功能（句法—语义）的映射至少在某种程度上是任意的，因此，形式至少在某种程度上应该独立于功能来表征"（Croft，2009：9）。也就是说，语言形式有独立于功能的一面。从语言形式和意义的对立统一角度来说，只有我们对语言的任意性有了充分的认识和了解，我们对语言的临摹性或象似性的认识才能得到进一步深化。

4.3　正视语言的客体性

语言学强调语言的客体性地位由来已久。但近年，"由于现代和后现代哲学家的努力，使得人们超越了传统的语言工具论，改变了语言的客体性地位"（王寅，2008：12）。尤其是认知语言学，把语言和语言结构看成是思维结构的认知模型知识："被语言因素直接唤起的是共有的（即文化的）认知模型知识，而不是有关世界的信息"（Verhagen，2008：128）。此外，Lakoff & Johnson（1980b；1999）的概念隐喻理论直接把隐喻结构看成是概念结构的本质："隐喻性思维在两个'点'之间建立起联系就是主观化、主观性的问题，跟外延上是否有上下位概念的关系无关。"（徐通锵、张宜，2004：310）由此，认知语言学把语言的主体性提到了前所未有的高度，也因此被称为"主观语言学"。

认知语言学不但强调语言的主体性，而且强调语言的主体间性（intersubjectivity）。Verhagen（2005：4）在其著作《主体间性结构：话语、句法和认知》一书中指出，语言不仅是交换世界信息的工具，且在本质上是"联结、区分和'调整'（tailoring）彼此所持看法观点之内容（而不是连接世界）"。换句话说，人类运用视角的特殊能力系统地反映在语法结构的意义之中，即理解语义的关键在于理解"各种认知状态的共同管理（mutual management of cognitive states）"——主体间性。Verhagen（2005）由此把主体间性看成是意义的重要或者说内在面（inherent aspect）。

Hinzen & van Lambalgen（2008）在评论 Verhagen（2005）的书时说："不是所有的一切都是主体间性（尽管主体间性很广泛）"，他们进而考察 Verhagen 书中不同词项的意义，说明语义同时涉及到概念化的客体层面和主体间性层面。王寅（2008：11）也提出"主—客—主多重互动理解模式"，强调理解过程中"客观性和主观性的有效结合"。

认知语言学在看待人和世界这一主—客体关系中，一味强调人在世界中的"中心地位"，颇有"人类中心论"的嫌疑。"人类中心主义者"不但认为"宇宙的设计在所有细小及许多其他方面都明确地是为人类的某些目的服务"（Gould，1983：81），且"人们将自我（ego）置于宇宙的中心，然后以此为参照，形成视角（perspective），确定'上下、前后、左右、高低、近远、中心与边缘'等概念"（王寅，2005：38）。

从哲学层面来说，"人类中心论"的直接后果是导致"人化的实在

（reality）"（杨国荣，2011：14）产生。所谓"人化的实在""意味着通过人的实践活动化'天之天'为'人之天'，并由此使本然之物打上人的印记、体现人的价值理想"。"人化"的概念和海德格尔（孙周兴译，1999）提出的"物化"[1]概念虽然本质上是对立和冲突的，但它们共同构成"实在"这一概念的两个基本维度。两者相互作用，互为补充。"物化"这一概念的提出，强调"客体性"之于世界构建和理解的重要性。有鉴于此，语言的客体性因素不容忽视。

5 讨论

19世纪的比较和历史语言学对比较神话学和比较法学的创立功不可没；20世纪50年代末兴起的生成语法对心理学和哲学有相当大的影响。作为一个强有力的理论分析工具，认知语言学在21世纪的发展异常迅猛，正在对诸多学科产生深远的影响。

认知语言学的应用研究不但在各个语言层面全面展开，而且它正在日益对其他相关的人文学科如历史、文学、政治、社会文化和哲学研究产生重大的影响。它甚至开始对自然科学研究如数学、逻辑学和物理学等学科产生影响。Greenberg（1983：24）指出，语言学素来是社会科学或者人文科学的典范："语言学在各个时期都被当作其他科学的典范，对其他社会科学而言这一点始终如此。"但Greenberg（ibid.）否认语言学对自然科学的典范作用："语言学就其主要内容来说属社会学，它一直是其他社会科学或人文科学的典范……但对自然科学则不然……"

我们认为，Greenberg认为语言学对自然科学不起作用的看法有失偏颇。2011年，物理学家霍金和蒙洛迪诺的哲学著作《大设计》（*Grand*

---

[1] "物化"概念是海德格尔（孙周兴译，1999）在《在通向语言的途中》一书中提出的。所谓"物化"是"物让四方之四重整体[作者注：指天、地、人、神的统一，海德格尔将之称为"世界"]栖留于自身。这种聚集着的让栖留乃是物之物化"。关于"物化"中物与世界的关系，海德格尔（孙周兴译，1999：13）进一步阐述说："世界赐予物以物之本质。物实现世界。世界赐予物"。所谓"物化"实质强调的是物对于世界的主体性或者支配性。它凸显的是"物"对世界的主体性建构和支配。在"物化"状态之中，物是"主体"，而世界变成物的构成性元素之一。

Design)一书出版,他们在该书中提出一种新的哲学理论——模型依赖现实主义[1],并强调它是一个用以解释现代科学的理论框架。鉴于模型依赖现实主义的想象力本质,我们很难说它的提出没有受到 Lakoff & Johnson(1980b;1999)所提出的概念隐喻理论、意象图式理论和"体验认知"思想的影响。虽然认知语言学在 21 世纪的影响力日甚,但是,毋庸置疑,它的发展也存在理论瓶颈:

1)认知语言学范式中各主要理论框架的发展不平衡。一方面,有些理论框架的纵深和应用研究成果斐然。如概念隐喻理论俨然已成为学术界的一块"圣地"(Haser,2005:239),不但其发展不断向纵深拓展,而且其应用研究如火如荼。另一方面,另外一些框架(如认知语法)却有后继乏人之势,而且其应用研究也渐有门前"冷落"之势。主要理论框架之间的研究发展不平衡可能导致研究多样性的缺失而最终影响认知语言学的整体研究活力。

2)作为语言学和认知科学(主要是认知心理学、神经科学和计算神经科学)的交叉学科,认知语言学未来的发展在很大程度上受制于认知科学和相关学科(如认知科学、人类学、心理学和量子神经计算研究)的整体发展,尤其受制于认知科学的发展:"传统认知科学的核心是:高级生物体基于他们的心理状态的内容而行动。这些心理状态是表征性的。事实上,它们是各种心理表征关系。心理学的科学目标就是弄清心理表征是什么,且明晰制约这些心理表征的致使规则和过程。"(Fodor,1998:前言)但 Fodor(1998:前言)遗憾地指出:"认知科学的问题在于,严格来说,那里根本没有任何心理状态(mental states)。"正是因为缺乏对心理状态的有效刻画,Fodor(1998)明确指出现今很多认知科学理论不可信。由于认知语言学把意义等同为概念化,而概念化实质是一种心理状态或者过程。因此,若认知科学对心理状态的刻画乏力,则势必影响到认知语言学对意义构建研究的效度和信度。因此,认知语言学未来的发展在很大程度上取决于认知科学及其相关学科将在多

---

[1] 该理论的探讨详见本书第七章 7.3 节。

大程度上完善"心理状态"的相关研究。

　　从"批判建构论"的角度而言，尽管认知语言学在发展中面临着诸多理论问题和挑战，它仍不失为一种有效的理论分析和阐释工具。而理论建构性批评之于理论发展的作用，就好比是磨刀石之于利刃的作用：只有经过理论批评的不断磨砺，理论工具本身才会越加犀利！

参考文献

英文文献

Acuña-Fariña, Juan Carlos, 2006. A constructional network in appositive space. *Cognitive Linguistics* 17/1: 1-37.

Agerri, R. et al., 2007. "Default inferences in metaphor interpretation". In B. Kokinov et al. (eds.) *CONTEXT 2007, Lecture Notes on Artificial Intelligence Series* (LNAI) . Springer-verlag, Heidelberg: 1-14.

Albertazzi, Liliana, 2000. Which semantics? In Liliana Albertazzi (ed.) *Meaning and Cognition.* Amsterdam: John Benjamins Publishing Company: 1-24.

Austin, J. L., 1962. *How to Do Things with Words?* Oxford: Oxford University Press.

Baranov, A. & J. Zinken, 2003. "The metaphorical structure of public discourse in Russia and Germany: *Perestrojka and Wende* [in German]". In B. Symanzik (ed.) *Metapher, Bild und Figur. Osteuropeische Sprach-und Symbolwelten.* Hamburg: Verlag Dr Kovac.

Barnden, J. A. & M. G. Lee, 2002. An artificial intelligence approach to metaphor understanding. In Tomasz Komendzinski (ed.) *Metaphor: A Multidisciplinary Approach* (a special issue) , *Theoria et Historia Scientiarum* 6 /1: 399-412.

Barrett, P., 1986. Factor comparison: An examination of three methods. *Personality and Individual Differences* 7: 327-340.

Barsalou, L.W., 2002. Being there conceptually: Simulating categories in preparation for situated action. In N.L. Stein, P. J. Bauer & M. Rabinowitz (eds.) *Representation, Memory, and Development: Essays in Honor of*

Jean Mandler. Mahwah, NJ: Erlbaum: 1–19.

Baumeister, R. F. & E. J. Masicampo, 2010. Conscious thought is for facilitating social and cultural interactions: how mental simulations serve the animal–culture interface. *Psychological Review* 117/3: 945–971.

Bayne, Tim and David, J. Chalmers, 2003. What is the unity of consciousness? In Cleeremans, Axel (ed.) *The Unity of Consciousness: Binding, Integration, and Dissociation.* Oxford: Oxford University Press: 23–58.

Behrman, E. C., J. Niemel, J. E. Steck and S. R. Skinner, 1996. A quantum dot neural network. *IEEE Transactions on Neural Networks*, submitted, 1996.

Bergen, Benjamin, 2012. *Louder Than Words: The New Science of How the Mind Makes Meaning.* New York: Basic Books.

Berlin, B. & P. Kay, 1969. *Basic Color Terms: Their Universality and Evolution.* Berkeley, Los Angeles: University of California Press.

Bernárdez, Enrique., 1999. Some reflections on the origin of cognitive linguistics. *Journal of English Studies* I: 9–27.

Bierwisch, Manfred & Rob Schreuder, 1991. From concepts to lexical items. In W. Levelt (ed.) *Lexical Access in Speech Production.* Oxford: Blackwell: 23–60.

Black, Max, 1962. *Models and Metaphor: Studies in Language and Philosophy.* Ithaca, NY: Cornell University Press.

Bloomfield, L., 1933. *Language.* New York: Holt, Rinehart and Winston.

Boers, F. & J. Littlemore, 2000. Cognitive style variables in participants' explanations of conceptual metaphors. *Metaphor and Symbol* 15/3: 177–187.

Boroditsky, L., 2000. Metaphoric structuring: Understanding time through spatial metaphors. *Cognition* 75: 1–28.

Bortfeld, Heather & Matthew S. McGlone, 2001. The continuum of metaphor processing. *Metaphor and Symbol* 16/1: 75–86.

Bourne, M., 2013, Methods of integration—Interactive Mathematics. http://www.intmath.com/methods-integration/methods-integration-intro.php

(2013-6-1).

Bowdle, B. & D. Gentner, 2005. The career of metaphor. *Psychological Review* 112: 193-216.

Bowerman, Melissa, 1996. Learning how to structure space for language: A crosslinguistic perspective. In P. Bloom et al. (eds) *Language and Space*. Cambridge, MA: MIT Press: 385-486.

Brockman, John, 2007, "Philosophy in the Flesh" A talk with George Lakoff. http://www.edge.org/3rd_culture/lakoff/lakoff_p2.html,09-27,2007 (2009-9-20).

Brower, C., 2000. A cognitive theory of musical meaning. *Journal of Music Theory* 44/2: 323-379.

Brugman, Claudia, 1981, The Story of Over. MA Thesis. University of California at Berkeley.

Brugman, Claudia & George Lakoff, 1987. Cognitive topology and lexical networks. In S. L. Small, G. W. Cottrell and M. K. Tanenhaus (eds.) *Lexical Ambiguity Resolution: Perspectives from Psycholinguistics, Neuropsychology and Artificial Intelligence*. San Mateo: Morgan Kaufmann: 477-508.

Butler, C. S., 2003, Dob in a dumper. http://www.abc.net.au/wordmap/rel_stories/dob-in.htm (2013-6-6).

Butler, C. S., 2008, Cognitive adequacy in structural-functional theories of langauge. *Language Sciences* 30: 1-30.

Bybee, Joan, 1985. *Morphology: A Study into the Relation between Meaning and Form*. Amsterdam: John Benjamins.

Cameron, Lynne, 1999. Identifying and Describing Metaphor in spoken discourse data. In Lynne Cameron & Graham Low (eds.) *Researching and Applying Metaphor (Cambridge Applied Linguistics)*. Cambridge: Cambridge University Press: 105-132.

Cameron, Lynne, 2003. *Metaphor in Educational Discourse: Advances in*

Applied Linguistics. London: Continuum.

Cameron, Lynne, 2009. Confrontation or complementarity? Metaphor in language and cognitive metaphor theory. *Annual Review of Cognitive Linguistics* 5: 107–136.

Cameron, L. & A. Deignan. 2003. Combining large and small corpora to investigate tuning devices around metaphor in spoken discourse. *Metaphor and Symbol* 18/3: 149–160.

Cameron, Lynne et al., 2009. The discourse dynamics approach to metaphor and metaphor–led discourse analysis. *Metaphor and Symbol* 24: 63–89.

Cameron, Lynne & Graham Low (eds.) , 1999/2007. *Researching and Applying Metaphor* (Cambridge Applied Linguistics) . Cambridge: Cambridge University Press.

Carroll, David W., 1994. *Psychology of Language*. Pacific Grove: Brooks/Cole Publishing Company.

Casad, Eugene, 1995. Seeing it in more than one way. In John Taylor & Robert E. MacLaury (eds.) *Language and the Cognitive Construal of the World*. Berlin & New York: Mouton de Gruyter: 23–49.

Charteris–Black, Jonathan, 2004. *Corpus Approaches to Critical Metaphor Analysis*. New York: Palgrave MacMillan.

Chomsky, N., 1957. *Syntactic Structures*. The Hague: Mounton & Co.

Chrisley, R., 1995. Quantum learning. In , P. Pylkkänen & P. Pylkkö (eds.) *New Directions in Cognitive Science: Proceedings of the International Symposium,* Saariselka, 4–9 August 1995, Lapland, Finland, Helsinki, Finnish Association of Artificial Intelligence: 77–89.

Clausner, T. C. & W. Croft, 1999. Domains and image schemas. *Cognitive Linguistics* 10/1: 1–31.

Cortazzi, Martin & Lixian Jin. 1999. Bridges to learning: Metaphors of teaching, learning and language. In Lynne Cameron & Graham Low (eds.) *Researching and Applying Metaphor*. Cambridge: Cambridge University

Press: 149-176.

Coulson, Seana & Todd Oakley, 2000. Blending basics. *Cognitive Linguistics* 11-3/4: 175-196.

Coulson, Seana & Todd Oakley, 2006. Purple persuasion deliberative rhetoric and conceptual blending. In June Luchjenbroers (ed.) *Cognitive Linguistics Investigations Across Languages, Fields and Philosophical Boundaries.* Amsterdam/Philadelphia: John Benjamins Publishing Company: 47-65.

Croft, William, 1990. *Typology and Universals.* Cambridge University Press

Croft, William, 1998. Linguistic evidence and mental representations. *Cognitive Linguistics* 9: 151-173.

Croft, William, 2001. *Radical Construction Grammar: Syntactic Theory in Typological Perspective.* Oxford: Oxford University Press.

Croft, William, 2003. Lexical rules vs. Constructions: A false dichotomy. In Hubert Cuyckens, Thomas Berg, Rene Dirvenn & Llaus-Uwe Panther (eds.) *Motivation in Language: Studies in Honour of Gunter Radden.* Amsterdam:John Benjamins: 49-68.

Croft, William, 2008. On iconicity of distance. *Cognitive Linguistics* 19/1: 49-57.

Croft, William & A. Cruse, 2004. *Cognitive Linguistics.* Cambridge: Cambridge University Press.

Cross, Ian & Elizabeth Tolbert, 2008. Music and meaning. In Susan Hallam, Ian Cross & Michael Thaut (eds.) *The Oxford Handbook of Music Psychology.* Oxford: Oxford University Press: 35-44.

Cruse, D. A., 1990. Prototype theory and lexical semantics. In S. Tsohatzdis (ed.) *Meanings and Prototypes: Studies in Linguistic Categorization.* London: Routledge: 382-402.

Dahl, O., 1989. Women, fire and dangerous things: What categories reveal about the mind. *Linguistics* 21: 1143-1152.

Damasio, Antonio, 1999. *The Feeling of What Happens: Body and Emotion in the Making of Consciousness.* New York: Harcourt Brace.

Dennett, D., 1987. *The Intentional Stance.* Cambridge, MA: MIT Press.

Deutsch, D., 1989. Quantum computational networks. *Proceedings of the Royal Society of London* A, Vol. 425: 73–90.

Dewell, R. B., 1994. Over again: Image–schema transformations in semantic analysis. *Cognitive Linguistics* 5/4: 351–380.

Dik, Simon. C., 1997. *The Theory of Functional Grammar. Part 1: The Structure of the Clause* (second, revised edition) . Functional Grammar Series 20 (edited by Kees. Hengeveld.) . Berlin and New York NY: Mouton de Gruyter.

Dobozy, E., Chris Campbell & Cameron, 2011. 'Connectivism' : Who is the New Kid on the Learning Theory Block?. *eCulture* 4/Article1–13 (http://ro.ecu.edu.au/cgi/viewcontent.cgi?article=1117&context=eculture,2014-4-3) .

Dunbar, Goerge, 2012. Adaptive Resonance Theory as a Model of Polysemy and Vagueness in the Cognitive Lexicon. *Cognitive Linguistics* 23/3: 507–537.

Edelman, Gerald M., 1992. *Bright Air, Brilliant Fire: On the Matter of Mind.* London: Penguin.

Elman, J. L., 1989. *Structured Representations and Connectionist Models.* San Diego: University of California. Center for Research in Language.

Engel, Andreas K., 2003. Temporal binding and the neural correlates of consciousness. In Axel Cleeremans (ed.) *The Unity of Consciousness: Binding, Integration, and Dissociation.* Oxford: Oxford University Press: 132–152.

Evans, Nicholas & David Wilkins, 2000. In the mind's ear: The semantic extensions of perception verbs in Australian languages. *Language* 76/3: 546–592.

Evans, V, B., K. Bergen & J. Zinken, 2006. The cognitive linguistics enterprise:

An Overview. http://www.port.ac.uk/departments/academic/psychology/ staff/downloads/filetodownload,68131,en.pdf（2012-8-2）.

Evans, V. & M. Green, 2006. *Cognitive Linguistics An Introduction.* Edinburgh: Edinburgh University Press.

Falck, Marlene Johansson & Raymond W. Gibbs, Jr., 2012. Embodied motivations for metaphorical meanings. *Cognitive Linguistics* 23/2: 251-272.

Fauconnier, Gilles, 1985. *Mental Spaces: Aspects of Meaning Construction in Natural Language.* Cambridge: Cambridge University Press.

Fauconnier, Gilles, 1997. *Mapping in Thought and Language.* Cambridge: Cambridge University Press.

Fauconnier, Gilles, 2006. Cognitive linguistics. *Encyclopedia of Cognitive Science.* http://www.cogsci.ucsd.edu/~faucon/BEIJING/cogling.pdf（2011-11-24）.

Fauconnier, Gilles. 2011. Cognitive linguistics. Encyclopedia of cognitive science. http://www.cogsci.ucsd.edu/~faucon/BEIJING/cogling.pdf（2011-11-24）.

Fauconnier, Gilles & Mark Turner, 1998. Conceptual integration networks. *Cognitive Science* 22/2: 133-187.

Fauconnier, Gilles & Mark Turner, 2000. Compression and global insight. *Cognitive Linguistics* 11-3/4: 283-304.

Fauconnier, Gilles & Mark Turner, 2002. *The Way We Think: Conceptual Blending and the Mind's Hidden Complexities.* New York: Basic Books.

Feldman, J., 2006. *From Molecules to Metaphors: The Neural Theory of Language.* Cambridge: MIT.

Fillmore, C. J., 1975. An alternative to checklist theories of meaning. *Proceedings of the 1st Annual Meeting of the Berkeley Linguistics Society.* Berkeley CA: Berkeley Linguistic Society: 123-131.

Fillmore, C. J., 1976. Frame semantics and the nature of language. In S. R. Harnad, H. D. Steklis and J. Lancaster（eds.）*Origins and Evolution of Language and Speech.* Annals of the New York Academy of Sciences: Conference on the origin and development of language and speech, Volume 280.

Fillmore, C. J., 1982. Frame semantics. In the Linguistic Society of Korea (ed.) *Linguistics in the Morning Calm: Selected Papers from SICOE-1981.* Seoul: Hanshin Publishing Co: 111-138.

Fillmore, C. J., 1985. Frames and the semantics of understanding. *Quaderni di Semantica* 6: 222-253.

Fillmore et al., 1988. Regularity and idiomaticity in grammatical constructions: The case of let alone. *Language* 64: 501-538.

Fischer, Steven Roger, 1999. *A History of Language.* London: Reaktion Books Ltd.

Fodor, Jerry, A., 1975. *The Language of Thought.* New York: Crowell.

Fodor, Jerry. A., 1998. *Concepts.* Oxford: Clarendon Press.

Fodor, Jerry, A., Merril Garrett, Edward Walker & Cornelia Parkes, 1980. Against Definitions. Reprinted in E. Margolis, & S. Laurence (ed., 1999) *Concepts: Core Readings.* Cambridge, MA: MIT Press: 491-512.

Frank, Stefan, 2008, A review *of From Molecule to Metaphor* by Jerome A. Feldman: A *Neural Theory of Language. Computational Linguistics* 33/2: 259-261.

Frege, G., 1892. Uber sinn und Bedeutung. *Zeitschrift fur Philosophie und philosophische Kritik.* In P.T. Geach & M.Black (eds.) *G. Frege, Philosophical Writings.* Oxford: Blackwell.

Frege, G., 1970. On sense and reference. In P. Gearch & M. Black (eds.) *Translations from the Philosophical Writings of Gottlob Frege.* Oxford: Blackwell.

Gallese, Vittorio & George Lakoff, 2005. The brain's concepts: The role of the sensory-motor system in reason and language. *Cognitive Neuropsychology* 22: 455-479.

Geeraerts, Dirk, 1993. Vagueness's puzzles, polysemy's vagaries. *Cognitive Linguistics* 4/3: 223-272.

Geeraerts, Dirk, 1994. *Diachronic Prototype Semantics.* Oxford: OUP.

Geeraerts, Dirk, 1995. Cognitive Linguistics. In J. Verschueren, J. O. Ostman & J. Blommaert (eds.) *Handbook of Pragmatics.* Amsterdam: John Benjamins: 111–6.

Geeraerts, Dirk, 1999. Idealistic and empiricist tendencies in cognitive semantics. In T. Janssen & G. Redeker (eds.) *Cognitive Linguistics: Foundations, Scope and Methodology.* Berlin/New York: Mouton de Gruyter: 163–194.

Geeraerts, Dirk, 2006. *Cognitive Linguistics: Basic Readings.* Berlin/New York: Mouton De Gruyter.

Gentner, D. & B. F. Bowdle, 2001. Convention, form, and figurative language processing. *Metaphor and Symbol* 16/3–4: 223–248.

Gentner, D. & B. F. Bowdle, 2008. Metaphor as structure–mapping. In R. W. Jr. Gibbs (ed.) *The Cambridge Handbook of Metaphor and Thought.* Cambridge: Cambridge University Press: 109–128.

Gibbs, Raymond W. Jr., 1990. Comprehending figurative referential descriptions: Learning, Memory and Cognition. *Journal of Experimental Psychology* 16: 56–66.

Gibbs, Raymond W. Jr., 1994. *The Poetics of Mind: Figurative Thought, Language, and Understanding.* New York: Cambridge University Press.

Gibbs, Raymond W. Jr., 1996. What's cognitive about cognitive linguistics? In Casad, Eugene (ed.) *Cognitive Linguistics in the Redwoods.* Berlin and New York: Mouton de Gruyter: 27–54.

Gibbs, Raymond W. Jr., 2000. Making good psychology out of blending theory. *Cognitive Linguistics* 11/3–4: 347–358.

Gibbs, Raymond W. Jr., 2006a. *The poetics of mind: Figurative thought, language, and understanding.* New York: Cambridge University Press.

Gibbs, Raymond W. Jr., 2006b. Introspection and cognitive linguistics: Should we trust our own intuitions? In Ruiz de Mendoza Ibáñez & Francisco José (eds.) *Annual Review of Cognitive Linguistics,* Volume 4. Amsterdam: John Benjamins Publishing Company: 133-152.

Gibbs, Raymond W. Jr., 2006c. Cognitive linguistics and metaphor research: Past successes, skeptical questions, future challenges. *Delta* 22 (http://www.scielo.br/scielo.php?script=sci_arttext&pid=S0102-445020060003000032012-02-3).

Gibbs, Raymond W. Jr. (ed.), 2008. *The Cambridge Handbook of Metaphor and Thought.* Cambridge: Cambridge University Press.

Gibbs, Raymond W. Jr. & Gerard J. Steen (eds.), 1997. *Metaphor in Cognitive Linguistics: Selected Papers from the 5th International Cognitive Linguistics Conference.* Amsterdam: John Benjamins.

Gibbs, Raymond W. Jr. & Teenie Matlock, 1999. Psycholinguistics and mental representations. *Cognitive Linguistics* 10/3: 263-269.

Gibbs, Raymond W. Jr. & Teenie Matlock, 2008. Metaphor, imagination and simulation: Psycholinguistic evidence. In R. W. Jr. Gibbs (ed.) *The Cambridge Handbook of Metaphor and Thought.* Cambridge: Cambridge University Press: 161-176.

Giora, Rachel, 2003. *On Our Mind: Salience, Context, and Figurative Language.* Oxford: Oxford University Press.

Givón, Talmy, 1985. Iconicity, isomorphism, and non-arbitray coding in syntax. In John Haiman (ed.) *Iconicity in Syntax.* Amsterdam:John Benjamins:187-220.

Givón,Talmy, 1995. Isomorphism in the grammatical code cognitive and biological considerations. In Raffaele Simone (ed.) *Iconicity In Language.* Amsterdam/Philadelphia: John Benjamins Publishing Company: 47-76.

Glucksberg, Sam, 1999. When love is not a journey: What metaphors mean. *Journal of Pragmatics* 31: 1541-58.

Glucksberg, Sam, 2001. *Understanding Figurative Language: From Metaphors to Idioms.* Oxford: Oxford University Press.

Glucksberg, Sam, 2003. The psycholinguistics of metaphor. *Trends in Cognitive Science* 7: 92–96.

Glucksberg, Sam, 2008. Is metaphor unique? In R. W. Jr. Gibbs (ed.) *The Cambridge Handbook of Metaphor and Thought.* Cambridge: Cambridge University Press: 143–160.

Glucksberg, Sam & Boaz Keysar, 1990. Understanding metaphorical comparisons: Beyond similarity. *Psychological Review* 97/1: 3–18.

Glucksberg, Sam & Boaz Keysar, 1993. How metaphors work. In A. Ortony (ed.) *Metaphor and Thought.* Cambridge: Cambridge University Press: 401–424.

Goatly, A., 1997. *The Language of Metaphors.* London: Routledge.

Goatly, A., 2007. *Washing the Brain: Metaphor and Hidden Ideology.* Amsterdam/Philadelphia: John Benjamins.

Goddard, Cliff, 2002. On and on: Verbal explications for a polysemic network. *Cognitive Linguistics* 13/3: 277–294.

Goddard, Cliff, 2006. Verbal explication and the place of NSM semantics in cognitive linguistics. In June Luchjenbroers (ed.) *Cognitive Linguistics: Investigations Across Languages, Fields and Philosophical Boundaries.* Amsterdam/Philadelphia: John Benjamins Publishing Company: 189–218.

Goldberg, A. E.,1995. Constructions: *A Construction Grammar Approach to Argument Structure.* Chicago: University of Chicago Press.

Goldberg, A. E., 2006. *Construction at Work.* Oxford: Oxford University Press.

Goldberg, Adele and R. Jackendoff, 2004. The English resultative as a family of constructions. *Language* 80: 532–568.

Gould, S. J., 1983. *Hen's Teeth and Horse's Toes.* New York/London: W·W·Norton & Company.

Grady, Joseph E., 1997. THEORIES ARE BUILDINGS revisited. *Cognitive Linguistics* 8/4: 267–290.

Grady, Joseph E., 1998. The "conduit metaphor" revisited: A reassessment of metaphors for communication. In J. P. Koeing (ed.) *Discourse and*

Cognition. Stanford: CSL Publications: 205-218.

Grady, Joseph E., 2000. Cognitive mechanisms of conceptual integration. *Cognitive Linguistics* 11-3/4: 335-345.

Grady, Joseph E. et al.,1999. Blending and metaphor. In Raymond W. Jr. Gibbs & Gerard J. Steen (eds.) *Metaphor in Cognitive Linguistics.* Amsterdam: John Benjamins: 101-124.

Grice, H. P., 1975. Logic and conversation. In P. Cole and J. L. Morgan (eds.) *Syntax and Semantics, Vol. 3: Speech Acts.* New York: Academic press: 41-58.

Haiman, J. (ed.) , 1985a. *Natural Syntax.* Cambridge: Cambridge University Press.

Haiman, J. (ed.), 1985b. *Iconicity in Syntax. Typological Studies in Language* 6. Amsterdam: John Benjamins.

Hanly, C., 1990. The concept of truth in psychoanalysis. *International Journal of Psycho-Analysis* 71: 375-383.

Harari, Edwin, 1999. A review of *PHILOSOPHY IN THE FLESH* by George Lakoff & Mark Johnson. *Journal of the American Psychoanalytic Association* 47: 599-603.

Harnad, S., 1990. The symbol grounding problem. *Physica* D 42: 335-346.

Haser, Verena, 2005. *Metaphor, Metonymy, and Experientialist Philosophy: Challenging Cognitive Semantics.* Berlin: Mouton de Gruyter.

Haspelmath, M., 2008. Frequency vs. iconicity in explaining grammatical asymmetries. *Cognitive Linguistics* 19/1: 1-33.

Hesse, Mary B., 1966. *Models and Analogies in Science.* Notre Dame, IN: University of Notre Dame Press.

Hinzen, Wolfram & Michiel van Lambalgen, 2008. Explaining intersubjectivity. A comment on Arie Verhagen, *Constructions of Intersubjectivity.* *Cognitive Linguistics* 19/1: 107-124.

Hoek, Karen, 2000. Cognitive linguistics. In Robert A. Wilson & Frank C. Keil (eds.) *The MIT Encyclopedia of the Cognitive Sciences.* 上海：上海外语教育出版社: 134-135。

Hoffmann, Thomas & Graeme Trousdale, 2011. Variation, change and constructions in English. *Cognitive Linguistics* 22/1: 1-23.

Holme, Randal, 2003. *Mind, Metaphor and Language Teaching.* New York: Palgrave MacMillan.

Hu, Z.Z., 2001. Quantum computation via neural networks applied to image processing and pattern recognition. PhD Dissertation at the University of Western Sydney, Australia.

Hymes, D. H., 1972. On communicative competence. In J. B. Pride & J. Holmes (eds) *Sociolinguistics. Selected Readings.* Harmondsworth: Penguin: 269-293.

Ibarretxe-Antuñano, Iraide, 1999. Metaphorical mappings in the sense of smell. In Raymond W. Jr. Gibbs & Gerard J. Steen (eds.) *Metaphor in Cognitive Linguistics: Selected Papers from the 5th International Cognitive Linguistics Conference* (1997). Amsterdam: John Benjamins: 29-45.

Ibarretxe-Antuñano, Iraide., 2006. Cross-linguistic polysemy in tactile verbs. In June Luchjenbroers (ed.) *Cognitive Linguistics Investigations Across Languages, Fields and Philosophical Boundaries.* Amsterdam/Philadelphia: John Benjamins Publishing Company: 235-253.

Ibarretxe-Antuñano, Iraide, 2012. The importance of unveiling conceptual metaphors in a minority language. In Idström, Anna and Elisabeth Piirainen (eds.) *Endangered Metaphors.* Amsterdam/Philadelphia: John Benjamins Publishing Company: 253-274.

Jackendoff, R., 1978. Grammar as evidence for conceptute structure. In M. Halle, J. Bresnan & G. Miller (eds.) *Linguistic Theory and Psychological Reality.* Cambridge: MIT Press: 201-228.

Jackendoff, R., 1983. *Semantics and Cognition.* Cambridge: MIT Press.

Jackendoff, R., 1990. *Semantic Structures.* Cambridge: MIT Press.

Jackendoff, R. 1991. A review of More Than Cool Reason. *Language* 67/2.

Jackendoff, R., 1992. *Languages of the Mind: Essays on Mental Representation.* Cambridge: MIT Press.

Jackendoff, R., 2002. *Foundation of Languages: Brain, Meaning, Evolution.* Oxford: Oxford University Press.

Jackendoff, R., 2010. *Foundations of Language: Brain, Meaning, Grammar, Evolution.* 北京：外语教学与研究出版社 / 牛津大学出版社。

Jackendoff, R. & B. Landau, 1991. Spatial anguage and spatial cognition. In D. J. Napoli & J. Kegl (eds.) *Bridges Between Psychology and Linguistics: A Swarthmore Festschrift for Lila Gleitman.* Hillsdale, NJ: Erlbaum: 145–169.

Jackendoff, R. & D. Aaron, 1991. A review of *More Than Cool Reason: A Field Guide to Poetic Metaphor* by George Lakoff and Mark Johnson. *Language* 67/2: 320–338.

Jäkel, O., 1996. Metaphorical scenarios of science. In Martin Pütz & René Dirven (eds.) *The Construal of Space in Language and Thought.* Berlin/ New York: Mouton de Gruyter: 649–678.

Janda, Laura, 2000. Cognitive linguistics. http://www.indiana.edu/~slavconf/ SLING2K/pospapers/janda.pdf (2007–11–24) .

Johnson, Christopher, 1997. Metaphor vs. conflation in the acquisition of polysemy: The case of SEE. In Masako K. Hiraga, Chris Sinha & Sherman Wilcox (eds.) *Cultural, Typological and Psychological Issues in Cognitive Linguistics. Current Issues in Linguistic Theory* 152. Amsterdam: John Benjamins: 155–169.

Johnson, Mark, 1987. *The Body in the Mind: The Bodily Basis of Meaning, Imagination, and Reason.* Chicago: University of Chicago Press.

Johnson, Mark. 1988. Some constraints on embodied analogical reasoning. In David H. Helman (ed.) *Analogical Reasoning—Perspectives of Artificial Intelligence, Cognitive Science, and Philosophy.* Dordrecht: Kluwer: 25–40.

Johnson, Mark, 2006. Merleau–Ponty's embodied semantics—From immanent meaning, to gesture, to language. *EurAmerica* 36/1: 1–27.

Johnson, Mark & George Lakoff, 2002. Why cognitive linguistics requires embodied realism. *Cognitive Linguistics* 13/3: 245–263.

Kak, S., 1995. Quantum neural computing. *Advances in Imaging and Electron Physics* 94: 259–313.

Karmakar, S., 2006. Cognitive Semantics: An Extension of Cartesian Legacy. *Journal of Theoretical Linguistics* 3/1: 1–11.

Kay, Paul & Chad McDaniel, 1978. The linguistic significance of the meanings of basic color terms. *Language* 54/3: 610–646.

Keller, Janet & Charles Keller, 1996. Imaging in iron or thought is not inner speech. In J. J. Gumperz & S. Levinson (eds.) *Rethinking Linguistic Creativity*. Cambridge: MIT: 115–129.

Kemmer, Suzanne, 2007. About Cognitive Linguistics Historical Background. http://www.cognitivelinguistics.org/cl.shtml (11–20–2007).

Kemmer, Suzanne & Michael Barlow, 2000. Introduction: A usage–based conception of language. In Michael Barlow & Suzanne Kemmer (eds.) *Usage-Based Models of Language*. Stanford: CSLI: vii – xxviii.

Kertész, A. & C. Rákosi, 2009. Cyclic vs. circular argumentation in the conceptual metaphor theory. *Cognitive Linguistics* 20/4: 703–732.

Keysar, Boaz & Sam Glucksberg. 1993. Metaphor and Communication. *Poetics Today* 13/4: 633–658.

Koelsch et al., 2004. Music, language and meaning: Brain signatures of semantic processing. *Nature NeuroScience* 7/3: 302–307.

Kövecses, Zoltan, 1995. American friendship and the scope of metaphor. *Cognitive Linguistics* 6/4: 315–346.

Kövecses, Zoltan, 1999. Metaphor: Does it constitute or reflect cultural models. In R. W. Jr. Gibbs and G. Steen (eds.) *Metaphor in Cognitive Linguistics*. Amsterdam: Benjamins: 167–188.

Krzeszowski, Tomasz P., 2002. Problems that are not supposed to arise? *Cognitive Linguistics* 13/3: 265–269.

Lakoff, George, 1977. Linguistic Gestalts. *Papers from the Thirteenth Regional Meeting of the Chicago Linguistic Society.* Chicago: Chicago Linguistic Society: 236–287.

Lakoff, George, 1987. *Women, Fire, and Dangerous Things. What Categories Reveal about the Mind.* Chicago: University of Chicago Press.

Lakoff, George, 1988. Cognitive semantics. In Eco, Umberto, Marco Santambrogio, and Patrizia Violi (eds.) *Meaning and Mental Representations.* Bloomington and Indianapolis: Indiana University Press: 119–154.

Lakoff, George, 1990. The invariance hypothesis: Is abstract reason based on image-schemas? *Cognitive Linguistics* 1/1: 39–74.

Lakoff, George, 1993. The contemporary theory of metaphor. In A. Ortony (ed.) *Metaphor and Thought* (second edition). Cambridge: Cambridge University Press: 202–251.

Lakoff, George, 2004. *Don't Think of an Elephant!: Know Your Values and Frame the Debate: The Essential Guide for Progressives.* White River Junction, Vt.: Chelsea Green Pub. Co..

Lakoff, George, 2006. *Whose Freedom?: The Battle over America's Most Important Idea.* New York: Farrar, Straus and Giroux.

Lakoff, George, 2008a. The neural theory of metaphor. In R. W. Jr. Gibbs (ed.) *The Cambridge Handbook of Metaphor and Thought.* Cambridge: Cambridge University Press: 17–38.

Lakoff, George, 2008b. *Political Mind: Why You Can't Understand 21st-century American Politics with a 18th-century Brain.* New York: Viking Books.

Lakoff, George, 2012. Preface. In Benjamin Bergen *Louder Than Words: The New Science of How the Mind Makes Meaning.* New York: Basic Books.

Lakoff, George & H. Thompson, 1975a. Introducing cognitive grammar.

Proceedings of the 1st Annual Meeting of the Berkeley Linguistics Society. Berkeley CA: Berkeley Linguistic Society: 295–313.

Lakoff, George & H. Thompson,1975b. Dative questions in cognitive grammar. In R. Grossman, J. San and T. Vance (eds) *Papers from the Parasession on Functionalism.* Chicago: Chicago Linguistics Society: 337–350.

Lakoff, George & M. Johnson, 1980a. Conceptual Metaphor in Everyday Language. *The Journal of Philosophy* 77/8: 453–486.

Lakoff, George & M. Johnson, 1980b. *Metaphors We Live By.* Chicago: University of Chicago Press.

Lakoff, George & M. Johnson, 1999. *Philosophy in the Flesh. The Embodied Mind and its Challenge to Western Thought.* New York: Basic Books.

Lakoff, George & M. Johnson, 2003. *Metaphors We Live By.* Chicago: University of Chicago Press.

Lakoff, George & Mark Turner, 1989. *More Than Cool Reason: A field Guide to Poetic Metaphor.* Chicago: University of Chicago press.

Lakoff, George & Rafael E. Núñez, 2000. *Where Mathematics Comes From: How the Embodied Mind Brings Mathematics into Being.* New York: Basic Books.

Lamb, Sydney M., 1971. The crooked path of progress in cognitive linguistics. In O' Brien & R. J. (eds.) *Report of the 22nd Annual Round Table Meeting on Linguistics and Language Studies.* Washington, DC: Georgetown University Press: 195–222.

Lamb, Sydney M., 1999. *Pathways of the Brain: The Neurocognitive Basis of Language.* Philadelphia: John Benjamins.

Littlemore, J., 2001. Managing recreation and conservation in Britain's urban woodlands — a management guide. *Quarterly Journal of Forestry* 95/ 2: 129.

Langacker, Ronald. W., 1982. Space, grammar, analysability and the English passives. *Language* 58/1: 22–80.

Langacker, Ronald, W., 1985. Observations and speculations on subjectivity.

In J. Haiman (ed.) *Iconicity in Syntax.* Amsterdam/Philadelphia: John Benjamins: 109–150.

Langacker, Ronald W., 1987. *Foundations of Cognitive Grammar Vol. 1: Theoretical Prerequisites.* Stanford: Stanford University Press.

Langacker, Ronald W., 1988a. An overview of cognitive grammar. In B. Rudzka-Ostyn (ed.) *Topics in Cognitive Linguistics.* Amsterdam, Philadelphia: John Benjamins Publishing Company: 3–48.

Langacker, Ronald W., 1988b. A view of linguistic semantics. In B. Rudzka-Ostyn (ed.) *Topics in Cognitive Linguistics.* Amsterdam, Philadelphia: John Benjamins Publishing Company: 49–90.

Langacker, Ronald, W., 1990. *Concept, Image and Symbol. The Cognitive Basis of Grammar.* Berlin/New York: Mouton de Gruyter.

Langacker, Ronald W., 1991a. *Foundations of Cognitive Grammar. Vol. 1: Descriptive Application.* Stanford: Stanford University Press.

Langacker, Ronald W., 1991b. *Foundations of Cognitive Grammar. Vol. 2: Descriptive Application.* Stanford: Stanford University Press.

Langacker, Ronald W., 1991c. *Grammar and Conceptualization.* Berlin: Mouton de Gruyter.

Langacker, Ronald W., 1991d. *Concept, Image, and Symbol.* Berlin & New York: Mouton de Gruyter.

Langacker, Ronald. W., 1999. Assessing the cognitive linguistic enterprise. In Theo Janssen Gisela Redeker (eds.) *Cognitive Linguistics: Foundations, Scope, and Methodology.* Berlin and New York: Mouton de Gruyter:13–59.

Langacker, Ronald. W., 2000. Chapter 2: Why a mind is necessary? In Liliana Albertazzi (ed.) *Meaning and Cognition: A Multidisciplinary Approach.* Amsterdam: John Benjamins Publishing Company: 25–38.

Langacker, Ronald. W., 2007.《Ronald Langacker 认知语法十讲》, 北京: 外语教学与研究出版社。

Langacker, Ronald. W., 2009. *Investigations in Cognitive Grammar.* Berlin/

New York: Mouton de Gruyter.

Larson, S., 1998. Musical forces and melodic patterns. *Theory and Practice* 22/23: 55–71.

Larson, S., 2002. Musical forces, melodic expectation, and jazz melody. *Music Perception* 19/3: 351–385.

Larson, S., 2004. Musical forces and melodic expectations: Comparing computer models and experimental results. *Music Perception* 21/4: 457–498.

Larson, S. & L.Van Handel, 2005. Measuring musical forces. *Music Perception* 23/2: 119–136.

Levinson, Stephen C., 1997. From outer to inner space: Linguistic categories and non-linguistic thinking. In Jan Nuyts & Eric Pederson (eds.) *Language and Conceptualization.* Cambridge: Cambridge University Press: 13–45.

Levinson, Stephen C., 2008. *Space in Language and Cognition: Explorations in Cognitive Diversity.* 北京：世界图书出版社 / 剑桥大学出版社。

Levinson, Stephen C. & D. P. Wilkins (eds.) , 2006. *Grammars of Space: Explorations in Cognitive Diversity.* Cambridge: Cambridge University Press.

Liddell, Scott K., 2003. *Grammar, Gesture and Meaning in American Sign Language.* Cambridge: Cambridge University Press.

Lieven, E., G. Baldwin and J. M. Pine, 1997. Lexically-based learning and early grammatical development. *Journal of Child Language* 24: 187–219.

Li, Ping, 2006. In search of meaning: the acquisition of semantic structures and morphological systems. In June Luchjenbroers (ed.) *Cognitive Linguistics Investigations Across Languages, Fields and Philosophical Boundaries.* Amsterdam/Philadelphia: John Benjamins Publishing Company: 109–134.

Li, Weigang, 1999–2003. Quantum neural computing study. http://www.cic.unb.br/docentes/weigang/qc/aci.html (2013-6-6) .

Luchjenbroers, June (ed.) , 1998. *Cognitive Linguistics Investigations Across Languages, Fields and Philosophical Boundaries.* Amsterdam/Philadelphia:

John Benjamins Publishing Company.

Luchjenbroers, June, 2002. Flick'o the wrist or deliberate action: how gestural information makes face-to-face conversation information-rich. Fourth Annual Meeting of Child Language Group. University of Wales, Gregynog, UK.

Luchjenbroers, June, 2006. Discourse, gesture and mental spaces manoeuvers. In June Luchjenbroers (ed.) *Cognitive Linguistics Investigations Across Languages, Fields and Philosophical Boundaries.* Amsterdam/Philadelphia: John Benjamins Publishing Company: 87–105.

Lukeš, Dominik, 2005. Review: Haser, Verena, metaphor, metonymy and experientialist philosophy: Challenging Cognitive Semantics (www. dominiklukes.net/files/ul/Review_of_haser_2005.doc) .

MacWhinney, B., 1988. Competition and Teachability. In R. Schiefelbusch & M. Rice (eds.) *The Teachability of Language.* New York: Cambridge University Press: 63–104.

Mandelblit, Nili, 2000. The grammatical marking of conceptual integration: From syntax to morphology. *Cognitive Linguistics* 11: 197–251.

Mandler, Jean, 1992. How to build a baby: II. Conceptual primitives. *Psychological Review* 99: 567–604.

Mandler, Jean, 2004. *The Foundations of Mind: Origins of Conceptual Thought.* Oxford: Oxford University Press.

Margolis, E. & S. Laurence, 2006. Concepts. In K. Brown (ed.) *Encyclopedia of Language and Linguistics.* 上海：上海外语教育出版社。

Markova, I. et al., 2007. *Dialogue in Focus Groups.* London: Equinox.

Martinez, I., 2007. The cognitive reality of prolongational structure in tonal music. Unpublished Ph.D Dissertation at the Roehampton University, London.

Matlock, Teenie, 2004. Fictive motion as cognitive simulation. *Memory & Cognition* 32/8: 1389–1400.

Matlock, T., M. Ramscar & L. Boroditsky, 2003. The experiential basis of meaning. In *Proceedings of the Twenty-fifth Annual Conference of the Cognitive Science Society.* Mahwah, NJ: Lawrence Erlbaum: 792–797.

McGlone, Matthew S., 2001. Concepts as metaphors. In Glucksberg Sam (ed.) *Understanding Figurative Language: From Metaphors to Idioms.* Oxford: Oxford University Press: 90–107.

McGlone, Matthew S., 2007. What is the explanatory power of a conceptual metaphor? *Language and Communication* 27: 109–126.

McMahon, S., 1994. *Understanding Language Change.* Cambridge: Cambridge University Press.

Meints, K., K. Plunkett & P. L. Harris, 1999. When does an ostrich become a bird: The role of prototypes in early word comprehension. *Developmental Psychology* 35/4: 1072–1078.

Menneer, T. & A. Narayanan, 1995. Quantum–inspired neural networks, technical report R329, Department of Computer Science, University of Exeter, Exeter, United Kingdom.

Milroy, James, 1992. *Linguistic Variation and Change.* Oxford: Blackwell.

Moore, K. E., 2006. Space–to–time mappings and temporal concepts. *Cognitive Linguistics* 17/2: 199–244.

Murphy, G., 1996. On metaphoric representations. *Cognition* 60: 173–204.

Murphy, G., 1997. Reasons to doubt the present evidence for metaphoric representation. *Cognition* 62: 99–108.

Musolff, Andreas, 2000. Political Imagery of Europe: A House Without Exit Doors?, *Journal of Multilingual and Multicultural Development* 21/3: 216–229.

Musolff, Andreas, 2004. *Metaphor and Political Discourse. Analogical Reasoning in Debates about Europe.* Basingstoke, England: Palgrave Macmillan.

Musolff, Andreas, 2006. Metaphor scenarios in public discourse. *Metaphor and Symbol* 21/1: 23–38.

Mylne, Tom, 1995. Grammatical category and world view: Western colonization of the Dyirbal language. *Cognitive Linguistics* 6/4: 379–404.

Narayanan, Srini, 1997. Embodiment in language understanding: Sensory-motor representations for metaphoric reasoning about event descriptions. Unpublished Ph.D. Dissertation, Department of Computer Science, University of California, Berkeley.

Narayanan, Srini, 2012. MetaNet: A multilingual metaphor extraction, representation, and validation system. http://www.icsi.berkeley.edu/pubs/ai/BEARS2012_narayananslides.pdf（2013-6-15）.

Narayanan, Srinivas Sankara, 1997. Knowledge-based Action Representations for Metaphor and Aspect（KARMA）. Ph.D. Dissertation, Department of Computer Science, University of California, Berkeley.

Newmeyer, Frederick J., 1998. *Language Form and Language Function.* Cambridge: The MIT Press.

Newmeyer, Frederick J., 1999. Bridges between generative and cognitive linguistics. In Leon de Stadler and Christoph Eyrich（eds.）*Issues in Cognitive Linguistics: 1993 Proceedings of the International Cognitive Linguistics Conference.* New York/Berlin: Mouton de Gruyter: 3–22.

Niemeier, Susanne & Michael Achard, 2000. Cognitive Linguistics: Special issue on language acquisition. *Cognitive Linguistics* 11–1/2: 1–3.

Ortony, A.（ed.）, 1979. *Metaphor and Thought.* Cambridge: Cambridge University Press.

Ortony, A.（ed.）, 1993. *Metaphor and Thought*（second edition）. Cambridge: Cambridge University Press.

Osborne, Timothy & Thomas Gross, 2012. Constructions are catenae: Construction Grammar Meets Dependency Grammar. *Cognitive Linguistics* 23/1:165–216.

Palmer, Gary, 1996. *Towards a Theory of Cultural Linguistics.* Austin: University of Texas Press.

Palmer, Gary, 2006. When does cognitive linguistics become cultural? In June Luchjenbroers (ed.) *Cognitive Linguistics Investigations Across Languages, Fields and Philosophical Boundaries.* Amsterdam/Philadelphia: John Benjamins Publishing Company: 13–46.

Pascual, Esther, 2006. Fictive interaction within the sentence: A communicative type of fictivity in grammar. *Cognitive Linguistics* 17/2: 245–267.

Peeters, Bert, 2013. Does Cognitive Linguistics live up to its name? http://www.tulane.edu/~howard/LangIdeo/Peeters/Peeters.html (2013–2–22) .

Peirce , C. S., 1932. *Philosophical Writings.* Boston, MA: Harvard University Press.

Perus, M., 1997. Mind: neural computing plus quantum consciousness. In M. Gams, M. Paprzychi and X. Wu (eds.) *Mind Versus Computer.* IOS press: 156–170.

Perus, M., 2000. Neural Networks as a basis for Quantum Associate Networks. *Neural Network World* 10/6: 1001–13.

Perus, M., 2004. Quantum–implemented selective reconstruction of high–resolution images. Quantum Physics, abstractquant–ph/0401016, http://arXiv.org/abs/quant–ph/0401016.

Perus, M., Bishof H. & Loo C.K., 2004. Quantum–implemented selective reconstruction of high–resolution images. Eprint in http://arXiv.org/abs/quant–ph/0401016.

Pinker, Steven, 1994. *The Language Instinct.* New York: Morrow.

Pinker, Steven, 1997. *How the Mind Works.* New York: W.W. Norton.

P ü tz, Martin & Ren é Dirven, 1996. Introduction: Language and the cognitive construal of space. In Martin Pütz & René Dirven (eds.) *The Construal of Space in Language and Thought.* Berlin/New York: Mouton de Gruyter: xi–xxiii.

Pylyshyn, Zenon, 1984. *Computation and Cognition: Towards a Foundation for Cognitive Science.* Cambridge, MA: MIT Press.

Rakova, Marina, 2002. The philosophy of embodied realism: A high price to pay? *Cognitive Linguistics* 13/3: 215-244.

Reddy, M.J., 1979. The conduit metaphor — A case of frame conflict in our language about language. In A. Ortony (ed.) *Metaphor and thought.* Cambridge: Cambridge University Press: 284-297.

Roehr, K. 2008. Linguistic and metalinguistic categories in second language learning. *Cognitive Linguistics* 19/1: 67-106.

Rohrer, Tim, 2001. Pragmatism, ideology and embodiment: William James and the philosophical foundations of cognitive linguistics. In Sandriklogou and Dirven (eds.) *Language and Ideology: Cognitive Theoretical Approaches.* Amsterdam: John Benjamins: 49-82.

Rorty, R., 1967. *The Linguistic Turn.* Chicago: The University of Chicago Press.

Rosch, Eleanor,1973. Natural categories. *Cognitive Psychology* 4: 328-50.

Rosch, Eleanor,1975. Cognitive representations of semantic categories. *Journal of Experimental Psychology: General* 104: 192-233.

Rosch, Eleanor, 1978. Principles of categorization. In E. Rosch & B. B. Lloyd (eds.) *Cognition and Categorization.* Hillsdale, NJ: Lawrence Erlbaum: 27-48.

Rosch E. & C. B. Mervis, 1975. Family resemblances: studies in the internal structure of categories. *Cognitive Psychology* 7: 573-605.

Rothstein, Edward, 1999. Give the truth a hand. *New York Times* (1999-2-21).

Sandra, Dominiek, 1998. What linguists can and can't tell you about the human mind: A reply to Croft. *Cognitive Linguistics* 9/4: 361-378.

Sandra, Dominiek and Sally Rice, 1995. Network analyses of prepositional meaning: Mirroring whose mind—the linguist's or the language user's? *Cognitive Linguistics* 6/1: 89-130.

Sapir, Edward, 1921. *Language: An Introduction to the Study of Speech.* New York: Harcourt Brace Jovanovich.

Saussure, Ferdinand de (Translated by Wade Baskin; edited by Charles Bally and Albert Sechehaye, in collaboration with Albert Riedlinger), 1959. *Course in General Linguistics.* New York/Toronto/London: McGraw–Hill Book Company.

Schaeffner, C., 1997. Metaphor and interdisciplinary analysis. *Journal of Area Studies* 11: 57–72.

Schön, D.,1979. "Generative Metaphor: A Perspective on Problem Setting in Social Policy." In A. Ortony (ed.) *Metaphor and Thought.* Cambridge: Cambridge University Press.

Schönefeld, Doris (ed.), 2011. *Converging Evidence: Methodological and Theoretical Issues for Linguistic Research.* Amsterdam: John Benjamins.

Scruton, R., 1997. *The aesthetics of music.* Oxford: Clarendon Press.

Searle, J. R., 1989. How performatives work. *Linguistics and Philosophy* 15: 535–558.

Semino Elena & Michela Masci,1996, *Discourse & Society* 7/2: 243–269.

Shanton Karen & Alvin Goldman, 2010. Simulation theory, *Wiley Interdisciplinary Reviews: Cognitive Science* 1/4: 527–538.

Shastri, L. & V. Ajjanagadde, 1993. From simple associations to systematic reasoning. *Behavioral and Brain Sciences* 16/3: 417–494.

Shutova, Ekaterina et al. Metaphor identification using verb and noun clustering. 2010. *Proceedings of the 23rd International Conference on Computational Linguistics* (Coling 2010) : 1002–1010. Beijing August 2010.

Simmons, W.K., Hamann, S.B., Harenski, C.N., Hu, X.P., & Barsalou, L.W., 2008. fMRI evidence for word association and situated simulation in conceptual processing. *Journal of Physiology – Paris* 102: 106–119.

Simone, Raffaele, 1995. *Iconicity In Language.* Amsterdam/Philadelphia: John Benjamins Publishing Company.

Sinha, Chris, 2002. The cost of renovating the property: A reply to Marina Rakova. *Cognitive Linguistics* 13/3: 271–276.

Sinha, Chris & Krisitne Jensen de López, 2000. Language, culture and the embodiment of spatial cognition. *Cognitive Linguistics* 11: 17–41.

Southgate, Victoria & Kerstin Meints, 2000. Typicality, naming, and category membership in young children. *Cognitive Linguistics* 11–1/2: 5–16.

Sperber, Dan & Deirdre Wilson, 1986. *Relevance*. Oxford: Blackwell.

Steen, Gerard J., 1994. *Understanding Metaphor in Literature: An Empirical Approach*. New York: Longman Publishing.

Steen, Gerard J., 2011. The contemporary theory of metaphor—now new and improved! *Review of Cognitive Linguistics* 9/1: 26–64.

Sweetser, Eve, 1990. *From Etymology to Pragmatics: The Mind-body Metaphor in Semantic Structure and Semantic Change*. Cambridge: Cambridge University Press.

Sweetser, Eve, 2000. Blended spaces and performativity. *Cognitive Linguistics* 11: 305–333.

Tai, James（戴浩一）, 1985. Temporal sequence and word order in Chinese. In John Haiman (ed.) *Iconicity in Syntax*. Amsterdam: John Benjamins Publishing Company: 49–72.

Talmy, Leonard, 1978. The relation of grammar to cognition. In Waltz David (ed.) *Proceedings of TINLAP-2: Theoretical Issues in Natural Language Processing*. Urbana: University of Illinois Coordinated Science Laboratory.

Talmy, Leonard, 1983. How language structures space. In L. Pick Jr. Herbert & Linda P. Acredolo (eds.) *Spatial Orientation: Theory, Research and Application*. New York: Plenum Press: 14–24.

Talmy, Leonard, 1988a. Force dynamics in language and cognition. *Cognitive Science* 12: 49–100.

Talmy, Leonard, 1988b. The relation of grammar to cognition (revised and expanded version) . In Rudzka-Ostyn Brygida (ed.) *Topics in Cognitive Linguistics*. Amsterdam: John Benjamins: 165–205.

Talmy, Leonard, 1996. Fictive motion in language and "ception". In Paul Bloom, Mary A. Peterson, Lynn Nadel, and M. F. Garrett (Eds.) *Language and space.* Cambridge: MIT Press: 211–276.

Talmy, Leonard, 2000. *Toward a Cognitive Semantics, Volume I: Conceptual Structuring Systems.* Cambridge: MIT Press.

Tarski, Alfred (Translated by J. H. Woodger) , 1956. *Logic, Semantics. Mathematics: Papers from 1923 to 1938.* Oxford: Oxford University Press.

Taub, Sarah F., 2001. *Language From the Body: Iconicity and Metaphor in American Sign Language.* Cambridge: Cambridge University Press.

Taylor, John R., 1988. Contrasting prepositional categories: English and Italian. In Rudzka–Ostyn Brygida (ed.) *Topics in Cognitive Linguistics.* Amsterdam: John Benjamins: 299–326.

Taylor, John R., 1990. Schemas, protypes,and models: In search of the unity of the sign. In S. L. Tsohatzidis (ed.) *Meangins and Prototypes: Studies in Linguistic Categorization.* London and New York: Routledge: 521–534.

Taylor, John, R., 2002. *Cognitive Grammar.* Oxford: Oxford University Press.

Timothy J. Bayne & David J. Chalmers, 2003. What is the Unity of Consciousness? In Axel Cleeremans (ed.) *The Unity of Consciousness: Binding, Integration, and Dissociation.* Oxford: Oxford University Press: 23–58.

Tomasello, Michael, 1998. Introduction: A cognitive–functional perspective on language structure. In Tomasello, M (ed.) . *The New Psychology of Language: Cognitive and Functional Approaches to Language Structure* (Vol. 1). Mahwah, NJ: Erlbaum: vii–xxiii.

Tomasello, Michael, 1999. *Children's Syntactic Development.* Paper presented at the Sixth International Cognitive Linguistics Conference. July 10–16, Stockholm, Sweden.

Tomasello, Michael, 2000a. Do young children have adult syntactic competence? *Cognition* 74: 209–53.

Tomasello, Michael, 2000b. First steps toward a usage–based theory of language acquisition. *Cognitive Linguistics* 11–1/2: 61–82.

Tomasello, Michael, 2003. *Constructing a Language: A Usage-based Theory of Language Acquisition.* Cambridge, MA: Harvard University Press.

Tuggy, David, 1993. Ambiguity, polysemy and vagueness. *Cognitive Linguistics* 4: 273–290.

Tuggy, David, 1999. Linguistic evidence for polysemy in the mind: A response to William Croft and Dominiek Dandra. *Cognitive Linguistics* 10/4: 343–368.

Turner, M., 1987. *Death is the Mother of Beauty: Mind, Metaphor, Criticism.* Chicago: University of Chicago Press.

Turner, Robin, 2006. How do you know she's a woman? In June Luchjenbroers (ed.) *Cognitive Linguistics Investigations Across Languages, Fields and Philosophical Boundaries.* Amsterdam/Philadelphia: John Benjamins Publishing Company: 219–34.

Tyler, Andrea & Vyvyan Evans, 2001. Reconsidering prepositional polysemy networks. The case of over. *Language* 77: 724–765.

Tyler, Andrea & Vyvyan Evans, 2003. *The Semantics of English Prepositions: Spatial Scenes, Embodied Meaning and Cognition.* Cambridge: Cambridge University Press.

Ungerer, F. & H. J. Schmid, 1996. *An Introduction to Cognitive Linguistics.* London: Longman.

Vandeloise, C., 1991. *Spatial prepositions: A Case Study from French.* Chicago: University of Chicago Press.

Veale, Tony & Diarmuid O'Donoghue, 2000. Computation and blending. *Cognitive Linguistics* 11: 253–281.

Ventura, D., 1999. Quantum Computational Intelligence: Answers and Questions. *IEEE Intelligent System* 4: 14–16.

Ventura, D. & T. Martinez, 1998. Quantum associative memory with exponential capacity. In *Proceedings of the International Joint Conference on Neural Networks:* 509–13.

Verhagen, Arie, 2005. *Constructions of Intersubjectivity: Discourse, Syntax, and Cognition.* Oxford: Oxford University Press.

Verhagen, Arie, 2008. Intersubjectivity and explanation in linguistics: A reply to Hinzen and van Lambalgen. *Cognitive Linguistics* 19/1: 125–143.

Waggoner, J. E., 1990. Interaction Theories of Metaphor: Psychological Perspectives. *Metaphor and Symbolic Activity* 5/2: 91–108.

Wallace, R., 2000. Quantum linguistics: information theory and quantum neural networks. The New York State Psychiatric Institute, submitted for publication, Feb. 2000.

Watson, J. B., 1914. Behavior: *An Introduction to Comparative Psychology*, New York: H. Holt and Company.

Wierzbicka, Anna, 1986. *Semantics, Culture and Cognition: Universal Human Concepts in Culture-Specific Configurations.* Oxford: Oxford University Press.

Wierzbicka, Anna, 1988. The semantics of English causative constructions in a universal–typological perspective. In M. Tomasello (ed.) *The New Psychology of Language.* Mahwah, NJ: Lawrence Elbaum: 113–153.

Wittgenstein, L., 1953. *Philosophical Investigations.* New York: Macmillan.

Zbikowski, L. M., 2002. *Conceptualizing Music: Cognitive Structure, Theory and Analysis.* Oxford: Oxford University Press.

Zinken Jörg, Lina Hellsten & Brigitte Nerlich, 2003. What is 'cultural' about conceptual metaphors? *International Journal of Communication* 13/1-2: 5–29.

中文文献

艾兰（张海晏译），2002，《水之道与德之端》，上海：上海人民出版社。

布龙菲尔德（袁家骅等译），1997，《语言论》，北京：商务印书馆。

陈巍，2014，具身认知研究面临可重复性危机，《中国社会科学报》（2014-1-6）：B02版。

陈香兰，2008，转喻矩阵域观，《外国语》第2期。

程琪龙，1995，试论语言的基本概念结构，《外语与外语教学》第3期：1—18.

程琪龙，1997，Jackendoff 致使概念结构评介，《国外语言学》第3期：26—31.

程琪龙，2001，《认知语言学概论：语言的神经的认知基础》，北京：外语教学与研究出版社。

程琪龙，2002，《逼近语言系统》，南京：东南大学出版社。

程琪龙，2005，《神经认知语言学引论》，北京：外文出版社。

程琪龙，2007，语义框架和认知操作，《外语教学》第1期：1—4。

程琪龙，2009，层级模式和层次模式，《外语教学》第1期：7—13。

程琪龙，2011，《概念语义研究的新视角》，上海：上海外语教育出版社。

杜威（傅统先译），2012，《经验与自然》，北京：中国人民大学出版社。

杜文礼，1996，语言的象似性探微，《四川外语学院学报》第1期：60—65。

方环海、高明乐，2010，认知语言学的理论分析与展望，《厦门大学学报》（哲社版）第4期：13—19。

高宣扬，2011，西方掀起重评叔本华的新浪潮，《社会科学报》，2011-01-27：第6版。

高玉，2007，论语言的"工具性"和"思想本体性"及其关系，http://acmilanzhu.blog.163.com/blog/static/106643561200861028091 7/（2012-7-31）。

Greenberg, J. H.（傅怀存译），1983，语言学是一门领先的科学，《国外语言学》第2期：24—30。

哈特费尔德，G.（尚新建译），2007，《笛卡尔与〈第一哲学的沉思〉》，桂林：广西师范大学出版社。

哈特曼，R. R. K.、斯托克，F. C.（编写），1981，《语言与语言学词典》，上海：上海辞书出版社。

海德格尔（孙周兴译），1996，《海德格尔选集》，上海：上海三联书店。

海德格尔（孙周兴译），1999，《在通向语言的途中》，北京：商务印书馆。

海德格尔（孙周兴译），2009，《海德格尔存在哲学》，北京：九州出版社。

海德格尔·马丁（陈嘉映译），2006，《存在与时间》，北京：生活·读书·新知三联书店。

韩景泉、刘爱英，2000，生成语法理论与句法象似性的一致性，《外国语》第 3 期：18—24。

洪堡特（姚小平译），2008，《论人类语言结构的差异及其对人类精神发展的影响》（1836），北京：商务印书馆。

胡壮麟，1996，美国功能语言学家 Givón 的研究现状，《国外语言学》第 4 期：1—10。

胡壮麟，2004a，《认知隐喻学》，北京：北京大学出版社。

胡壮麟，2004b，大学英语教学的个性化、协作化、模块化和超文本化，《外语教学与研究》第 5 期：345—350。

黄和斌，2005，关于认知语言学哲学观的几点思考，《外国语》第 4 期：6—13。

黄缅，2006，观念·方法·应用，《外语教学与研究》第 2 期：154—157。

黄夏，2011，马里奥·巴尔加斯·略萨：作家必须交出自己的证词，《中华读书报》（2011-6-22：第 4 版）。

霍金·斯蒂芬、列那德·蒙洛迪诺（吴忠超译），2011，《大设计》，长沙：湖南科技出版社。

季国清，2009，语言的本质在"遥远的目光"中澄明，见王寅《象似性研究论文精选》（主编），长沙：湖南人民出版社：53—63。

蒋绍愚，1999，抽象原则和临摹原则在汉语语法史中的体现，《古汉语研究》第 4 期：2—5。

蒋勇，2001，借代思维与言语交际，复旦大学博士论文。

蒋勇，2003，特别概念结构的借代功能，《外国语》第 6 期：30—37。

康德（杨祖陶、邓晓芒编译），2008，《康德三大批判精粹》，北京：人民出版社。

蓝纯，2001，认知语言学：背景与现状，《外语研究》第 3 期：14—20。

蓝纯，2003，《从认知角度看汉语和英语的空间隐喻》，北京：外语教学与研究出版社。

Lakoff, George, 2007.《乔治·莱考夫认知语言学十讲》，北京：外语教学与研究出版社。

李福印，2007，意象图式理论，《四川外语学院学报》第 1 期：80—85。

李洪儒、孙赫杰，1999，认知链条上词的意义与指称对象，《外语学刊》第 1 期：61—69。

李雪涛，2011，半生识曲听其真（上）——从书信看雅斯贝尔斯与海德格尔半个世纪的交往，《中华读书报》(2011-12-28：第 17 版)。

林书武，1995，《隐喻与象似性》简介；《国外语言学》第 3 期：40—42。

刘国辉，2006，言语幽默生成机制的认知探究—SCF、CI 与 CB 三维互补视角，《四川外语学院学报》第 2 期：135—139。

刘绍忠，1997，关联理论的交际观，《现代外语》第 2 期：13—19。

刘正光，2001，莱柯夫隐喻理论中的缺陷，《外语与外语教学》第 1 期：25—29。

刘正光，2003a，认知语言学的哲学观——认知无意识、体验心智与隐喻思维，《湖南大学学报（社会科学版）》第 3 期：75—80。

刘正光，2003b，隐喻映射的本质特征，《外语学刊》第 3 期：8—14。

刘正光，2007，《隐喻的认知研究——理论与实践》，长沙：湖南人民出版社。

刘正光，2010，认知语言学概论，《功能语言学年度评论》第 1 卷：155—175。

陆俭明，2004，词语句法、语义的多功能性：对"构式语法"理论的解释，《外国语》第 2 期：15—20。

罗素·伯特兰（贾可春译），2009，《心的分析》，北京：商务印书馆。

罗素·伯特兰（文利编译），2010，《西方哲学简史》，西安：陕西师范大学出版社。

苗兴伟，1997，关联理论与认知语境，《外语学刊》第 4 期：7—11。

宁春岩，2011，在 MP 理论平台上的人类语言研究，《语言文字学》第 11

期：3—11。

派利夏恩，泽农.W.（任晓明、王左立译），2007，《计算与认知》，北京：中国人民大学出版社。

任绍曾，2006，概念隐喻和语篇连贯，《外语教学与研究》第2期：91—100。

沈家煊，1988，迅递和认知的相关性，《外语教学与研究》第3期：62—65。

沈家煊，1993，句法的象似性问题，《外语教学与研究》第1期：2—8。

沈家煊，1994，R. W. Langacker 的认知语法，《国外语言学》第1期：12—20。

沈家煊，1995，有界与无界，《中国语文》第5期：367—380。

沈家煊，1999，转指和转喻，《当代语言学》第1期：3—15。

沈家煊，2000，认知语法的概括性，《外语教学与研究》第1期：29—33。

沈家煊，2001，跟副词'还'有关的两个句式，《中国语文》第6期：483—493。

沈家煊，2002，如何处置'处置式'——论把字句的主观性，《中国语文》第5期：387—399。

沈家煊，2003，汉语动补结构的类型学考察，《世界汉语教学》第3期：17—23。

沈家煊，2006，《认知与汉语语法研究》，北京：商务印书馆。

沈家煊，2012，怎样对比才有说服力——以英汉名动对比为例，《现代外语》第1期：1—13。

石毓智，1995，《女人、火、危险事物——范畴揭示了思维的什么奥秘》评介，《国外语言学》第2期：17—22。

石毓智，2004a，汉英双宾结构差别的概念化原因，《外语教学与研究》第2期：83—89。

石毓智，2004b，认知语言学的"功"与"过"，《外国语》第2期：21—33。

石毓智，2007，构式语法理论的进步与局限，见牛保义《认知语言学理论与实践》(主编),开封:河南大学出版社:40—57。

束定芳,2003,《隐喻学研究》,上海:上海外语教育出版社。

束定芳,2004,隐喻和换喻的差别与联系,《外国语》第3期:26—34。

束定芳,2008,《认知语义学》,上海:上海外语教育出版社。

束定芳、庄智象,2000,《现代外语教学》,上海:上海外语教育出版社。

Talmy, Leonard, 2010.《伦纳德·泰尔米认知语义学十讲》,北京:外语教学与研究出版社。

Taylor, John, R., 2007.《约翰·泰勒应用认知语言学十讲》,北京:外语教学与研究出版社。

Turner, M., 2010.《马克·特纳心智与语言十讲》(李福印等主编),北京:外语教学与研究出版社。

王德春、张辉,2001,国外认知语言学研究现状,《外语研究》第3期:1—10。

王馥芳,2002,交际效果越强越好原则与语言创新倾向,《外国语言文学论丛》(褚孝泉主编),上海:复旦大学出版社。

王馥芳,2006,《认知视角下的句法变异》,北京:外文出版社。

王馥芳,2008,认知语言学近三十年发展综述,《中文自学指导》第4期:22—27。

王馥芳,2010,发展与挑战:国内外认知语言学三十年批评性回顾,《功能语言学年度评论》第1卷:175—196。

王馥芳,2012a,警惕别成为"语言奴隶",《社会科学报》,(2012-8-23)。

王馥芳,2012b,M理论"终结""批判终结论",《中国社会科学报》(哲学版),(2012-12-31)。

王馥芳,2012c,认知语义学对词典经典意义观的挑战,《辞书论集》(二)(上海市辞书学会秘书处编),上海:上海辞书出版社。

王馥芳,2012d,构建中国文化"原乡",《社会科学报》(2012-12-13)。

王馥芳,2013a,语法隐喻理论可能"消解"论,《外语教学理论与实践》第1期:22—29。

王馥芳,2013b,我们用"孤寂"对抗时代喧嚣!《社会科学报》,

（2013-1-3）。

王馥芳，2013c，人类的第四个"我"，《社会科学报》（2013-6-13）。

王馥芳，2013d，论文简述：体验现实主义哲学：代价太高？《语言研究动态》创刊号。

王馥芳，2013e，论文简述：为什么认知语言学需要体验现实主义？《语言研究动态》创刊号。

王馥芳，2013f，索绪尔：参与构建我们概念系统的人，《社会科学报》（人物版）（2013-8-8）。

王馥芳，2013g，认知语言学掀起"体验革命"，《中国社会科学报》（2013-9-16）。

王馥芳，2013h，认知语言学本质上反对语言学固有传统，《中国社会科学报》（2013-12-17）。

王馥芳，2014a，M理论视域下的语言学理论一族，《语言学研究》第14辑。

王馥芳，2014b，认知语言学在争议中发展，《中国社会科学报》（2014-3-3）。

王馥芳，2014c，认知语言学视野中的意义研究，《中国社会科学报》（2014-5-19）。

王馥芳、陆谷孙，2004，词典编纂如何对待语流中的一次性用词用法，《国外外语教学》第4期：41—47。

王文斌，2006，再论隐喻中的相似性，《四川外语学院学报》第2期：125—130。

王文斌，2007，《转喻的认知构建与解读》，上海：上海外语教育出版社。

王寅，1998，从话题象似性角度谈英汉句型对比，《山东工业大学学报》第2期：88—90。

王寅，2001，《语义理论与语言教学》，上海：上海外语教育出版社。

王寅，2002，认知语言学的哲学基础：体验哲学，《外语教学与研究》第2期：82—89。

王寅，2003，体验哲学：一种新的哲学理论，《哲学动态》第7期：

24—30。

王寅，2005a，《认知语法概论》，上海：上海外语教育出版社。

王寅，2005b，语言的体验性——从体验哲学和认知语言学看语言体验观，《外语教学与研究》第 1 期：37—43。

王寅，2007a，《认知语言学》，上海：上海外语教育出版社。

王寅，2007b，汉语"动名构造"与英语"VN 构造"的对比，见牛保义《认知语言学理论与实践》（主编），开封：河南大学出版社：117—135。

王寅，2008，语言研究新增长点思考之四：后语言哲学探索，《外语学刊》第 4 期：2—10。

王寅，2009，象似说与任意说的哲学基础与辩证关系，见王寅《象似性研究论文精选》（主编），长沙：湖南人民出版社：84—94。

王寅，2011，"新被字构式"的词汇压制解析，《外国语》第 3 期：13—20。

文秋芳，2000，《英语学习策略》。上海：上海外语教育出版社。

文旭，2001，认知语言学：诠释与思考，《外国语》第 2 期：29—36。

文旭，2002，认知语言学的研究目标、原则和方法，《外语教学与研究》第 2 期：90—97。

文旭、刘润清，2007，汉语关系小句的认知语用观，见牛保义《认知语言学理论与实践》（主编），开封：河南大学出版社：148—166。

文旭、匡芳涛，2004，语言空间系统的认知阐释，《四川外语学院学报》第 3 期：81—86。

解光军等，2004，一种量子神经计算网络模型，《复旦学报》（自然科学版）43/5:700—703.

熊学亮，1991，语篇研究中的"块构"现象，《外语教学与研究》第 4 期：3—10.

熊学亮，1993，认知科学与语言学，《外语教学与研究》第 3 期：23—26。

熊学亮，1997，Sperber 和 Wilson 的语用推理逻辑，《山东外语教学》第 2 期：21—25。

熊学亮，1999，《认知语用学》，上海：上海外语教育出版社。

熊学亮，2001，认知语言学简述，《外语研究》第3期：11—14。

熊学亮，2002，认知语言学和外语教学，《国外外语教学》第4期：33—42。

熊学亮，2007a，《语言使用中的推理》，上海：上海外语教育出版社。

熊学亮，2007b，英汉语双宾构式探析，《外语教学与研究》第4期：261—267。

熊学亮，2008，复合结构增效现象试析，《外语教学与研究》第5期：332—338。

熊学亮，2009，增效构式与非增效构式——从 Goldberg 的两个定义说起，《外语教学与研究》第5期：323—328。

熊学亮，2011，试论转喻的指示功能，《外语与外语教学》第5期：1—4。

熊学亮、梁晓波，2004，论典型致使结构的英汉表达异同，《外语教学与研究》第2期：90—96。

熊学亮、刘东虹，2005，英语学习中语法隐喻的迁移，《外语教学与研究》第2期：100—105。

熊学亮、刘东虹，2006，否定语序的类型学分析，《外语学刊》第4期：52—57。

熊学亮、王志军，2001，英汉被动句的认知对比研究，《外语学刊》第3期：1—6。

许国璋，1988，语言符号的任意性问题——语言哲学探索之一，《外语教学与研究》第3期：2—10.

许国璋，2009，"语言符号的任意性问题——语言哲学探索"，见王寅《象似性研究论文精选》（主编），长沙：湖南人民出版社：1—18.

徐盛桓，1993，论常规关系——新格赖斯会话含意理论系列研究之六，《外国语》第6期：11—18。

徐盛桓，2004，成语的生成，《暨南大学华文学院学报》第2期：42—51。

徐盛桓，2006，相邻与补足——成语形成的认知研究之一，《四川外语学院学报》第2期：107—111。

徐盛桓，2005a，语用推理的认知研究，《中国外语》第5期：10—16。

徐盛桓，2005b，语用推理：从原则到模型，《外国语言文学研究》第 4 期：1—5。

徐通锵、张宜，徐通锵教授谈语言理论研究，《外语教学与研究》第 4 期。

严辰松，1997，语言象似性概说，见王寅《象似性研究论文精选》（主编，2009），长沙：湖南人民出版社：213—221.

杨国荣，2011，《成己与成物——意义世界的生成》，北京：北京大学出版社。

杨忠、张绍杰，1998，认知语言学中的类典型论，《外语教学与研究》第 2 期：1—8。

杨祖陶、邓晓芒，2001，《康德三大批判精粹》，北京：人民出版社。

姚岚，2003，借代的批评性研究。复旦：复旦大学博士论文。

姚小平，2011，《西方语言学史》，北京：外语教学与研究出版社。

姚振武，2007，"认知语言学"思考，《语文研究》第 2 期：13—24。

叶蜚声译（戴浩一著），1990，以认知为基础的汉语功能语法刍议（上），《国外语言学》第 4 期：21—27。

叶蜚声译（戴浩一著），1991，以认知为基础的汉语功能语法刍议（下），《国外语言学》第 1 期：25—33。

叶蜚声译（谢信一著），1992，汉语中的时间和意象（下），《国外语言学》第 3 期：17—24。

袁毓林，1993，语言学范畴的心理现实性，《汉语学习》第 4 期：1—5。

袁毓林，1994，关于认知语言学的理论思考，《中国社会科学》第 1 期：183—198。

袁毓林，1996，认知科学背景上的语言研究，《国外语言学》第 2 期：1—12。

张伯江，1999，现代汉语的双及物结构式，《中国语文》第 3 期：175—184。

张伯江，2000，论"把"字句的句式语义，《语言研究》第 1 期：28—40。

张克定，2011，英语方位倒装构式的认知语篇研究，《语言文字学》第 11 期：97—104。

张玮，2008，认知语言学流派的互补性与"新认知主义"转向，《沈阳教育学院学报》第 1 期：1—5。

张云秋、王馥芳，2003，概念整合的层级性与动宾结构的熟语化，《世界汉语教学》第 4 期：46—52。

赵彦春，2007，先验与本质的缺失——认知语言学学理反思之一，《外语学刊》第 6 期：27—34。

赵彦春，2009，认知语言学的理论取向与实质——认知语言学学理反思之二，《外语学刊》第 5 期：31—38。

赵艳芳，1995，语言的隐喻认知结构——《我们赖以生存的隐喻》评介，《外语教学与研究》

第 3 期：67—72。

赵艳芳，2001，《认知语言学概论》，上海：上海外语教育出版社。

钟守满，2008，《英汉言语行为动词语义认知结构研究》，北京：中国科学技术大学出版社。

钟守满、高乾，2013，《语义 概念 认知——语义问题多为视角研究》，南昌：江西高校出版社。

周光庆，2009，《从认知到哲学：汉语词汇研究新思考》，北京：外语教学与研究出版社。

周流溪，2006，生成语法的全新论述，《外语教学与研究》第 2 期：142—147。

后 记

在本书即将付梓之际，谨以此后记，向在人类精神领域内不倦开挖、耕耘和产出学术成果的学界前辈及同人致以最高的敬意！若非基于他们的研究成果，本书的撰写和完成是不可能的。同时衷心感谢以各种形式帮助本书出版问世的良师益友！

本书系上海市浦江人才计划资助项目（C类）的最终成果。书稿完成后，获得北京外国语大学学术著作出版基金资助。特向上海市浦江人才计划、北京外国语大学学术著作出版基金以及承印此书的外语教学与研究出版社的责编人员表示由衷感谢！

我尤其要感谢我的访学导师认知语言学的创始人之一 George Lakoff 教授！书稿的构思可以追溯到我七年前在美的访学经历。彼时，2007年9月至2008年8月，我在美国加州大学伯克利分校语言学系师从 George Lakoff 教授访学。期间一年的随堂听课、课后交流以及自己课余的广泛阅读，促使我开始较为系统地梳理认知语言学创立以来的历史发展、国内外研究热点和现状，进而较为深入地考察其突出的理论优势以及其富有成效的、独特的理论贡献。随着对认知语言学独特理论优势的认知不断深入，我对其所面临的理论挑战亦有了一些发现。我开始试图在其理论优势和理论挑战之间作出某种理论评判或者"裁决"。"裁决"的结果是：虽则认知语言学面临诸多严峻挑战，但我仍对其未来蓬勃的理论生命力及其广泛的应用前景深信不疑。为此，我决定取建构性理论批评视角对认知语言学范式创立以来的发展作一较为深入的整体性反思。回国之后，得益于浦江人才计划的成功申请，我把理论构思变成了实在的科研项目。

另外，我要特别感谢复旦大学外文学院英语系的熊学亮教授和上海大学外国语学院的程琪龙教授！感谢他们阅读了本书初稿，并为书稿出具了推荐意见！

我衷心感谢华东师范大学外语学院的各位良师益友！从2002年到2012年，我在华东师范大学服务和工作了足足十年多！在这十年多的时间里，我所在的外语学院英语系为我提供了良好的科研环境，使我在繁忙的教学之余，能安心地笔耕和思考。

由衷感谢我现在的工作单位——北京外国语大学外国语言研究所——为书稿的最终完成提供了时间和资料等方面的保障！其中特别感谢姚小平教授和韩宝成教授阅读了本书的初稿并提出了宝贵意见！

感谢北京对外经济贸易大学的孙亚博士给我提供了有关概念隐喻理论最新发展的相关资料！感谢我指导的博士研究生陈仁凯为我收集了很多最新的原文研究资料，检查了全书夹注的文献落实，并校对了本书的参考文献格式！感谢华东师范大学和北京外国语大学历届听我认知语言学课程的博士、硕士研究生以及访问学者，为他们释疑解惑以及与他们课上、课下的交流互动于我是另一股重要的学术源动力！

家庭的支持于我素来是最持久而又最温暖的学术动力源！感谢我的父母、姐姐、弟弟对我一贯的支持！尤其感谢我的先生和儿子对我深深的爱！

本人学识有限，加之教学、科研任务繁重，笔下疏误难免，敬请专家读者不吝指教！

作者简介

王馥芳，北京外国语大学外国语言研究所教授、博士生导师。曾为华东师范大学外语学院英语系教授、博士生导师，研究方向为：认知语言学和词典学。2002年毕业于复旦大学外文系，获英语语言学博士学位。2004年到2006年在复旦大学中文系博士后流动站从事语言学与应用语言学研究工作。2007年到2008年在美国加州大学伯克利分校语言学系访学。现为上海辞书学会理事。曾为中国辞书学会全国双语词典专业委员会常务理事；曾为《外语教学理论与实践》常务编委。自2003年起，被聘为中国语言学/汉语/人文社会科学核心期刊——《辞书研究》特约撰稿人。1998年至今，主持国家社科基金、中国博士后基金委项目和上海市浦江人才计划各一项。出版专著3部：《大型双语词典编纂特性研究》（合著）、《当代语言学与词典创新》及《认知视角下的句法变异》。在 International Journal of Lexicography（SSCI 期刊）、《外语教学与研究》、《外国语》、《当代语言学》、《辞书研究》、《中国社会科学报》、《社会科学报》等国内外核心学术期刊和报纸上发表论文70余篇，在《新民晚报》等刊物上发表随笔10余篇。参与《英汉大词典》第二版的修订编纂工作。